La famille royale
à Paris

La famille royale à Paris

à Paris

De l'histoire à la légende

Musée Carnavalet

16 octobre 1993-9 janvier 1994

Le 16 mai 1955 s'ouvrait au château de Versailles dans les appartements du Dauphin, de la Dauphine et de Mesdames une exposition qui, pour commémorer le bicentenaire de la dernière reine qui ait vécu à Versailles, présentait au public les souvenirs et les témoignages de ce qui avait été la vie de la famille royale à la fin de l'Ancien Régime.

Au premier rang des prêteurs, mais jouant aussi le rôle de coordonnateur de cette exposition qui obtint un succès considérable, se trouvait Mme la baronne Elie de Rothschild, qui consacrait à la reine Marie-Antoinette un hommage aussi savant qu'agréable. Près de quarante ans plus tard, c'est encore Mme la baronne Elie de Rothschild qui est à l'origine de l'exposition présentée aujourd'hui au musée Carnavalet.

Cette exposition lui est donc, de plein droit, dédiée et c'est une joie pour nous que de lui rendre, à travers ce catalogue, un hommage pour l'action qu'elle mène depuis si longtemps avec vaillance et talent en faveur des musées.

Certes, il ne s'agit pas, comme en 1955, de réunir des œuvres prestigieuses par leurs acteurs, par leur facture, par leur provenance, mais de présenter au public des pièces, souvent modestes, mais ô combien glorieuses pour les souvenirs qu'elles portent en elles. Du séjour au palais des Tuileries, de la détention au Temple ou à la Conciergerie ont été recueillies par les fidèles de la famille royale des reliques insignes autour desquelles le musée Carnavalet a essayé de reconstituer le décor dans lequel elles ont été utilisées. C'est à la fois la vie quotidienne dans son austère simplicité, l'union sacrée d'une famille, la fermeté d'âme du roi, de la reine et de Madame Elisabeth devant la mort, le destin tragique du dauphin et la captivité de l'orpheline du Temple, qui sont évoqués à travers des œuvres, des objets, des pièces diverses issues de collections publiques et privées qui les conservent avec le plus grand soin, avec la plus grande piété. Grâce à la générosité des prêteurs, elles sont pour un temps limité mais combien symbolique (c'est le 16 octobre 1793 que Marie-Antoinette est montée à l'échafaud) réunies à Carnavalet.

Que Mme la baronne de Rothschild qui a proposé cette exposition, que les prêteurs anonymes ou non, que tous ceux qui ont participé à la préparation de cette exposition soient ici chaleureusement remerciés.

Jean-Marc Léri

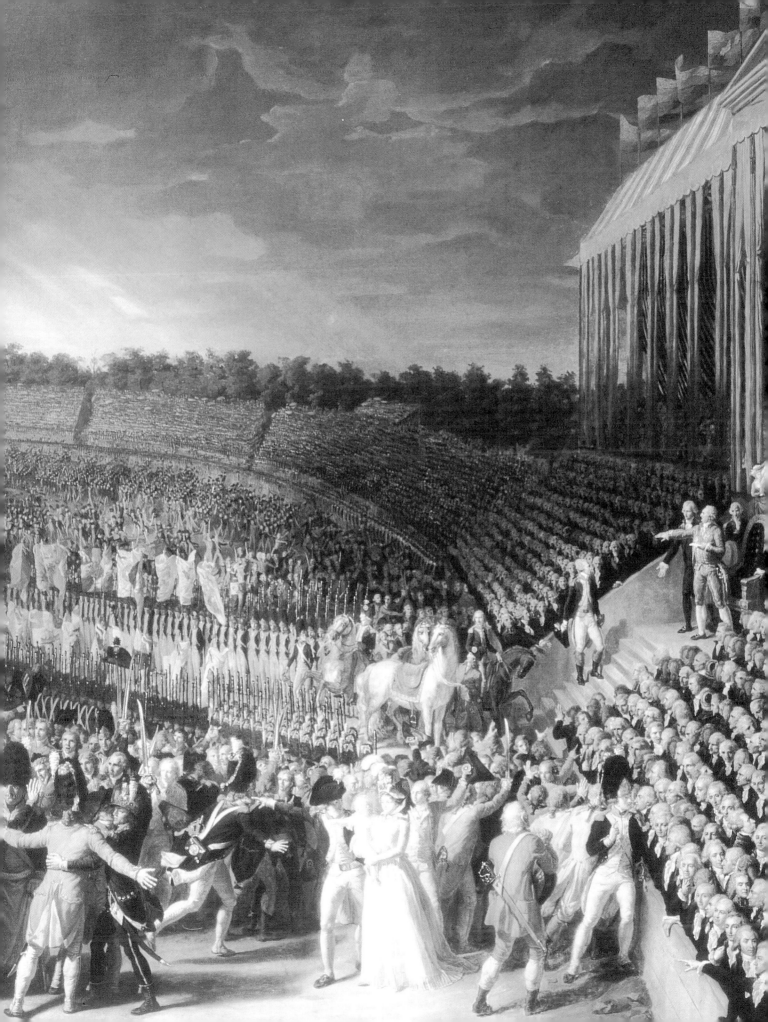

Introduction

Jean Tulard

1

Ch. Thévenin :
La Fête de la Fédération (détail).
Musée Carnavalet
cat. 31

2

Boîte ronde.
Musée Carnavalet.
cat. 239

C'est le 6 octobre 1789 que l'on prend conscience de l'existence d'une famille royale, d'un groupe qui comprend le roi Louis XVI, la reine Marie-Antoinette, les enfants du couple, le dauphin et Madame Royale, et enfin Madame Elisabeth, sœur du roi.

Ce sont eux en effet que le peuple ramène à Paris (Molleville évoque « la Reine, Monsieur le Dauphin, Madame Royale et Madame Elisabeth dans le carrosse de Sa Majesté »), ce 6 octobre, les arrachant à la cour de Versailles où chacun avait une existence sinon séparée du moins autonome. Une vie nouvelle commence aux Tuileries, plus simple, plus familiale, qui rapproche ces cinq personnes.

Le 8 octobre, le futur chancelier Pasquier est reçu avec une délégation du parlement de Paris aux Tuileries. Il écrira dans ses mémoires : « Les traces de violence qui frappaient nos yeux, le désordre de ce palais, l'air morne et consterné des serviteurs, l'attitude hautaine et triomphante des individus qui, sous les ordres de La Fayette, s'étaient emparés de la garde du château et dont il nous fallait traverser les rangs, ne nous avaient encore que faiblement préparés au déchirant spectacle qui nous attendait, lorsque nous fûmes introduits en présence de nos malheureux souverains. Il semblait que dans l'espace de dix jours, dix années se fussent écoulées sur leurs têtes. La physionomie du roi était empreinte d'un caractère de résignation, il comprenait que ses maux n'étaient pas encore arrivés à leur terme. La douleur de la reine avait quelque chose de plus ferme, et qui laissait percer l'indignation. »

Une nouvelle existence s'organise pourtant aux Tuileries. Le roi s'installe au rez-de-chaussée mais sa chambre à coucher est à l'étage, comme celle du dauphin et de Madame Royale. Le matin, le roi fait ses dévotions, reçoit sa famille, déjeune, s'occupe des affaires de l'Etat ou de serrurerie. Après le dîner son après-midi est consacré à la lecture, au jeu avec ses enfants. Le soir : billard. La vie familiale est plus importante qu'à Versailles. On répète dans la capitale ce mot du dauphin. Comme on lui demandait s'il aimait mieux Paris que Versailles : « Oui, répond sans hésiter l'enfant, car je suis à présent toujours avec papa et maman. » « Ma santé est bonne, écrit de son côté Marie-Antoinette ; celle des enfants est parfaite. Nous logeons tous trois dans le même appartement ; ils sont presque toujours avec moi et font ma consolation. »

Même si la vie de cour reprend et si Fersen est introduit presque tous les jours auprès de la reine, les liens se resserrent peu à peu entre les membres de la famille royale. Mesdames, tantes du roi, ne feront que passer ; le comte d'Artois a émigré ; le comte de Provence, qui réside au Luxembourg, se prépare à l'imiter. Dans ce rapprochement les dangers ont un rôle important. Marie-Antoinette écrit à madame de Polignac : « Avoir sans cesse à craindre pour les siens… Ne pouvoir conduire à l'air de pauvres enfants sans exposer de chers innocents aux vociférations… »

En réalité Louis XVI et Marie-Antoinette suivent aux Tuileries une stratégie bien arrêtée : ils se comportent en « captifs ». Toutefois le roi supporte mal la chaleur de Paris et l'absence d'exercices physiques. En juin 1790, la famille royale se rend à Saint-Cloud, mais elle est très vite de retour. La fête de la Fédération, le 14 juillet 1790, semble annoncer une réconciliation générale : le roi est acclamé au Champ-de-Mars.

Le 25 juillet, la famille royale repart pour Saint-Cloud où elle séjournera trois mois. Louis XVI effectue alors de longues chevauchées qui sont autant

d'occasions de s'enfuir puisqu'à Paris il se comporte en captif. Mais un départ doit se préparer, Marie-Antoinette y pousse. « Notre position, écrit-elle, devient de jour en jour plus critique. L'inaction totale dans laquelle il faut vivre accélère d'une manière effrayante la marche des factieux et nous avilit chaque jour davantage. » En avril le roi est empêché de se rendre à Saint-Cloud. La blessure est profonde, surtout chez la reine.

Dans la nuit du 20 au 21 juin 1791 une grosse berline emmène vers l'est la famille royale, à savoir le roi, la reine, les deux enfants et Madame Elisabeth, flanqués de madame de Tourzel. C'est à nouveau dans une seule voiture la cellule familiale que vient souder l'épreuve. Car la fuite échoue et le retour prend une tournure humiliante : « Quiconque applaudira le roi sera battu, quiconque l'insultera sera pendu. » Néanmoins dans ses appartements, sans attendre la décision de la Constituante, Louis XVI reprend son rôle de roi. Pétion, député à la Constituante qui a accompagné le souverain au retour, en est tout étonné : « Il semblait que le roi revenait d'une partie de chasse ; on lui fit la toilette. En voyant le roi, en le contemplant, on n'aurait pu deviner tout ce qui venait de se passer ; il était tout aussi flegme (sic), tout aussi tranquille que si rien n'eût été. Il se mit sur le champ en représentation ; tous ceux qui l'entouraient ne semblaient pas seulement penser qu'il fut survenu des événements qui avaient éloigné le roi pendant plusieurs jours et qui le ramenaient. J'étais confondu de ce que je voyais. »

La Constituante adopta la thèse de l'enlèvement pour sauver la constitution qu'elle élaborait. Mais le lien entre Paris et le roi était rompu. La méfiance des sections de la capitale ruina l'expérience tentée pour la première fois en France d'une monarchie constitutionnelle.

L'espoir de Marie-Antoinette se porta-t-il alors vers la guerre ? Une guerre qui ne pouvait qu'entraîner l'invasion du territoire par les forces autrichiennes, la « libération » du roi et le retour à la monarchie absolue.

Calcul funeste. La guerre ravive tensions et méfiances. On met les défaites des troupes françaises sur le compte d'un « comité autrichien », aux Tuileries, qui informerait l'ennemi. Le veto du roi opposé à

3

R. Dighton :
*Le Retour de Louis XVI à Paris,
le 6 octobre 1789.*
Musée Carnavalet.
cat. 49

4

J.-L. Prieur :
Retour de Varennes.
Musée Carnavalet.
cat. 68

certains décrets est mal interprété. La « déchéance » de Louis XVI est désormais demandée par les sections de Paris. Le 10 août 1792 les Tuileries sont prises d'assaut par les émeutiers. La défense du palais était-elle possible ? Frénilly le pensait, qui écrit dans ses souvenirs : « Un roi qui aurait eu du cœur et de la tête, qui aurait cru un moment en lui-même au lieu de croire éternellement aux autres, un tel roi eût été le maître d'une telle journée. Il fallait monter à cheval, parcourir les rangs au galop, les électriser par des paroles… La populace vaincue, c'était la France reconquise. Deux compagnies fermaient le club des Jacobins ; le roi entrait en maître dans l'assemblée ; la municipalité et les sections étaient renouvelées, les meneurs arrêtés ; vingt-quatre heures suffisaient à ces premiers actes et donnaient force et temps pour le reste. »

Louis XVI répugnait à faire tirer sur le peuple ; son sort était dès lors scellé.

Il avait trouvé avec sa famille (toujours le même groupe) refuge à l'Assemblée législative. Celle-ci lui eût accordé pour résidence le Luxembourg en attendant qu'une décision fût prise sur son sort ; la Commune insurrectionnelle de Paris s'y opposa. Ce fut le donjon du Temple, sinistre à souhait, ancienne propriété des chevaliers de l'ordre de Malte. Il offre « de ces commodités hospitalières que Louis XVI, par ses malheurs, doit attendre d'un peuple qui ne veut être sévère que pour être plus juste. En conséquence, l'Assemblée nationale décrète que le Roi et sa famille sont confiés, en conformité de la loi, à la garde et aux vertus des citoyens de Paris, qu'en conséquence les représentants de la Commune pourvoiront sans délai et sous leur responsabilité, à leur logement, et prendront toutes les mesures de sûreté que la sagesse et l'intérêt national exigent. »

Une nouvelle vie familiale s'organise au Temple. Le roi se lève très tôt. Il a gardé son valet de chambre qui le coiffe et l'habille. C'est Cléry qui s'était enfui des Tuileries le 10 août mais a repris volontairement ses fonctions le 26 août. A neuf heures, déjeuner en famille ; puis le roi s'occupe de l'éducation du dauphin tandis que la reine et les princesses font de la broderie. L'après-midi, promenade au jardin, puis repas à deux heures. Le roi et la reine jouent à divers jeux pour occuper la fin de la journée jusqu'au souper. Ce qui rend la vie insupportable au Temple c'est une surveillance incessante et mesquine, mais la nourriture est abondante en contraste avec la situation alimentaire dans Paris.

Le soir du 30 septembre, le roi est séparé de sa famille. Pour la première fois depuis le 6 octobre 1789, la cellule commence à se défaire. Pourtant la Commune de Paris fait marche arrière, en partie du moins : les dîners seront pris ensemble.

Le jour de Noël, Louis XVI, sans beaucoup d'illusions, rédige son testament : « Au nom de la Très Sainte Trinité, du Père, du Fils et du Saint-Esprit, aujourd'hui vingt-cinquième jour de décembre, moi, Louis seizième du nom, roi de France, étant depuis quatre mois enfermé avec ma famille dans la tour du Temple par ceux qui étaient mes sujets et privé de toute communication quelconque, même depuis le 11 courant, avec ma famille, de plus impliqué dans un procès dont il est impossible de prévoir l'issue à cause des passions des hommes, et dont on ne trouve aucun prétexte ni moyen dans aucune loi existante, n'ayant que Dieu pour témoin de mes pensées et auquel je puisse m'adresser, je déclare ici, en sa présence, mes dernières volontés et mes sentiments… » Dans ce texte Louis XVI pardonne à ses bourreaux et invite son fils à l'imiter : « Je recommande à mon fils, s'il avait le malheur de devenir roi (*formule singulière : un roi a le devoir de régner*) de songer qu'il se doit tout entier au bonheur de ses concitoyens (*autre formule surprenante*), qu'il doit oublier toute haine et tout ressentiment et nommément tout ce qui a rapport aux malheurs et aux chagrins que j'éprouve… » Si Louis XVI ne fut pas un grand roi (on lui reprochera, outre le naufrage de la monarchie, d'avoir été plus soucieux de ménager le sang de ses ennemis que celui de ses amis), il fut incontestablement un bon chrétien.

Le procès achève de séparer Louis XVI de sa famille à partir du 11 décembre. La dernière rencontre a lieu le 20 janvier, veille de l'exécution de Louis XVI. Tous les témoins confirment l'émotion qui se dégage de ces adieux, la dignité aussi : la reine à droite du roi, Madame Elisabeth à gauche, le dauphin sur les genoux de son père, Madame Royale à ses pieds. Ils forment, écrira-t-on, « un seul corps ». Louis XVI promet de revenir à sept heures, avant d'aller à l'échafaud. Une promesse qu'il sait ne pas tenir. La scène a été immortalisée par le peintre Jean-Jacques Hauer.

5
La Famille royale se promenant dans le jardin du Temple et Cléry y jouant avec le dauphin.
Musée Carnavalet.
cat. 84

C'est au tour de celui qui est maintenant Louis XVII d'être séparé de sa famille en juillet. Le couple Simon reçoit mission de l'éduquer ou plus exactement de lui faire oublier son rang. Marie-Antoinette quitte le Temple pour la Conciergerie au début d'août 1793. Elle comparaît, le 14 octobre 1793, devant le Tribunal révolutionnaire, pour être condamnée à mort, le 16, au terme d'un procès qui déshonora ses accusateurs. Madame Elisabeth est à son tour exécutée en mai 1794. Officiellement Louis XVII meurt au Temple le 8 juin 1795.

Seule survécut Madame Royale. Elle fut échangée en 1795 contre les commissaires de la Convention qui avaient été livrés aux Autrichiens par Dumouriez. Elle épousa en 1799 le fils aîné du comte d'Artois, le duc d'Angoulême. Elle devint Madame mais resta pour tous « l'orpheline du Temple ». Lorsqu'elle revint en France en 1814, ce même Temple avait été rasé.

Sous Napoléon la fête nationale du 21 janvier fut abolie mais il était défendu de parler de la famille royale. Ainsi était interdit en 1810 l'ouvrage intitulé *Le Cimetière de la Madeleine* (où reposaient Louis XVI et Marie-Antoinette) : « Cet ouvrage, écrivait le censeur, dont l'effet naturel est de rappeler avec intérêt les derniers personnages de la maison de Bourbon qui ont vécu en France, exige des mesures de répression. Il faut d'autres notions historiques aux générations qui s'élèvent et les souvenirs du passé doivent céder à l'éclat du présent. » Retrouvés, les restes de Louis XVI et de Marie-Antoinette furent transportés à Saint-Denis le 21 janvier 1815. Une chapelle expiatoire fut bâtie entre 1816 et 1826 sur l'emplacement du cimetière de la Madeleine (aujourd'hui à la hauteur du 62 de la rue d'Anjou).

Dès lors, l'histoire et la légende s'emparèrent de la famille royale. Les mémoires se multiplient sous la

Restauration. Cléry avait publié les siens en 1798. Ils seront repris sous divers titres : *Histoire de la captivité...*, *Captivité de Louis XVI*, *Journal de Cléry*, etc. Ceux de son frère paraissent en 1825.

En 1814, Hue qui fut au service du dauphin à partir de 1787 et accompagna Madame Royale à Vienne, raconte la captivité du Temple dans *Les Dernières Années du règne et de la vie de Louis XVI*. Le succès va surtout au confesseur de Madame Elisabeth, l'abbé Edgeworth de Firmont, qui assista Louis XVI dans ses derniers moments. Ses mémoires sont traduits de l'anglais par « le traducteur d'Edmond Burke » et publiés par Gide fils en 1815. Le public peut consulter en 1817 le *Mémoire écrit par Marie-Thérèse Charlotte de France* (devenue duchesse d'Angoulême) *sur la captivité des princes et princesses ses parents depuis le 10 août 1792 jusqu'à la mort de son frère arrivée le 9 juin 1795*. La même année Ballard publie un récit de la veuve Bault qui approcha Marie-Antoinette à la Conciergerie. Le témoignage de Turgy, officier de bouche du roi, paraît en 1818.

L'iconographie s'empare des scènes les plus déchirantes du Temple et évoque le testament de Louis XVI, sa dernière soirée avec sa famille, l'exécution du roi, la captivité de Louis XVII... Il est difficile de mesurer l'influence politique de ces images.

La littérature est au rendez-vous. En janvier 1831, Balzac publie *Un épisode sous la Terreur*. En 1845 Dumas fait paraître chez Alexandre Cadot *Le Chevalier de Maison-Rouge*. Polygraphe bien oublié, Regnault-Warin, après son *Cimetière de la Madeleine*, qui entraîne son arrestation sous le Consulat, donne une suite, *Les Prisonniers du Temple*, puis, en 1833, des vies de Louis XVI, de Madame Elisabeth et de la duchesse d'Angoulême. Les martyrs du Temple sont devenus des personnages littéraires.

La musique nous vaut le *Requiem* de Louis XVI par Cherubini. Dernier venu, le cinéma consacre plusieurs œuvres au Temple et à ses prisonniers.

Ainsi est-on passé d'une réalité particulièrement cruelle à une légende qui transcende le martyre de la famille royale. Réalité et légende : ce sont les deux aspects que souhaite évoquer l'exposition du musée Carnavalet.

6

H.-P. Danloux :
Louis XVI écrivant son testament
Château de Versailles.
cat. 13

7

Exécution de Marie-Antoinette.
Musée Carnavalet.
cat. 2

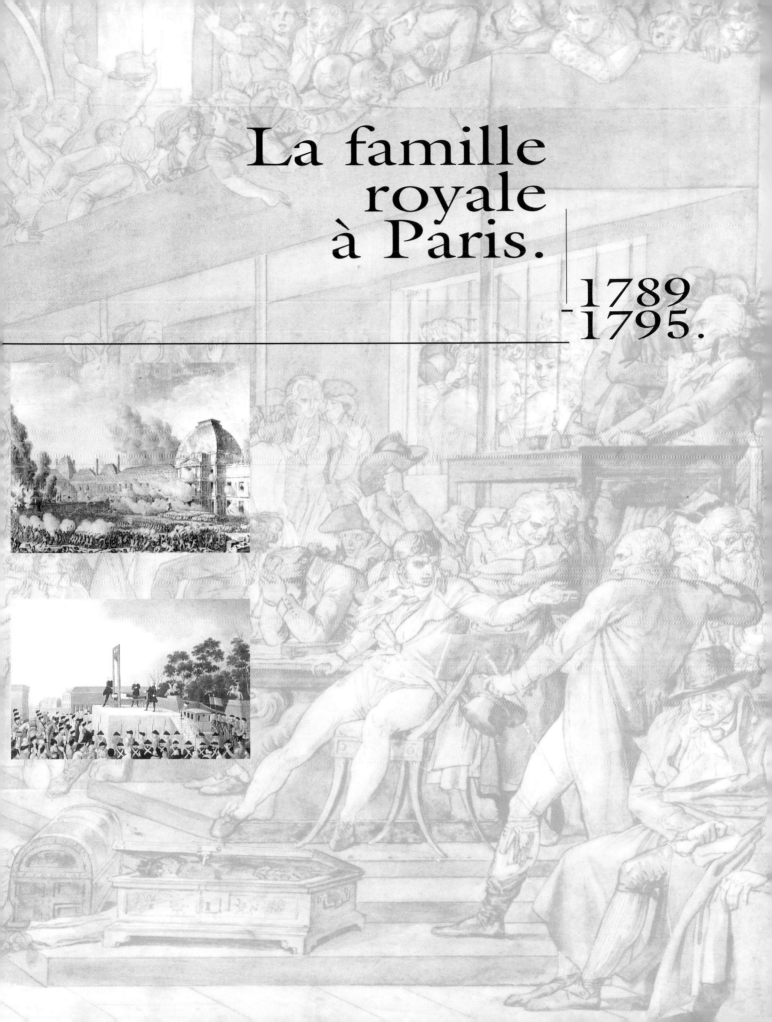

La famille
royale
à Paris.

1789
-1795.

13
N.-G. Brenet :
Louis XVI jurant fidélité à la constitution.
Musée de Quimper.
cat. 10

14
*Premier hommage des
habitants de Paris à
la famille royale.*
Musée Carnavalet.
cat. 72

La famille royale aux Tuileries

Anne Forray-Carlier

15

Boîte.
Musée Carnavalet.
cat. 235

Le 6 octobre 1789, la famille royale se vit contrainte de se rendre à Paris et de s'installer au palais des Tuileries[1]. D'un séjour qu'elle espérait provisoire, elle dut se rendre à l'évidence qu'elle ne reviendrait pas à Versailles. La vie politique se déroulait désormais tout entière à Paris. La famille royale assistait impuissante à la marche des événements. Elle fut l'enjeu des diverses factions politiques, occasionnant une vie agitée autour des Tuileries : rassemblements de foules soucieuses de vérifier la présence de la famille royale dans la capitale, journée des Poignards (28 février 1791), émeutes du 20 juin 1792, et surtout l'insurrection des 9 et 10 août 1792 qui s'acheva par la prise des Tuileries et la suspension du roi, prélude à l'abolition de la royauté.

Quel fut donc le théâtre de ces événements ? Comment le roi, la reine, Madame Royale, le dauphin, Madame Elisabeth, Mesdames et tout l'entourage proche de la famille royale vécurent-ils au quotidien ? Deux périodes peuvent être distinguées : l'avant, puis l'après-Varennes. En effet, la tentative de fuite de

Marie Antoinette d'Autriche

16

Marie-Antoinette d'Autriche.
Musée Carnavalet.
cat. 76

juin 1791 constitue une césure très nette dans le séjour de la famille royale aux Tuileries. Jusque-là, l'installation donne l'apparence du provisoire. Mais le refus de laisser partir le roi à Saint-Cloud en mai 1791 montre un durcissement de la situation et décida certainement Louis XVI à mettre à exécution le projet de fuite hors des frontières. Le retour de la famille le 25 juin mettait un terme au peu de liberté qui lui restait. L'étau se resserrait et les Tuileries devenaient une véritable prison dorée. S'ouvre alors la période de l'après-Varennes où d'importants travaux d'aménagement furent entrepris.

Assez curieusement cette période d'occupation des Tuileries par la famille royale et la cour a peu suscité la curiosité des historiens. Cela s'explique en partie par le manque cruel d'archives pour les dernières années de la monarchie[2]. Les descriptions de Paris, notamment celle de Thierry et les mémoires de ceux

17

La Famille royale aux Tuileries.
Collection particulière.
cat. 34

18
*Lettre de Marie-Antoinette
à Mercy-Argenteau*
Collection particulière.
cat. 136

qui approchèrent de près ou de loin la famille royale constituent des bases de départ. Les écrits de madame Campan, première femme de chambre de Marie-Antoinette et de la duchesse de Tourzel, gouvernante des enfants de France, nous renseignent surtout sur les activités de la famille royale au cours de ces années. Il faut y ajouter le livre de Roussel d'Épinal, *Le Château des Tuileries* écrit et publié en 1802, où l'auteur relate sa visite du palais au lendemain du 10 août et qui remplace en quelque sorte le procès-verbal établi à la suite de la pose des scellés, qui malheureusement n'a pas encore été retrouvé à ce jour[3].

Enfin, c'est surtout en puisant dans les papiers de l'administration du garde-meuble de la couronne que l'on peut établir l'état des lieux et retracer les changements qu'occasionna l'installation de la famille royale aux Tuileries.

L'aménagement de 1789

« A dix heures du soir la cour arriva dans cette prison dissimulée sous le nom de palais. On peut penser si en quelques heures de temps on avait eu le loisir de préparer ces vastes appartements, qui n'avaient pas même été chauffés depuis l'enfance de Louis XV, et où l'on trouvait encore des petits vitraux plombés du temps des Médicis[4]. » En effet, c'est dans cette demeure abandonnée par la cour depuis plus de soixante ans, mais non pas déserte, que pénètre la famille royale. Une multitude d'occupants s'étaient emparés des différents logements. Certains y demeuraient en permanence, pour d'autres, il s'agissait davantage d'un pied-à-terre[5].

L'aménagement de ces différents logements a surtout bouleversé le pavillon de Flore et la partie septentrionale du palais. L'ancien appartement de Monseigneur occupé par la comtesse de la Marck et qui deviendra celui de la reine n'a pas été modifié dans sa distribution, seuls ses plafonds furent soigneusement démontés[6]. Le grand appartement du roi est demeuré intact, seules la salle des cent-suisses et la galerie étaient occasionnellement utilisées[7]. Quant à l'appartement de la reine, il a conservé tout son décor du temps de Louis XIV.

Occupé à l'intérieur, le palais l'était aussi à l'extérieur. Baraques, échoppes, buvettes s'étaient adossées aux bâtiments. Les cours des Princes et des Suisses de part et d'autre de la cour Royale étaient encombrées de casernes et de remises servant là encore de logements à des particuliers. Seule la façade sur jardin était dégagée depuis la réalisation en 1667 de la terrasse. Quant au jardin, il n'était guère en état : la grande pièce d'eau était délabrée, les bordures des bassins brisées, les charmilles délaissées[8].

Le 6 octobre, un vent de panique souffla sur les habitants des Tuileries. Il leur fallait sans coup férir quitter les lieux et laisser les commis du garde-meuble aménager en quelques heures les appartements. La précipitation des événements et la présence de la foule laissent imaginer un désordre indescriptible et une installation temporaire du moins pour les premiers jours. Selon madame de Tourzel, « le réveil de la famille royale fut affreux : les cours et les terrasses des Tuileries étaient remplies d'une foule innombrable de peuple,

19

Anecdote arrivée à Louis XVI, quelques jours après sa résidence à Paris.
Musée Carnavalet.
cat. 73

20

Le roi et la reine visitant l'hôpital des Enfants trouvés.
Musée Carnavalet.
cat. 75

21
L.-P. Deseine :
Louis XVI.
Musée Carnavalet.
cat. 168

22
N. Lejeune :
Louis XVI à l'Assemblée nationale, 4 février 1790.
Musée Carnavalet.
cat. 62

qui demandait à grands cris à voir le roi et la famille royale, les uns pour le plaisir de jouir du fruit de leur victoire, le plus grand nombre par curiosité[9] ». Grâce au comte d'Hézecques on apprend que « les trois premiers jours ne furent qu'une suite de tumultes et d'embarras [...]. Petit à petit on s'arrangea, on meubla un peu — chacun revenu de sa stupeur, reprit ses fonctions[10]. » Pour sa part Marie-Antoinette écrit : « Je n'ai que ma petite chambre en haut ; ma fille couche dans mon cabinet à côté de moi et mon fils dans ma grande chambre[11]. »

Le recoupement entre les différentes sources permet de se faire une idée plus ou moins fidèle de la distribution des appartements tout en laissant encore des parties dans l'ombre[12]. Commençons par le roi. Outre le grand appartement qui comprenait la salle des cent-suisses, la salle des gardes, l'antichambre, la grande chambre et le cabinet du conseil, le roi dis-posait de plusieurs pièces à l'étage, en entresol et au rez-de-chaussée, formant ses cabinets. Madame de Tourzel écrit que Louis XVI voulant se rapprocher de ses enfants « partagea son appartement avec Mgr le Dauphin et prit pour lui les cabinets qui étaient à la suite de l'appartement de la Reine[13]. » Cela est en effet confirmé par l'état des logements non daté[14] et l'inventaire qui fut établi au printemps 1790[15]. Le dauphin se vit installer dans l'appartement de la reine, ouvrant sur le jardin, et comprenant du sud vers le nord : une salle des gardes, une anti-chambre, une pièce des nobles, la chambre à cou-cher, des garde-robes et des cabinets. Ceux-là même que le roi prit à son usage. Marie-Antoinette s'ins-talla dans l'appartement situé au rez-de-chaussée donnant sur la terrasse des Tuileries, occupé jusqu'alors par la comtesse de la Marck. On y accé-dait au pied de l'escalier de la reine et il se compo-

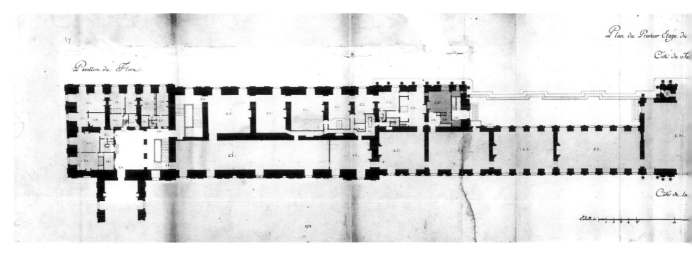

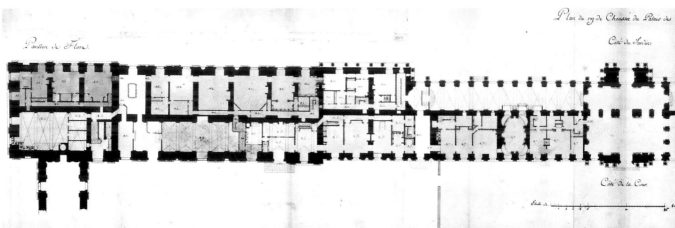

sait : d'une salle des gardes, d'une salle des valets de pied, d'une salle des buffets, d'une pièce des nobles servant de salle à manger, d'un salon, d'une chambre et de plusieurs cabinets en entresol. Madame Royale, pour sa part, occupait les petits entresols situés au-dessus de la chambre du roi, qui n'étaient autres que le petit appartement aménagé en 1783-1784 pour les déplacements parisiens de la reine[16]. Il comprenait une antichambre servant de salle à manger, une chambre, un cabinet, un boudoir et des garde-robes. Madame de Tourzel dévoile tout un réseau de passages, escaliers en entresols que l'on devine à la lecture des archives mais sur lesquels, malheureusement, on ne sait absolument rien : « [la reine] ayant donné à Madame sa fille, les petits entresol au-dessus de la chambre du roi, qui faisaient ses petits appartements, elle en fit accommoder d'autres au-dessus de ses cabinets et de l'appartement du pre-

23

Plan du rez-de-chaussée du château des Tuileries en 1789.
Archives nationales.
cat. 35

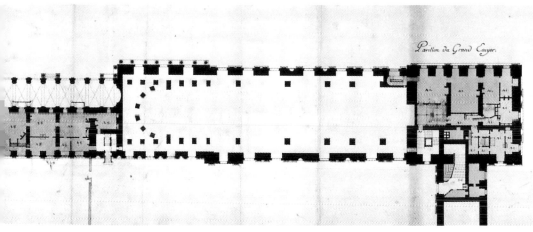

24

*Plan du premier étage du château
des Tuileries en 1789.
Archives nationales.
cat. 36*

mier gentilhomme de la chambre. On pratiqua, en outre, de petits escaliers particuliers pour que le roi et la reine puissent communiquer librement dans l'intérieur de leurs appartements, et dans celui de Mgr le dauphin et de Madame. » Il semble bien que ces nouveaux petits appartements, dont on ne peut mesurer l'étendue, furent aménagés par le garde-meuble privé de la reine, car aucun mémoire du garde-meuble de la couronne n'en fait état.

Enfin, Madame Elisabeth jouissait du premier étage du pavillon de Flore avec des entresols au dessus. Quant à Mesdames, elles se partageaient en partie le pavillon de Marsan, le rez-de-chaussée pour Madame Victoire, le premier étage pour Madame Adélaïde. En fait, Mesdames vécurent à Bellevue et ne firent que de rares apparitions aux Tuileries jusqu'à leur départ pour Rome en janvier 1791. Au rez-de-chaussée du pavillon de Flore se trouvaient le logement de la princesse de Chimay, dame d'honneur de la reine, et sous le grand appartement du roi celui du premier gentilhomme de la chambre, et plus au nord, madame de Tourzel.

Plusieurs semaines furent nécessaires pour rendre décents tous ces logements. Seuls ceux de la reine (le grand et le petit appartements) étaient parfaitement meublés[17]. Environ huit cents ouvriers s'activèrent durant les premières semaines[18], et durant les deux premiers mois 280 000 livres furent dépensées pour l'établissement du roi[19].

La confrontation du journal d'expédition du garde-meuble, des bons et des devis des différents fournisseurs ainsi que de leurs mémoires[20] nous renseigne sur la nature des aménagements. Dès le 8 octobre, Verdin, Le Rond, Voitier, Le Blanc… employés du garde-meuble n'ont de cesse d'expédier meubles, tissus, tapisseries, diverses fournitures pour l'ameublement des appartements. Les ordres révèlent que dans un premier temps n'est prévue que la réalisation de tentures et de garnitures anciennes impliquant de multiples opérations de dégarnissage, regarnissage, rallongement et raccourcissement, nettoyage[21].

Par exemple dans la chambre à coucher du roi, les plissures de six parties de rideaux en gros de Tours cramoisi ont été démontées et rallongées à 16 pieds 3 pouces[22] et Dufourny, marchand d'étoffes, fournit 60 aunes de toile d'Alençon demi-blanc[23]. Un devis, établi le 13 octobre, envisage les dispositions pour l'ameublement de Madame Elisabeth[24] ; pour son cabinet intérieur on prévoit de placer un meuble alors dans les cabinets de la reine. On n'hésitait pas ainsi au sein du même édifice à échanger tentures et meubles.

Plus intéressant est le volumineux mémoire d'octobre 1789 d'Arthur, marchand de papier peint, qui fournit une quantité impressionnante de panneaux et de frises pour l'appartement du roi, de la reine, de Madame Elisabeth et divers lieux[25]. On est étonné de découvrir que l'alcôve de la chambre à coucher du roi est tendue de papier peint et non de tissu ainsi qu'il était d'usage. Il s'agit de panneaux arabesques fond blanc avec bordures étrusques à médaillons, de pilastres arabesques fond abricot, et de frises de figures en grisaille sur fond violet ! Voici une note tout à fait inattendue dans cet appartement où

25
J.-H. Riesener :
*Commode ayant servi à
Marie-Antoinette aux
Tuileries.*
Château de Versailles.
(Non exposée.)

26
Table de tric-trac du dauphin.
Au comte Jean de Béarn
cat. 174

partout subsiste le décor exécuté sous Louis XIV avec ses hauts plafonds peints à voussures et ses lambris peints de paysages et d'arabesques[26].

En effet, dans les pièces du premier étage, tant dans l'appartement du roi que dans celui occupé par le dauphin, tout le décor réalisé dans les années 1664-1671 est en place. On n'y fait que changer quelques tentures et rideaux et placer des pièces de tapisserie pour tenter de rafraîchir un peu le décor. Ainsi trouve-t-on des portières des *Saisons* et une pièce de la tenture des *Chambres du Vatican* dans l'antichambre de l'œil-de-bœuf, quatre pièces de la tenture de *L'Histoire de Jason* dans la salle du conseil, six pièces de la tenture des *Triomphes des dieux* dans le billard aménagé sur une partie de la galerie, douze pièces de la tenture de *L'Histoire du roi* dans la galerie et six pièces de *L'Histoire de Don Quichotte* dans la chambre à coucher du roi[27]. Pour ces deux dernières tentures

27

Guéridons du grand appartement de Versailles, apportés aux Tuileries en 1789.
Château de Versailles
(Non exposés.)

il s'agit de celles alors à Versailles, réclamées dès le 11 octobre et expédiées aux Tuileries le 20 du même mois[28].

Cela nous conduit à évoquer les nombreux envois de meubles et objets pris dans diverses résidences. Dès le 7 octobre était envoyé, par exemple, le meuble en bois doré de la chambre du roi à Choisy, se composant de douze ployants, deux grands fauteuils avec leurs oreillers, un écran, un paravent en satin blanc brodé avec encadrements de velours cramoisi[29], pour être placé dans la grande chambre du roi. Il était rejoint quelques semaines plus tard par les trois commodes de Riesener du salon des nobles de la reine à Versailles[30].

Provenant encore de Versailles, une partie des différents guéridons du grand appartement avec leurs girandoles[31], répartis dans la galerie, le cabinet du conseil et la chapelle. Les dix lustres en cristal de Bohème à montures dorées placés dans la galerie provenaient du reposoir de Versailles[32]. Ceux de l'antichambre de l'œil-de-bœuf et de la chambre à coucher du roi avaient été retirés de Choisy. Au total trente lustres furent dirigés vers les Tuileries entre le 8 octobre et le 31 décembre 1789[33]. A côté de meubles connus et célèbres, un nombre très important de meubles très simples, le plus souvent en noyer, fut réquisitionné[34]. D'ailleurs un mémoire de l'ébéniste Benneman du 14 octobre 1789 est assez éloquent : il n'est question que de menues réparations exécutées sur une centaine de meubles tous destinés aux Tuileries[35]. Grâce à l'inventaire commencé en mai 1790[36], l'ameublement des appartements peut-être en partie connu. Pour le grand appartement du roi et celui du dauphin[37], il apparaît très hétéroclite en raison des provenances les plus variées. Ainsi par exemple dans l'antichambre de l'œil-de-bœuf des banquettes à pieds en gaine peintes en blanc côtoient des banquettes à pieds de biche en bois verni, d'autres encore sont à pieds à dauphin et en bois rougi. Il serait fort long et fastidieux de passer en revue la description de chaque pièce, citons seulement pour exemple l'aménagement du cabinet du conseil où le roi continuait à recevoir ses ministres.

Thierry[38] nous rappelle le décor exécuté sous Louis XIV, au plafond richement sculpté et doré, aux dessus-de-porte chargés de vases et aux lambris offrant les attributs de la Guerre, de l'Abondance et des Eléments. Quatre pièces de l'*Histoire de Jason* d'après J.-F. de Troy tendaient les murs, complétées par des portières des *Saisons* et des *Eléments* tissées aux Gobelins. Les rideaux des deux fenêtres s'ouvrant sur la cour étaient en gros de Tours cramoisi. Vingt et un ployants, cinq tabourets, un fauteuil à la reine et un paravent, le tout en bois sculpté et doré recouvert de brocard d'or sur fond sablé cerise et or, dessin à mosaïque, constituaient le mobilier de menuiserie, complété par quatre guéridons et leurs girandoles provenant de Versailles. Deux commodes à la Régence en bois de palissandre et bronzes dorés composaient les meubles d'ébénisterie. Une pendule de Charles Le Roy ornait la cheminée pourvue de son feu à vases. Au centre de la pièce la table du conseil en bois de chêne recouverte de velours vert au pourtour en damas cramoisi, franges et galon d'or fin. Sur cette table une écritoire en argent et sa sonnette provenant de la table du conseil de Versailles. Cette écritoire, que complétaient deux cuvettes à flambeaux, aussi d'argent, avait été faite plus d'un siècle auparavant pour Louis XIV par l'illustre Claude Ballin[39]. L'aménagement de cette pièce n'évolua guère jusqu'au départ de la famille royale. Par contre, on n'eut de cesse de modifier et de compléter l'aménagement des pièces des petits appartements où se déroulait désormais la plus grande partie de la journée des souverains.

Le personnel de la maison du roi, malgré la présence de la garde nationale qui avait été imposée à la famille royale, s'attacha à maintenir l'étiquette qui régissait la vie de la cour. Soixante bataillons composaient la garde nationale placée sous le commandement de La Fayette et montaient la garde au château à tour de rôle. Le roi était suivi dans tous ses déplacements d'un chef de division, la reine et le dauphin par des commandants de bataillon, et le reste de la famille par des capitaines.

L'accès au jardin et au château était réglementé[40]. Seules étaient admises avant midi les personnes munies de cartes et les députés de l'Assemblée. Après midi et demi toutes personnes bien mises pouvaient circuler librement dans le jardin et dans le château.

Un petit terrain entouré de treillages avait été aménagé pour la promenade et les jeux du dauphin[41].

28

L.-P. Deseine :
Le Dauphin.
Château de Versailles.
cat. 167

29

Pièce de la tenture de l'« Histoire de Jason »,
ornant le cabinet du Conseil aux Tuileries.
Mobilier national.
cat. 176

30

Théocrite :
Idylles et autres poésies
(bibliothèque de la reine aux Tuileries).
Bibliothèque nationale.
cat. 208

31

Le Jeune Patriote.
Musée Carnavalet.
cat. 74

32

*Projet pour le réaménagement
du premier étage des Tuileries.*
Archives nationales.
(Non exposé.)

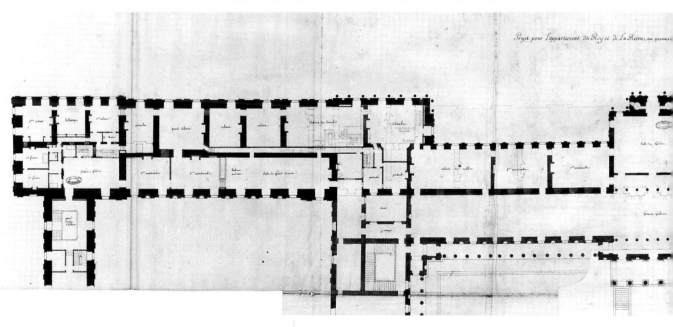

Lors des premières semaines, le roi et sa famille s'obligèrent à faire quelques visites hors des Tuileries, mais sans cesse surveillés ils y renoncèrent, préférant désormais une vie privée troublée uniquement le dimanche et le jeudi matin par la vie de cour qui reprenait le dessus, avec l'immuable cérémonial du repas public du roi et du jeu le soir. Le reste des journées se déroulait ainsi : la reine après son lever déjeunait seule, voyait ses enfants, veillant à leur éducation. Elle écoutait ensuite la messe puis revenait dans ses cabinets pour vaquer à différents travaux. A treize heures, le roi, Madame et Madame Elisabeth retrouvaient la reine dans la salle à manger qui avait été aménagée dans son appartement pour le dîner. Après quoi, le roi et la reine se livraient à une partie de billard puis se rendaient dans leurs cabinets avant de se retrouver à vingt heures pour le souper, et à vingt-trois heures chacun se retirait[42].

La lecture semble avoir occupé une part importante de l'activité des souverains. L'ensemble de la bibliothèque de la reine à Versailles, environ 4 000 volumes, fut transféré aux Tuileries et réparti dans la pièce servant de bibliothèque à Louis XVI, dans les passages et le boudoir de la reine à l'entresol. Ce dernier fut aménagé en décembre 1789 à la demande de la reine

en entresol au-dessus de la bibliothèque. Cette pièce était tapissée de papier peint couleur acajou formant panneaux, pilastres, soubassement et corniche, dont les ornements étaient rehaussés d'or[43] et de miroirs provenant du magasin de Choisy[44].

Cette bibliothèque s'augmenta de quelques volumes durant le séjour aux Tuileries, les derniers ouvrages entrés étant un *Etat général des postes en France...* pour l'année 1792 et les *Idylles* de Théocrite[45]. Outre la lecture, la reine, nous signale madame de Tourzel, passait ses journées « à écrire et à travailler[46] ». Par travailler il faut comprendre certainement les travaux d'aiguille auxquels elle se livrait avec Madame Elisabeth. Le roi qui ne pouvait plus s'adonner à son occupation favorite, la chasse, partageait son temps entre la lecture, l'éducation de son fils et quelques coups de lime sur un étau qu'il s'était fait aménager dans l'une des pièces de ses cabinets.

La correspondance du premier commis des bâtiments du roi, M. Cuvillier, montre que Louis XVI envisagea dès les premiers jours de son installation d'entreprendre d'importants travaux[47]. Le roi en effet réclamait de revoir les plans dessinés en 1783 par l'architecte M. J. Peyre en vue du réaménagement des Tuileries[48]. Cuvillier précise que les plans ne consis-

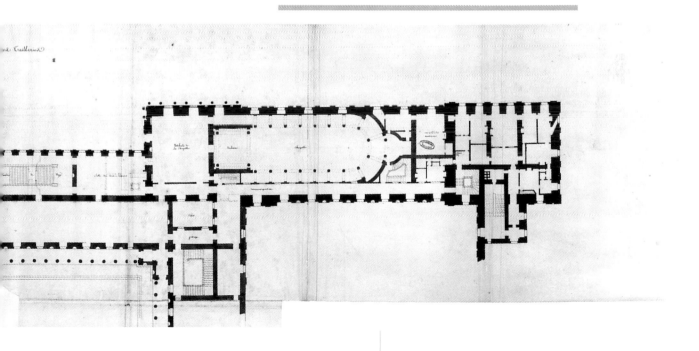

33

J.-H. Riesener :
*Bureau ayant servi à Marie-
Antoinette aux Tuileries.*
(Non exposé.)

taient qu'en de simples tracés « quant aux intérieurs tout était à concevoir et à étudier[49] ». Il faut, semble-t-il, rapprocher de cette correspondance deux plans que l'on peut dater de la fin de 1789[50]. L'un est annoté au crayon : *Projet fait avec les idées du roi*, l'autre : *Minute du grand projet*. Sur le premier la principale modification est l'avancée des façades sur les terrasses côté jardin. L'appartement du roi s'étale alors sur l'ancien appartement de la reine. La galerie est divisée pour former des antichambres, tandis qu'une nouvelle galerie est formée sur la salle du conseil, la grande chambre et l'antichambre de l'œil-de-bœuf. La salle des gardes est placée dans le pavillon central repoussant la salle des cent-suisses au nord. Au-delà se déploient la chapelle et un appartement pour Madame Elisabeth. Mais cette disposition n'est guère satisfaisante.

Sur le second plan (fig. 32) la conception est plus grandiose, les terrasses sont conservées et sur la cour toute la partie centrale du palais est doublée, permettant le déploiement d'une grande galerie dans laquelle débouche un monumental escalier. Le grand appartement du roi se voit augmenté de quelques pièces. Quant à l'appartement de la reine, il est presque identique au premier projet. Cependant Louis XVI dut rapidement se rendre à l'évidence que de tels remaniements n'étaient guère envisageables. Il n'en sera plus question avant 1792[51].

Les aménagements de 1790

Jusqu'au voyage de Varennes, chacun se contenta apparemment de son ameublement. On note dans les archives un très net ralentissement des envois et les mémoires des fournisseurs ne concernent que de menues interventions. Lipp, menuisier en billard, répare en avril 1790 le billard du roi[52]. Benneman supprime une balustrade en cuivre doré à la bibliothèque du roi et fournit dix nouvelles tablettes en acajou[53], certainement pour accueillir les nouveaux livres arrivant de Versailles. En mai 1790, Chatard refait la dorure de la ligne d'horizon du globe de géographie de Mentelle qui sert à l'éducation de Madame Royale[54]. Plus importantes sont les interventions dans la chapelle. La toile de coton des rideaux brûlée par le soleil est changée, Nau, marchand de soieries, fournit du taffetas violet d'Italie pour couvrir les tableaux et du damas de Tours cinq couleurs pour le parement de l'autel. Des nappes sont refaites pour les crédences. Onze banquettes de Boulard peintes par Chatard sont fournies[55]. Lors de l'arrivée de la famille royale on avait eu recours aux effets de la chapelle de Versailles pour aménager celle des Tuileries, complétée par quelques nouveaux ouvrages : Séné réalisa un piédestal pour poser le Saint Sacrement sur l'autel et Duperron fournit un tableau avec prières pour la préparation de la messe et des boîtes pour les grands et petits pains[56]. Un mois plus tard, en avril 1790, on aménage la salle du grand couvert. On y édifie des gradins délimitant un espace de 50 pieds sur 17. Ils sont tendus d'un damas cramoisi orné de crêtes, franges et galons dorés[57]. Travaux à peu de frais, car le garde-meuble réutilise la tenture qui avait servi pour l'assemblée des Etats Généraux ! De même les anciens ployants sont remplacés par des ployants provenant de Mesdames à Versailles[58]. L'inventaire de 1790 ne signale pas cet aménagement. Il devait s'agir d'une salle démontable, installée occasionnellement dans la galerie où Hézecques nous rapporte que se déroulait le dîner du roi : « C'était dans cette galerie que, le dimanche, le roi dînait en public[59]. »

La seule grande opération de l'année 1790 concerne la reine dont on refit la chambre à coucher.

La reine avait choisi, nous l'avons vu, d'occuper les pièces du rez-de-chaussée donnant sur la terrasse du jardin des Tuileries. Par ce choix, elle entrait en possession d'un appartement des plus modernes et proche de ses goûts. En effet, la comtesse de la Marck avait fait des travaux importants qui, entre autres, avaient occulté tout le décor du XVIIe siècle. L'état des meubles dressé par Sulleau, vérificateur au garde-meuble et par Le Doyen, marchand-tapissier, le 19 octobre 1789 permet d'en connaître l'aménagement[60]. De très légères transformations avaient été réalisées à l'automne 1789 lorsque Marie-Antoinette s'y installa, notamment une salle à manger plus spacieuse fut aménagée dans la pièce précédant le salon, dont les murs furent tapissés de papier cendre verte, encadré et quadrillé par des tores de fleurs, livré par Arthur[61]. C'est dans cette pièce que la famille royale prenait ses repas en temps ordinaire.

Lors du séjour à Saint-Cloud, les travaux sont entrepris dans la chambre de la reine. Le damas vert et blanc de la comtesse de la Marck est retiré au profit d'un Pékin bleu et argent fait à l'origine pour Choisy[62]. Le lit et les sièges dont Chatard restaure la dorure[63] proviennent du mobilier exécuté pour la chambre de Gustave III à Versailles[64]. Le lit est agrémenté d'un support pour une lanterne et d'une crémaillère destinée à suspendre une pendule à répétition[65]. Le reste de l'ameublement se compose d'une commode à dessus de marbre blanc, d'un secrétaire en armoire et d'une toilette en marqueterie de bois gris satiné, enrichis de bronzes dorés. Par leur description dans l'inventaire de 1790, ces meubles ne sont pas sans évoquer l'ensemble réalisé par Riesener en 1784 pour le petit appartement de la reine à l'attique[66]. Mais de menues différences obligent à considérer ceux-ci comme une autre réalisation de l'ébéniste, sans doute pour la reine, mais dont on ne peut préciser l'origine[67]. Un corps de bibliothèque en acajou, un feu à grille, une paire de bras de lumières et deux candélabres en bronze doré complétaient le tout. Ces derniers, en forme de trépied reposant sur des boucs, avec leurs têtes de satyres et d'aigles portant bobèches, sont d'un modèle connu dont une autre paire figurait également chez la reine à Saint-Cloud[68].

36

J.-H Riesener :
Table de toilette de Marie-Antoinette.
Château de Versailles.
cat. 177

37

Commode du salon des nobles de la reine à Versailles, transférée aux Tuileries en 1789.
Château de Versailles
(Non exposée.)

36   La famille royale à Paris. 1789-1795.

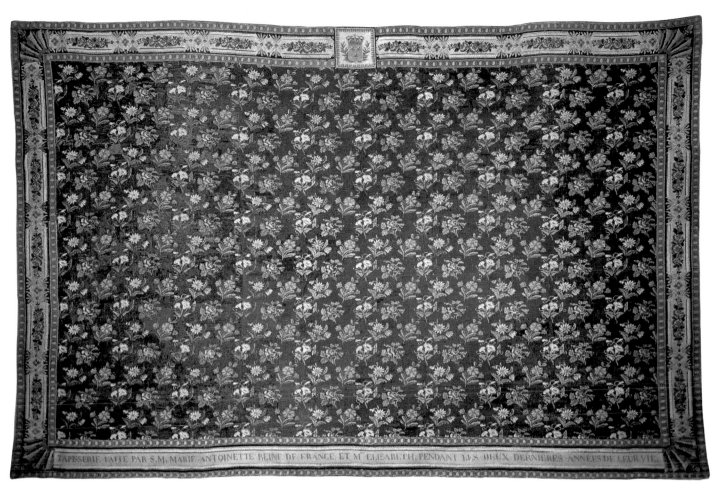

TAPISSERIE FAITE PAR S.M. MARIE-ANTOINETTE REINE DE FRANCE, ET M. ELISABETH, PENDANT LES DEUX DERNIÈRES ANNÉES DE LEUR VIE.

38

A. Labille-Guiard :
Madame Elisabeth.
Château de Versailles.
cat. 27

39

*Tapis réalisé par Marie-
Antoinette et Madame
Elisabeth.*
Château de Versailles.
cat. 175

38   La famille royale à Paris. 1789-1795.

L'après-Varennes

« Au commencement du printemps de 1791, le roi, fatigué du séjour des Tuileries, voulut retourner à St Cloud[69]. » Mais la garde, renforcée par la foule, s'y opposa, obligeant la famille royale à se retrancher dans ses appartements. Les souverains décident de mettre à exécution leur projet de fuite, orchestré par Fersen. Mais c'est un échec. De retour de Varennes la famille royale est belle et bien prisonnière des Tuileries. « Ce prince et cette princesse, ne voulant point s'exposer comme prisonniers aux regards de la garde nationale ni aux insultes d'une multitude égarée, ne quittèrent plus leurs appartements et ne voulurent même pas prendre l'air dans le petit jardin de Mgr le dauphin. L'incertitude de leur sort, la mauvaise disposition des esprits, les incommodités d'une chaleur étouffante, tout concourait à augmenter l'horreur et le désagrément de leur situation[70]. » Le retranchement de la famille est total, toute vie de cour a pratiquement disparu, ainsi que le note madame Campan « le coucher du roi est solitaire[71] ». Ces événements n'entravent aucunement la marche habituelle de l'administration du garde meuble ; on note seulement un ralentissement des travaux pour l'ameublement des autres résidences de la couronne, compensé par un regain d'activités pour les Tuileries. Les travaux, alors entrepris, débutent par l'appartement de la reine et se poursuivent jusqu'en 1792 par les cabinets du roi. On ne se préoccupe guère du grand appartement où l'on se contente de faire redorer le meuble de la grande chambre du roi par Lambert et Legrais[72]. De même les envois continuent, venant compléter ou remplacer les objets mis en place en 1789, comme ces deux lustres à huit lumières, en cristal de Bohême et fonte dorée, provenant du foyer de l'opéra à Versailles et qui sont placés dans le salon du conseil, ainsi que la commode provenant de la chambre à coucher de madame Thierry de Ville d'Avray, aujourd'hui conservée au Louvre, ou encore quatre guéridons et leurs girandoles de la galerie des glaces, envoyés pour la grande chambre du roi[73]. En ce qui concerne l'appartement de la reine, on réaménage dès l'été le salon de compagnie où le meuble de gros de Tours bleu de la comtesse de la Marck est remplacé par un damas lampas bleu, gris et blanc, dessin arabesque à cyclopes et

40
A. Kucharski
Marie-Antoinette en 1791.
Au comte Jean de Béarn.
cat. 23

41
J.-L. Prieur
*La garde nationale désarmant
les Chevaliers du poignard.*
Musée Carnavalet.
cat. 66

42

J.-B. Sené :
Canapé
Château de Versailles. (Non exposé.)

43

Fauteuil du salon de compagnie de la reine aux Tuileries.
Mobilier national. cat. 170

à bordure de caryatides et rosaces en tête de lion, tissé à Lyon en 1785 chez Reboul et Fontebrune[74]. On réutilise alors les bois sculptés et dorés du mobilier de Vaudreuil, acheté par la couronne en 1788[75] (dix grands fauteuils, huit fauteuils courants, six autres à carreaux, six chaises, deux causeuses, six voyeuses et deux paravents), que Sené complète par deux canapés à deux places, deux tabourets et une chaise haute[76]. Benneman y ajoute deux écrans en acajou[77].

A l'automne, la reine fait supprimer l'ottomane de la croisée pour la remplacer par une estrade exécutée par Benneman, destinée à recevoir deux fauteuils, aussi en acajou, menuisés par Sené[78]. Enfin, Benneman livre une table ronde en acajou, avec tiroirs dans la frise et un corps mobile au-dessus comportant quatre tiroirs à papier et à écritoires en cuivre argenté[79]. On imagine aisément combien cette table dut être utile à Marie-Antoinette qui « écrivait presque toute la journée et passait une partie des nuits à lire[80] ».

A peine achève-t-on le remeublement du salon que recommence celui de la chambre. Le marchand de soieries Nau livre un lampas vert et blanc que l'on remonte sur les mêmes bois réparés par Lambert et Legrais, et complétés par un canapé menuisé par Sené, sculpté par Laurent et doré par Chaise[81]. Benneman, selon les désirs de la reine[82], fournit deux encoignures semblables en tout à la commode, au secrétaire et à la toilette en place depuis 1790[83].

Enfin la salle à manger, première pièce réaménagée en 1789, est à nouveau modifiée. Une tenture de Beauvais, d'après Casanova, *Les Convois militaires*, est prise au magasin du garde-meuble et adaptée par le rentrayeur Bellanger[84]. Boulard fournit douze chaises en acajou au dossier de forme carrée complétées par douze chaises également en acajou à dossier lyre provenant du mobilier Vaudreuil[85]. Pour l'ébénisterie, Benneman exécute un bas d'armoire à deux vantaux, deux commodes et deux encoignures, le tout en acajou, bronzes dorés et dessus de marbre blanc[86]. Pour parachever cet ensemble plus homogène, Chaumont, fondeur, livre une superbe lanterne dorée par Feuchère[87].

Rien n'est entrepris dans l'appartement du dauphin. Par contre, dans celui de Madame Royale, on renouvelle le décor par du papier peint fourni par Arthur pour les antichambres et le cabinet d'étude où tout

44

A. Kucharski :
Marie-Antoinette.
Château de Versailles.
(Non exposé, cf. cat. 58.)

le décor est à l'étrusque[88]. Dans la chambre, la tenture est changée[89]. Pour le salon, de la moquette anglaise est livrée par Cartier[90]. Pour cette même pièce, Séné exécute un canapé à colonnes isolées[91]. On note encore une console acquise chez Daguerre et une table en guéridon pour le déjeuner par Benneman[92]. Des travaux plus importants sont réalisés chez Madame Elisabeth dont on refait la chambre à coucher. Le meuble de damas jaune et argent placé à l'automne 1789[93] est remplacé. Séné, Laurent et Chaise se voient confier la réalisation d'un lit avec impériale, deux grands fauteuils à la reine, douze ployants et un écran[94]. Quant à Benneman, il fournit une devanture et corps de commode en acajou, bois jaune et filets noirs et blancs, à grands tiroirs et petits dans la frise, destinée à être placée dans l'intérieur de la cheminée. Quatre roulettes permettaient de l'avancer[95]. En février 1792, il livre pour cette même pièce une table en acajou pour placer un nécessaire[96]. L'ébéniste réalise encore une dizaine de meubles, toujours en acajou et bronzes dorés, pour les autres pièces de l'appartement dont le dernier, une table à écrire, était livré le 20 juillet 1792[97].

Les cabinets du roi, bien décrits dans l'inventaire de 1790[98], nous révèlent davantage les goûts de

45

Soulier de Marie-Antoinette, perdu par la reine le 10 août 1792.
Musée Carnavalet.
cat. 310

Louis XVI. Contiguë à la chambre de la reine, la bibliothèque forme la première pièce, elle est suivie d'un cabinet doublé en profondeur par deux garde-robes desservant un premier passage qui longe à l'arrière toutes ces pièces. Un deuxième passage, du côté des croisées sur le jardin, dessert une chambre à alcôve qui reçoit le jour uniquement par la croisée de ce second passage, et qui commande une pièce noire où débouche un de ces nombreux escaliers permettant à la famille royale de se soustraire aux regards des gardes nationaux et d'aller et venir entre les étages. Enfin un dernier cabinet termine cet ensemble de pièces du rez-de-chaussée. C'est dans cet univers aménagé avec simplicité que le roi passait la plupart de son temps, surtout après le retour de Varennes.

Un damas bleu et blanc règne dans presque tous ces cabinets, exception faite de la bibliothèque dont les rideaux sont en taffetas vert et les garnitures en Pékin vert pomme. Dans chaque pièce, on rencontre des sièges en bois sculpté peint en blanc qui voisinent avec d'autres en acajou. Les meubles d'ébénisterie sont majoritairement en acajou. Des rideaux en mousseline garnissent toutes les croisées donnant sur la terrasse du jardin, protégeant le roi des regards indiscrets et lui permettant d'observer sans être vu. Roussel d'Epinal décrit un petit « cabinet » aménagé dans l'embrasure d'une de ces croisées (apparemment celle du cabinet de travail de Louis XVI), comprenant une bergère et deux chaises. Il ajoute : « C'est là que le roi venait l'après-dîner faire une heure de sommeil, et plus souvent examiner, sans être vu, ce qui se passait dans le jardin, et écoutait ce que disaient ceux qui passaient sous ses fenêtres[99]. » Il confirme bien ce que les archives laissent soupçonner : la présence en entresol, entre le rez-de-chaussée et le premier étage, de pièces à l'usage du roi et de la reine, avec notamment ce fameux boudoir bibliothèque de Marie-Antoinette et le cabinet de géographie du roi. Ce dernier renfermait des cartes géographiques rangées dans des boîtes disposées sur des rayons de bibliothèque. Au centre de la pièce se dressait une grande table « couverte de cartes dessinées et d'objets et d'instruments propres au lavis[100] ».

Pour l'essentiel, ces cabinets furent meublés avec des pièces provenant de Versailles[101], envoyées dès le

46
J. L. Prieur :
*Le peuple entrant au château
des Tuileries le 20 juin 1792.*
Musée Carnavalet.
cat. 67

47
P. Bouillon
*Dévouement de Madame
Elisabeth. 20 juin 1792.*
Musée Carnavalet.
cat. 46

48
J. Bertaux
Prise du palais des Tuileries,
cour du Carrousel,
le 10 août 1792.
Château de Versailles.
cat. 7

49
H.-P. Danloux
Jean-Baptiste Canthaney,
dit Cléry, valet de
chambre de Louis XVI.
Château de Versailles.
cat. 12

10 octobre 1789. Le cabinet du roi était tapissé d'un papier peint composé de panneaux arabesques en grisaille, alternant avec des pilastres au coloris cendre bleue, et de bandes de tores de fleurs et ornements à l'antique[102]. Des rideaux en gros de Tours bleu accompagnait le taffetas bleu des garnitures des sièges[103]. Un chiffonnier, une table à écrire, un écran, le tout en acajou, entouraient le cabinet en laque livré pour Louis XVI en 1784 et provenant de son cabinet intérieur à Versailles[104]. Un feu en bronze doré, une paire de bras de lumières à deux branches, une table pliante et un tapis d'entrefenêtre complétaient cet ameublement. A la différence de la reine, Louis XVI n'entreprit pas de modifications radicales de ses cabinets. On note quelques raccords de papiers peints dans un des cabinets[105] par Arthur et Dufourny qui livre de la toile d'Alençon pour regarnir les murs des corridors et des escaliers[106] Par contre, il apparaît

La famille royale à Paris. 1789-1795.

46   La famille royale à Paris. 1789-1795.

50

A. Kucharski
*Marie-Antoinette en
veuve, au Temple.*
Au comte Jean de Béarn.
cat. 24

51

*Corbeille et flacons a
l'usage de la reine à la
Conciergerie.*
Collection particulière.
cat. 261 et 275

52

Emigrette du dauphin.
Collection particulière.
cat. 273

53
J.-M. Vien, le Jeune
Louis XVII au Temple.
Musée Carnavalet.
cat. 33

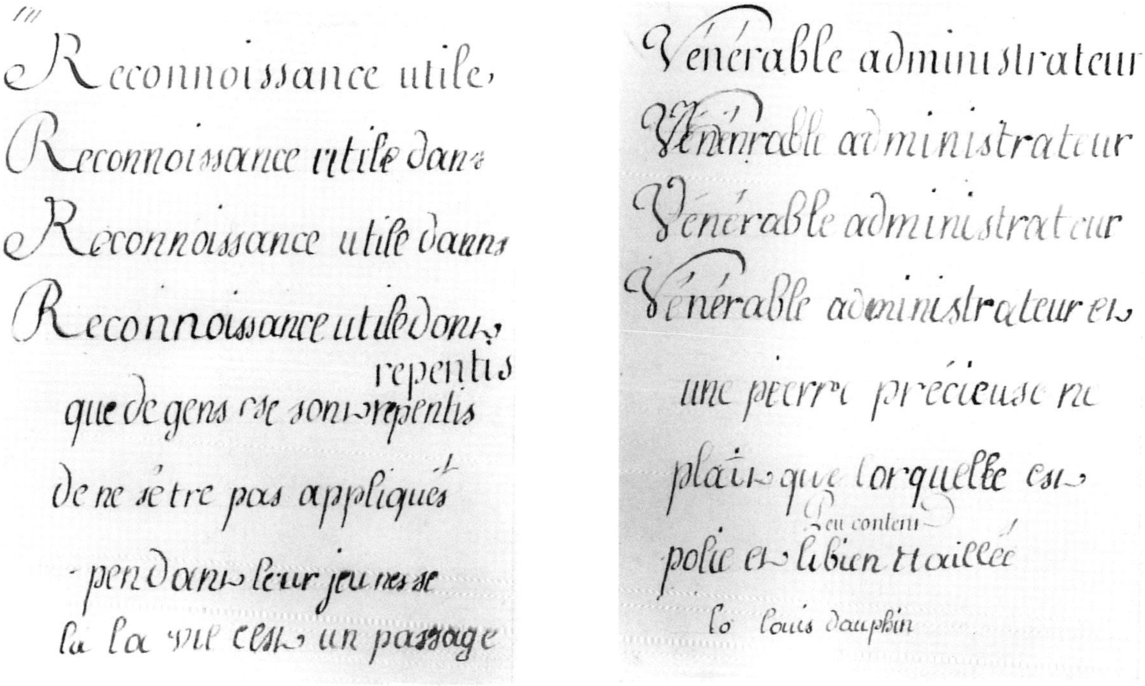

Reconnoissance utile,

Reconnoissance utile dans

Reconnoissance utile dans

Reconnoissance utile dont
repentis

que de gens se sont repentis

de ne s'être pas appliqués

pendans leur jeunesse

La la vie c'est un passage

Vénérable administrateur

Vénérable administrateur

Vénérable administrateur

Vénérable administrateur et

une pierre précieuse ne

plaît que lorqu'elle est
peu content

polie et si bien taillée

Lo Louis dauphin

54
Cahier du dauphin entre 1790 et 1792.
Musée Carnavalet.
cat. 138

soucieux de compléter son ameublement. En septembre 1791, Benneman lui fournit pour la bibliothèque une commode à trois grands tiroirs en acajou ronçonneux, amarante, bois jaune et filets noirs et blancs pour s'accorder avec les bibliothèques. Cette commode est montée sur quatre rouleaux afin de l'avancer et la reculer à volonté[107]. Pour son cabinet de travail, Louis XVI fit exécuter à l'ébéniste Robierscky un serre-papier en acajou composé de huit tablettes fermées par deux vantaux et ornements de bronze doré, pour la coquette somme de 1 300 livres[108]. Sené, Laurent et Chaise, quant à eux, réalisèrent deux fauteuils à médaillon en bois doré[109]. On note encore un écran à contrepoids en acajou, livré par Benneman[110]. Parallèlement à ces achats, Louis XVI continue à faire revenir des meubles dont il appréciait l'usage à Versailles, comme la petite table en acajou qui se trouvait dans sa bibliothèque et qu'il fait envoyer

pour ses cabinets[111], ou encore la commode dite des « allemands » qui était dans l'ancienne pièce des buffets[112]. Il est manifeste qu'à partir de 1792, ayant perdu tout espoir de retour en arrière, Louis XVI cherche à retrouver son cadre familier de Versailles. Il fit alors apporter plusieurs pendules. On peut citer pour exemple celle qui était dans son cabinet intérieur, figurant un vase dont la panse porte un calendrier annulaire tournant, gradué en mois, quantièmes et signes du zodiaque, encadré par deux figures : la France et le dieu Mars, le tout sur un socle orné de trois bas-reliefs[113]. Quatorze vases de Sèvres, provenant de l'appartement intérieur du roi et de la chambre de Louis XVI, sont placés dans la chambre à coucher du roi[114].

Lorsque la famille royale quitta les Tuileries au matin du 10 août, malgré ses appréhensions, elle ne pouvait imaginer qu'elle laissait un palais à la vindicte du peuple et qu'elle n'y retournerait jamais. Madame de Tourzel, madame Campan, François de la Rochefoucauld et d'autres encore ont laissé des récits de cette journée si fatidique[115]. Celui de Roussel d'Epinal est particulièrement éloquent : « J'arrive aux Tuileries par la porte du Pont Royal. Je regarde. Je vois les murs du château criblés de balles de fusil. J'entends de tous côtés le tintement des vitres que l'on casse […] on marche sur les débris de mille vases de porcelaine. Les tasses aux riantes et vives couleurs roulent à terre avec les chandeliers d'or. Je vois tomber de grands pans de glace ; […] Les lustres, les peintures des plafonds, les tableaux de Lebrun, de Paul Véronèse, sont respectés […] Tout est bouleversé dans la chambre du Conseil. Dans la salle du billard même désordre. La galerie offre l'aspect d'un camp au pillage […]. Il était près de cinq heures quand toutes ces choses se passaient. Je ne voulus pas attendre la nuit, qui sans doute a favorisé plus d'un précieux larcin. Je suis descendu par l'escalier du pavillon de Flore, où je vis sur chaque marche des hommes ivres dormant à côté des cadavres[116]. »

Par un rapport du 26 février 1793[117] on sait que les scellés furent apposés le samedi 11 août et que dès le lendemain débutait l'inventaire qui dura jusqu'en janvier 1793.

Le 20 septembre 1792, alors que l'on s'affairait à aménager la grande tour du Temple pour le roi et sa famille, les membres de l'Assemblée législative se réunissaient aux Tuileries et décidaient d'y établir la salle de la future Convention.

55

Dernier ordre de Louis XVI, donné au colonel de Dürler, 10 août 1792.
Musée Carnavalet.
cat. 143

1. D'un premier projet de maison de plaisance remontant à François Ier, aux travaux réalisés sous la régence de Catherine de Médicis puis sous les règnes d'Henri IV et de Louis XIV, plus de cent ans avaient été nécessaires pour donner au palais son aspect définitif.

2. En effet, le sort semble s'être acharné également sur les sources archivistiques. Les papiers de la maison du roi ne subsistent qu'en partie (les comptes des bâtiments du roi sont très laconiques), les procès-verbaux révolutionnaires concernant les Tuileries ont à peu près disparu, les documents de l'agence d'architecture ont brûlé dans l'incendie de 1871.

3. A.N., F¹³ 312ᴮ, Rapport de Prestal signalant la pose des scellés et l'inventaire des meubles et effets des Tuileries commencés dès le dimanche 12 août.

4. Comte d'Hézecques, *Page à la cour de Louis XVI, souvenirs du comte d'Hézecques*, présentés par E. Bourassin, Paris, 1987, p. 152.

5. A.N., O¹ 1683/10.

6. A.N., O¹ 1682/197, et Nicolas Sainte Fare Garnot, *Le Décor des Tuileries sous le règne de Louis XIV*, Paris, R.M.N., Notes et Documents n° 20, 1988.

7. A.N., O¹ 1682/488. Le concert spirituel se tenait dans la salle des cent-suisses.

8. A.N., O¹ 1270/30.

9. *Mémoires de Madame la duchesse de Tourzel, gouvernante des enfants de France de 1789 à 1795*, édition Le temps retrouvé, Mercure de France, Paris, 1969 et 1986, p. 31.

10. Hézecques, *op. cit.*, p. 153.

11. Lettre de Marie-Antoinette à Mercy le 10 octobre 1789, dans *Correspondance du Comte Mercy d'Argenteau avec Joseph II et le prince de Kaunitz*, Paris, 1889-1891, tome II, p. 271.

12. Il existe notamment dans la cote K 528 deux états de la répartition des logements. Un premier daté du 6 octobre 1789 sur lequel ne figurent ni le dauphin ni Madame Royale et un second non daté mais établi par le grand maréchal des logis et plus conforme à la réalité. Les logements sont signalés par des lettres, lettres qui figurent sur les plans conservés à la cote Va 59, 15 et 16.

13. Tourzel, *op. cit.*, p. 33.

14. A.N., K 520.

15. A.N., O¹ * 3417. Il en existe également une minute en O¹ 3419 qui apporte une précision sur la date de sa réalisation : mai à juillet 1790, ce qui correspond au voyage de la cour à Saint-Cloud.

16. Sur cet appartement voir le mémoire de maîtrise de Paul Ravel, « Le palais des Tuileries sous Louis XVI », octobre 1987, Paris IV-Sorbonne, sous la direction d'A. Schnapper. Malgré son titre, ce travail traite essentiellement des appartements de Marie-Antoinette.

17. Le grand appartement de la reine avait été réaménagé en 1783 afin de permettre à Marie-Antoinette de s'y reposer lors de ses déplacements parisiens. En outre, elle s'était fait installer à la dernière mode un petit appartement. Cf. note 16.

18. A.N., O¹ 2804.

19. A.N., O¹ 1270, fol. 81, séance du 18 janvier 1790.

20. A.N., O¹ 3426, 3571, 3572, 3581 et 3584 et 3649 à 3656.

21. A.N., O² 3651³, ordre du 6 octobre 1789.

22. A.N., *id.*

23. A.N., O¹ 3571 et 3581.

24. A.N., O¹ 3581.

25. A.N., O¹ 3650.

26. Cf. Luc-Vincent Thierry, *Guide des amateurs et des étrangers voyageurs à Paris*, Paris, 1787, 2 vol. Sur les décors : cf. Sainte Fare Garnot, *op. cit.*

27. A.N., O¹ 3419.

28. A.N., O¹ 3300 et O¹ 3581.

29. A.N., O² 388ᴬ, n° 3104.

30. Elles furent envoyées dès le 18 octobre 1789 et placées d'abord chez la reine (O¹ 3419), puis dans la grande chambre du roi le 4 janvier 1790 (O¹ 3426/7).

31. Envoi des 10 et 13 octobre 1789, O¹ 3300 et O¹ 3480ᴮ.

32. A.N., O¹ 3480ᴮ.

33. A.N., *id.*

34. A.N., O² 388ᴬ, beaucoup sont des meubles provenant de Meudon et rentrés au garde-meuble en juillet 1789 à la suite du décès du premier dauphin.

35. A.N., O¹ 3650.

36. A.N., O¹* 3417, inventaire établi, alors que Louis XVI et sa famille sont à Saint-Cloud.

37. Il s'agit donc de l'appartement de la reine, l'ameublement est en grande partie celui de 1784. Cf. l'inventaire dressé en 1787-1788, O¹ 3416.

38. Thierry, *op. cit.*, p. 384.

39. A.N., O¹ 3516, *1⁶ʳᵉ* et *Inventaire général du Mobilier de la Couronne*, publié par J. Guiffrey, Paris, 1885, tome 1, n° 981, p. 90.

40. A.N., K 528, affiche imprimée en 1789 portant sur le règlement du gouvernement des Tuileries.

41. Plan de ce jardin dans O¹ 1683.

42. Cf. Tourzel, *op. cit.*, p. 39 et *Mémoires de Madame Campan, première femme de chambre de Marie-Antoinette*, édition Le temps retrouvé, Mercure de France, Paris, 1988, p. 239.

43. Livré par Arthur, O¹ 3652.

44. A.N., O¹ 1992.

45. Cf. G. Guilleminot-Chrétien, « La bibliothèque de Marie-Antoinette aux Tuileries » dans le catalogue 1789, *Le Patrimoine libéré*, B.N., 1989, p. 226 et suivantes.

46. Cf. Tourzel, *op. cit.*, p. 221.

47. A.N., O¹ 1683/184.

48. A.N., O¹ 1683/134.

49. A.N., O¹ 1683/184.

50. A.N., O¹ 1683/296 et 297. Les documents graphiques pour la fin du XVIIIe siècle concernant les Tuileries sont quasi inexistants, ce qui contribue au manque de précision concernant la topographie.

51. En effet, en 1791 ou 1792, le roi semble à nouveau vouloir envisager d'importants travaux ainsi qu'en témoigne un plan dans Va, 59/20, qui prévoit l'aménagement au rez-de-chaussée d'appartements pour le dauphin et Madame Royale.

52. A.N., O¹ 3652, O¹ 3571 et 3572.

53. A.N., O¹ 3652.

54. A.N., O¹ 3652 et O¹ 3582.

55. A.N., O¹ 3652 et O¹ 3571.

56. A.N., O¹ 3582, ordre n° 3 du 6 novembre 1789.

57. A.N., O¹ 3582, ordre n° 76 du 1ᵉʳ avril 1790.

58. A.N., O² 391 et O¹ 3570.

59. Cf. Hézecques, *op. cit.*, p. 155.

60. A.N., O¹ 3419.

61. A.N., O¹ 3650.

62. A.N., O¹ 3582. Ce tissu servit à plusieurs reprises, notamment pour le cabinet intérieur de la reine à Versailles (O¹ 3319) et sur les bois qui servirent à Gustave III lors de son séjour à Versailles.

63. A.N., O¹ 3652.

64. A.N., O² 391.

65. A.N., O¹ 3582.

66. Mobilier partagé entre le Louvre (table de nuit, commode — cf. Pierre Verlet, *Le Mobilier royal français*, tome IV, Paris, 1990, p. 102-104 — et le secrétaire — cf. Verlet, *op. cit.*, tome I, Paris, 1945, p. 27-29) et Versailles (table de toilette — cf. Verlet, *op. cit.*, tome II, Paris, 1955, p. 93-95).

67. Les meubles de 1784 restèrent bien aux Tuileries puisqu'ils furent envoyés après le 10 août 1792 au dépôt de l'Infantado. Cf. Verlet, *op. cit.*, tome II, p. 93-95 et tome IV p. 102-104. Non repérés dans l'inventaire de 1790, qui n'est pas complet, ils devaient figurer dans les cabinets en entresol de la reine dont l'aménagement, réalisé après 1790, nous échappe, ou bien à l'attique à l'usage de Madame Royale. L'attique n'est pas décrit dans l'inventaire de 1790.

68. Cf. *Revue du Louvre*, 1957, p. 129-130.

69. Campan, *op. cit.*, p. 264.

70. Tourzel, *op. cit.*, p. 221.

71. Campan, *op. cit.*, p. 287.

72. A.N., O¹ 3654.

73. A.N., O¹ 3426⁹ et O¹ 3300⁵.

74. Cf. Verlet, *op. cit.*, tome III, p. 173-174, 179-183 et 187-188, et catalogue de l'exposition *Soieries de Lyon, commandes royales au XVIIIe siècle (1730-1800)*, Lyon, décembre 1988-mars 1989, p. 75 et p. 120-121.

75. Cf. Verlet, *op. cit.*, tome I, p. 112.

76. A.N., O¹ 3656. La sculpture est de Laurent (O¹ 3654) et la dorure de Chaise (O¹ 3654).

77. A.N., O¹ 3654.

78. A.N., O¹ 3654 et 3655.

79. A.N., O¹ 3655.

80. Campan, *op. cit.*, p. 287.

81. A.N., O¹ 3292, mémoires O¹ 3654 et 3655. Le canapé est conservé dans une collection privée.

82. A.N., O¹ 3585.

83. A.N., O¹ 3655.

84. A.N., O¹ 3292, mémoire O¹ 3655.

85. A.N., O¹ 3655 et O¹ 3426.

86. A.N., O¹ 3655.

87. Rouillon et Le Bon, lustriers, fournirent les cristaux et Jérôme, vitrier, exécuta la monture des quatre pièces de verre et du fond. Mémoires dans O¹ 3655.

88. A.N., O¹ 3654.

89. A.N., O¹ 3572.

90. A.N., O¹ 3572.

91. A.N., O¹ 3654.

92. A.N., O¹ 3654 et 3655. La destination de ces deux derniers meubles n'est pas précisée.

93. A.N., O¹ 3581 et 3651.

94. A.N., O¹ 3655.

95. A.N., *idem.*

96. A.N., O¹ 3572.

97. A.N., O¹ 3656.

98. A.N., O¹ 3417.

99. Cf. P. J. A. Roussel d'Epinal, *op. cit.*, vol. I, p. 293.

100. *Idem*, vol. II, p. 123 et suivantes.

101. La comparaison entre l'inventaire de 1790 (O¹ 3417) et l'état des meubles retirés des appartements de la famille royale à Versailles, envoyés au château des Tuileries depuis le 10 octobre 1789 (O¹ 3419) est éloquente.

102. Posé par Arthur en novembre 1789, O¹ 3450.

103. On y trouvait : un canapé, trois chaises à carreaux, un tête à tête en bois blanc sculpté ; deux chaises, deux grands fauteuils et deux fauteuils carrés en acajou, un fauteuil à la reine en bois doré.

104. A.N., O¹ 3419, et surtout la description précise de l'inventaire de 1790. Ce meuble est conservé dans une collection privée. Reproduit dans A. Pradère, *Les Ebénistes français de Louis XIV à la Révolution*, Paris, 1989, p. 389.

105. A.N., O¹ 3655.

106. A.N., O¹ 3656.

107. A.N., O¹ 3654.

108. A.N., *idem.*

109. A.N., O¹ 3655 et 3656.

110. A.N., O¹ 3655.

111. A.N., O¹ 3301 et O¹ 3426⁵.

112. A.N., O¹ 3426⁹, envoyée le 5 janvier 1792 aux Tuileries. Elle est conservée au Metropolitan Museum de New York, coll. Kinsky.

113. Mouvement signé Roque. Pendule conservée à Versailles (dépôt du musée des Arts et Métiers).

114. A.N., O¹ 3426⁹, envoyés le 27 décembre 1791. Plusieurs de ces vases sont connus et conservés tant en France qu'à l'étranger.

115. Campan, *op. cit.*, p. 323 et suivantes ; Tourzel, *op. cit.*, p. 360 et suivantes ; F. de la Rochefoucauld, *Souvenirs du 10 août 1792 et de l'armée de Bourbon*, publiés par Jean Marchand.

116. Roussel d'Epinal, *op. cit.*, vol. I, p. 164 et suivantes.

117. A.N., F¹³/312/B.

56

Au Roi dépouillé.
Bibliothèque nationale.
cat. 82

57

La Panthère autrichienne.
Musée Carnavalet.
cat. 79

58

Le traître Louis XVI.
Musée Carnavalet.
cat. 80

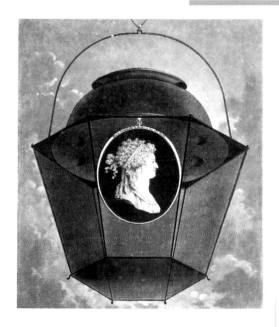

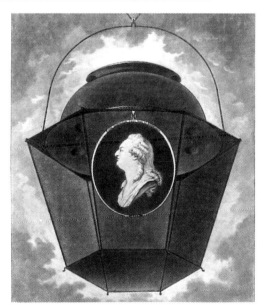

La famille royale au Temple

Anne Forray-Carlier

Quittant précipitamment les Tuileries le 10 août 1792 pour se placer sous la protection de l'Assemblée législative, la famille royale ne pouvait imaginer qu'elle y passerait quatre journées. Confinée le jour dans l'une des étroites loges de la salle des séances, enfermée le soir dans quatre cellules de l'ancien couvent des Feuillants, elle attendait de pouvoir retourner aux Tuileries. Mais l'insurrection populaire avait fait naître un nouveau pouvoir : la Commune, formée des commissaires élus par chaque section. Forte de ses succès, celle-ci demandait l'arrestation du roi. Durant trois jours, le sort de la famille royale fut suspendu au résultat du bras de fer qui s'engagea entre l'Assemblée législative et la Commune quant au nouveau séjour du roi. De toutes les propositions avancées par la Législative (palais du Luxembourg, hôtel de la grande chancellerie), pas une ne fut retenue car elles paraissaient peu sûres. Quant aux municipaux, ils exigeaient une prison. On joua sur les mots et c'est vers l'enclos du Temple que le 13 août au soir était dirigée la famille royale. En effet, le Temple est dans l'esprit de la Législative le palais du grand prieur et dans celui de la Commune, le fameux donjon. Les premières heures passées au Temple auraient pu faire croire à Louis XVI et à son entourage qu'ils allaient être en effet logés dans l'hôtel construit au XVIIᵉ siècle par Mansart pour monsieur de Souvré, grand prieur et pour l'heure sous scellés[1]. Mais c'est bien vers le donjon que l'on conduisit la famille royale après qu'elle eut soupé dans le grand salon du palais. Logé dans le palais, Louis XVI eût encore été un souverain ; logé dans les tours du Temple, il devenait réellement prisonnier. Lorsque les verrous se refermèrent sur la famille royale, c'était le destin de cette famille qui était scellé.

Les comptes rendus officiels des commissaires du Temple, les arrêtés du conseil général de la Commune, les mémoires de la duchesse de Tourzel, de Cléry, valet de chambre de Louis XVI, du baron Hue… et les relations de Goret, de Mœlle, de l'abbé Edgeworth de Firmont[2]… permettent de connaître avec précision les lieux et de retracer les différents événements qui se déroulèrent au sein des murailles. Mais les mémoires ou relations s'arrêtent à la mort de Louis XVI[3].

60
Les Animaux rares.
Musée Carnavalet.
cat. 83

Les logements

Le donjon, élevé au XVIIIᵉ siècle, était formé d'une grosse tour flanquée à ses angles de quatre tourelles à toit pointu. Au XVIᵉ siècle fut édifié, contre la face nord de la grosse tour un bâtiment rectangulaire flanqué de deux tourelles que l'on désigna sous le nom de petite tour[4]. Au XVIIIᵉ siècle, la grosse tour abritait le dépôt des archives de l'ordre de Malte et ne se prêtait guère à recevoir des habitants. Une campagne

61

Translation de Louis XVI et de sa famille au Temple le 13 août 1792.
Musée Carnavalet.
cat 81

de travaux s'avérant nécessaires, c'est vers la petite tour que l'on conduisit la famille royale et ceux qui l'avait suivie. Haute de 25 mètres, pourvue de trois étages, et d'une superficie d'environ 115 m², cette tour servait de logement à l'archiviste de l'ordre, Jacques-Albert Berthelemy depuis 1783[5]. Le 13 août au soir, les commissaires de la Commune y faisaient irruption et lui ordonnaient de mettre son logement à leur disposition afin d'y loger la famille royale[6]. Malgré les nombreuses réclamations de Berthelemy auprès de la Commune, son mobilier devait rester à l'usage de la famille royale[7].

Cléry qui rejoignit la famille royale le 26 août nous décrit l'organisation :

« Le corps de bâtiment avait quatre étages. Le premier était composé d'une antichambre, d'une salle à manger et d'un cabinet pris dans la tourelle, où se trouvait une bibliothèque de douze à quinze cent

volumes. » C'est dans cette salle à manger que la famille royale prenait ses repas à midi et le soir. « Le second étage était divisé à peu près de la même manière. La plus grande pièce servait de chambre à coucher à la reine et à M. le dauphin ; la seconde, séparée de la première par une petite antichambre fort obscure, était occupée par Madame Royale et Madame Elisabeth […]. Le roi demeurait au troisième étage, et couchait dans la grande pièce. Le cabinet pris dans la tourelle lui servait de cabinet de lecture. A côté était une cuisine séparée de la chambre du roi par une petite pièce obscure, qu'avaient habitée MM. de Chamilly et Huë, et sur laquelle étaient les scellés. Le quatrième étage était fermé. Il y avait au rez-de-chaussée des cuisines, dont on ne fit aucun usage[8]. » Le 29 septembre le conseil général décidait le transfert du roi dans la grosse tour[9]. Marie-Antoinette, ses enfants et Madame Elisabeth devaient le rejoindre le 26 octobre suivant[10].

62

Mobilier provenant du Temple.
Table de toilette.
Table de nuit.
Musée Carnavalet.
cat. 172

Pendant cette première phase de la détention de la famille royale, d'importants travaux furent entrepris, d'une part pour aménager la grande tour, d'autre part pour l'isoler. Dès le 14 août, la Commune désignait l'entrepreneur François Palloy, à qui avait été confiée la démolition de la Bastille, pour diriger les travaux. Celui-ci confia au citoyen Carlet, maître terrassier, demeurant dans l'enclos, le soin de procéder au déblaiement des fondations de la tour. Les opérations débutèrent le 4 septembre et durèrent un mois[11].

Auparavant, Palloy avait fait abattre, par messieurs Paquet et Taillis, un certain nombre d'arbres afin de dégager tout un espace autour de la tour et faciliter la surveillance[12]. Depuis Varennes, l'idée de fuite ou d'enlèvement du roi hantait l'esprit des révolutionnaires, aussi, pour parfaire cet isolement, Palloy édifia-t-il un mur d'enceinte autour de la tour. L'espace ainsi dégagé fut pavé par Félix[13]. Parallèlement les

63
Bibliothèque provenant du Temple.
Musée Carnavalet.
cat. 169

64
Mobilier provenant du Temple.
Chaise, dossier lyre.
Musée Carnavalet.
cat. 172

travaux d'aménagement de la tour furent entrepris. Celle-ci, haute de 50 mètres, comprenait quatre étages et un grenier sous comble[14]. Chaque étage d'une superficie d'environ 65 m² formait une salle voûtée d'ogives partant d'un gros pilier central. Deux fenêtres sur chaque face apportaient la lumière du jour. La tourelle nord-est contenait un escalier à vis desservant la tour, les trois autres renfermaient des petits cabinets ronds directement ouverts sur les salles, éclairés par d'étroites meurtrières. Palloy chargea le maçon Sauto d'élever des cloisons à chaque niveau afin d'établir les pièces nécessaires. Marguerite et Firino, poêliers fumistes, exécutèrent tous les travaux destinés au chauffage de la tour. Ils établirent de nouveaux tuyaux afin de disposer des poêles dans la plupart des pièces et des cheminées. Le sculpteur marbrier Corbel livrait quant à lui les chambranles de cheminée, destinés aux chambres de Louis XVI, de Marie-Antoinette et de Madame Elisabeth. Il livrait aussi une table de poêle en marbre de Flandre de forme demi-ronde destinée à un poêle rond installé dans une des tourelles au deuxième étage, formant cabinet attenant à la chambre du roi. Des carreaux de pierre de liais et noirs garnissaient les sols. Destrumel, vitrier au Temple, fit les réparations nécessaires aux vitrages et fournit des miroirs. Lenoble, plombier, posa des sièges de commodité avec tuyaux et réservoirs.

Les ouvrages de peinture furent confiés à Watin. Toutes les pièces qui ne reçurent pas de papier peint furent peintes en couleur pierre avec çà et là des petites frises de filets noirs. Les voûtes étaient peintes de même, lorsqu'elles n'étaient pas dissimulées par des toiles blanches formant faux-plafond. Le papier peint fut livré par un certain Simon. On tendit la chambre du roi de papier jaune minéral, celle de Cléry de papier à décor de fruits avec bordure étrusque. Chez la reine on posa un papier à bordure lilas et dans la chambre de Madame Elisabeth un papier à dessin (sans plus de précision) avec bordure reine-marguerite. Partout ailleurs il est question de papier gris ou couleur de pierre avec filets[15].

Enfin d'ultimes travaux de serrurerie furent entrepris par Durand et Koch, serruriers, afin d'éviter tout risque de fuite. Les serrures furent renforcées, des cadenas posés, les fenêtres équipées de grilles[16]. Et pour parfaire le tout, Marguerite et Firino établirent aux fenêtres des abat-jour rendant la vue sur l'extérieur impossible aux prisonniers et donnant à la tour cette silhouette si particulière connue par les estampes.

Le règlement de l'ensemble de ces travaux fut imputé sur la somme de 500 000 livres que l'Assemblée législative avait votée le 12 août 1792 pour les dépenses du roi et de sa famille[17].

Seuls les second et troisième étages étaient réservés à la famille royale. « Le rez-de-chaussée était à l'usage des municipaux ; le premier étage servait de corps de garde : le roi fut logé au second[18]. » On pénétrait au deuxième étage par une forte porte de bois, doublée d'une porte de fer donnant accès à une antichambre qui commandait les trois autres pièces : la chambre du roi, la salle à manger et la chambre de Cléry. L'état des meubles dressé peu avant l'exécution du roi nous décrit ainsi[19], dans l'antichambre : une table à jouer, un tric-trac en noyer, une table à écrire et cinq chaises garnies de velours cramoisi ; dans la salle à manger : une table à manger en acajou, deux encoignures en bois de rose et une servante en acajou ; dans la chambre de Cléry : un lit à quatre colonnes garni de siamoise noire, verte, rouge et jaune, une bergère en toile d'Orange, quatre chaises en velours d'Utrecht à petits carreaux vert et blanc, une commode en bois de rose, une armoire en chêne ; enfin, dans la chambre de Louis XVI : un lit garni de damas vert, une bergère et deux fauteuils de même damas, une chaise de canne, une chaise et deux tabourets de paille, une table à écrire, une commode en acajou, un secrétaire plaqué de bois de rose, un paravent à six feuilles de drap vert, sur la cheminée une pendule de Dutertre et deux baromètres dorés[20]. Une liste établie le 25 octobre 1792 des meubles mis à la disposition du roi[21] énumère quelques meubles supplémentaires comme bidet, fauteuil d'affaire, tables de nuit et une couchette pour le dauphin qui resta auprès de son père jusqu'au 11 décembre 1792. Cléry décrit plus sommairement le troisième étage : la reine et Madame Royale dormaient au-dessus de la chambre du roi, la tourelle leur servant de cabinet. Madame Élisabeth occupait la pièce au-dessus de Cléry. Les Tison, qui aidaient Cléry dans son service, logeaient au-dessus de la salle à manger. La première pièce au débouché de l'escalier servait, tout comme au second, d'anti-

65
Anonyme, XVIIIe siècle
Portrait du dauphin au Temple.
Musée Carnavalet. cat. 38

66
J. Ducreux
Portrait de Louis XVI.
Musée Carnavalet. cat. 50

chambre. De même, il ne mentionne aucun mobilier, par contre un « état des meubles fournis à Antoinette, sa sœur et sa fille [...] [22] » permet de se faire une idée de cet ameublement. Aussi modeste que chez le roi, il n'est question que de commodes d'acajou, de tables de nuit et bidets de même bois, de tables en noyer, de sièges recouverts de damas vert et blanc ou de Perse, de sièges garnis de canne ou de paille, d'un écran, d'un paravent, de deux pendules de Lepaute, de neuf flambeaux argentés et de feux, pelles, pincettes et soufflets... La provenance de ces meubles n'est pas précisée, mais leur similitude avec certains meubles de Berthelemy laisse penser qu'ils furent en partie soustraits du mobilier de la petite tour[23].

La vie quotidienne

L'organisation du Temple et la vie quotidienne des prisonniers sont parfaitement connues grâce aux décisions du conseil de la Commune, aux relations laissées par certains commissaires et au journal de Cléry[24].

La Commune fit établir un corps de garde, logé au palais. Il comprenait un commandant général, différents adjudants, un porte-drapeau, vingt artilleurs avec deux pièces de canon disposées dans la cour et environ deux cents à deux cent cinquante hommes.

67

Jeu d'échecs du dauphin au Temple.
Musée Carnavalet.
cat. 279

Ils étaient là pour assurer la surveillance de l'enclos et prévoir toute incursion massive en direction du donjon. Le conseil de la Commune tirait au sort parmi ses membres huit commissaires désignés pour quarante-huit heures, relevés par moitié chaque jour, qui formaient le conseil du Temple[25].

Le rez-de-chaussée et le premier étage de la grande tour étaient à sa disposition. Quatre commissaires demeuraient au premier étage, les autres étaient de faction auprès des prisonniers. Lors des promenades que la famille royale était autorisée à faire au bas de la tour, quatre commissaires assistés d'un chef de légion l'accompagnaient[26]. Le soir venu, des lits de sangle étaient dressés dans les antichambres du second et du troisième où deux commissaires passaient la nuit. Cléry précise qu'ils se relayaient à onze heures du matin, à cinq heures du soir et à minuit[27].

Cléry demeurait seul auprès du roi et de sa famille et assurait l'ensemble du service. Il était en partie secondé par le ménage Tison, que la Commune avait désigné non pas seulement pour le service ; « un rôle plus important leur avait été confié : c'était d'observer tout ce qui aurait pu échapper à la surveillance des municipaux et de dénoncer les municipaux eux-mêmes »[28].

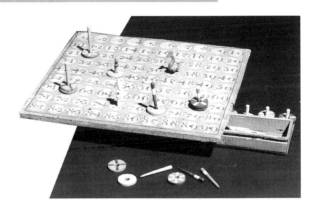

68

Jeu de loto du dauphin au Temple.
Musée Carnavalet.
cat. 280

69
Malle.
Musée Lambinet, Versailles.
cat. 281

70
Soulier de Madame Royale au Temple.
Musée Carnavalet.
cat. 309

Le Temple comprenait aussi tout un personnel chargé d'en assurer le bon fonctionnement. Dans les anciennes cuisines du palais, fut établi un service de la bouche, chargé de nourrir la famille royale, les municipaux, les bataillons de gardes et divers employés. Marchand, Chrétien et Turgy, qui servaient le roi aux Tuileries, avaient obtenu de poursuivre leur service au Temple et apportaient chaque jour les repas de la famille royale, mais toujours accompagnés de commissaires[29]. La nourriture était riche et abondante et ne différait guère de celle servie aux Tuileries. La reine continuait à boire de l'eau de Ville-d'Avray que l'on acheminait tout exprès[30]. Pour son service la famille royale disposait de l'argenterie qui était à l'usage de Thierry de Ville d'Avray, commissaire du garde-meuble de la couronne, et qui avait été apportée au Temple. Elle comprenait une soupière, une cafetière à six tasses et une à deux tasses, une cuiller à potage, quatre cuillers à ragoût, une cuiller à sucre, dix-huit couverts, onze couteaux à manche d'argent, huit cuillers à café[31]. De la porcelaine complétait cet ensemble qui fut retiré lorsque la reine quitta le Temple et que les conditions de détention se détériorèrent[32].

Une comptabilité, tenue par l'économat, nous livre les noms des différents fournisseurs et nous informe sur les appointements du personnel[33]. On y distingue trois chapitres : dépense de la bouche, menues dépenses et entretien, dépenses de construction. Chaque dépense était prise sur le fonds de 500 000 livres décrété par l'Assemblée législative et qui fut reconduit pour la somme de 200 000 le 3 nivôse an II[34].

Dans le chapitre « menues dépenses et entretien », apparaissent des marchands d'étoffes, des tailleurs et couturières, mercier, papetier, cordonnier. En effet, lors de son arrivée au Temple, la famille royale ne

71
Anonyme XVIIIᵉ
Repas de la famille royale au Temple.
Musée du Louvre, cab. des arts graphiques
(Non exposé, cf. cat. 85.)

72
Cuiller utilisée par le dauphin au Temple.
Musée Carnavalet.
cat. 269

73
Madame Royale.
Musée Carnavalet.
cat. 286

74
A. Kucharski
Marie-Antoinette en deuil.
Musée Carnavalet.
cat. 237

disposait que des vêtements qu'elle avait sur le corps : l'une de ses premières demandes consista à former une garde-robe. Un état des dépenses signale les marchands de linge Lefebvre et Thorel, les maîtres tailleurs Bocquet et Pazzi, Giot, cordonnier du roi, mademoiselle Bertin, madame Eloffe, marchandes de modes…[35]. Le roi disposait de deux habits semblables, couleur marron pâle mélangé, doublés d'une toile écrue avec boutons dorés qu'il portait alternativement. « Quelques vestes de piqué blanc, des culottes de drap de soie noire, une redingote couleur cheveux de la reine, formaient le surplus de cette garde-robe[36]. » Le dauphin possédait deux habits complets à bretelles et d'un autre en moleskine verte[37]. La garde-robe de la reine, de Madame Royale et de Madame Élisabeth était tout aussi modeste. Elles portaient une robe du matin en basin blanc. « Elles quittaient leurs robes du matin pour un vêtement de

toile fond brun à petites fleurs qui fit leur unique parure de la journée jusqu'à la mort du roi, que toute la famille prit le deuil[38]. » De fait le jour même de l'exécution de Louis XVI, Marie-Antoinette fit la demande de vêtements de deuil[39]. Chaque princesse reçut un manteau de taffetas, un fichu et un jupon, une paire de gants de soie, deux paires de gants de peau, un serre-tête, le tout noir, réalisés par la couturière Sainte Foy[40].

Plusieurs mémoires de la blanchisseuse Clouet témoignent de l'entretien du linge, que les princesses raccommodaient elles-mêmes[41]. Diverses factures de ballons, paires de raquettes avec volants, jeux de dames, dominos, de petits ustensiles pour ouvrages, fournitures de mercerie et livres témoignent des occupations de la famille royale.

Cléry, à deux reprises, lors du séjour dans la petite tour puis lors de celui dans la grande tour, retrace avec

75

Le Dauphin enlevé à sa mère.
Musée Carnavalet.
cat. 89

précision l'emploi du temps de chacun. Le roi se levait à six heures et Cléry procédait à sa toilette, après quoi le roi se retirait dans son cabinet pour prier et lire. A neuf heures, tout le monde se retrouvait pour le petit déjeuner. A dix heures, la famille royale se réunissait dans la chambre de la reine. Le roi s'occupait alors de l'éducation du dauphin, la reine de celle de sa fille. La fin de la matinée s'achevait pour les princesses par des travaux de couture. A treize heures, si le temps le permettait, tout le monde descendait au jardin et à quatorze heures le déjeuner était servi. L'après-midi se déroulait à nouveau dans la chambre de la reine : jeux, travaux d'écriture et lecture jusqu'au dîner. Le dauphin mangeait d'abord, puis Cléry le couchait. A neuf heures le dîner était servi ; la reine et Madame Elisabeth veillaient alternativement le dauphin. Après le repas, chacun se retirait, le roi dans son cabinet lisait jusqu'à minuit. Il ne se couchait que lorsque le nouveau commissaire prenait son service. Cette vie monotone fut désormais celle de la famille royale. Des humiliations sans nombre se répétèrent de jour en jour. Outre les écarts de langage qu'elle devait supporter, la famille royale était l'objet d'une méfiance sans bornes de la part des commissaires : ils allèrent jusqu'à démonter un damier que Cléry avait fait réparer, craignant qu'il ne s'y trouvât une correspondance[42].

L'exécution de Louis XVI, le 21 janvier 1793, apporta peu de changement dans le fonctionnement du Temple. Mais un arrêté du 1er avril 1793 renforça la surveillance et le 3 juillet 1793 le dauphin fut définitivement séparé de sa famille.

Dès lors, les conditions de détention se dégradèrent. Les princesses furent enfermées nuit et jour, les municipaux ne venant que pour apporter les repas et vérifier que les barreaux des fenêtres n'avaient pas été sciés. Madame Élisabeth et Madame Royale devaient assurer elles-mêmes l'entretien des pièces. Le 2 août 1793, la reine était conduite à la Conciergerie. Pour Madame Élisabeth et Madame Royale, les conditions devinrent encore plus humiliantes : une partie du mobilier fut retirée, les repas devinrent de la plus

76
Toton du dauphin au Temple.
Au comte Jean de Béarn.
cat. 315

77
The Dauphin repulsed in his attempt to escape and Plead for his Fathers Life. Jan. 20. 1793.
Musée de la Préfecture de police.
cat. 87

78

C. F. Lamoignon Malesherbes.
Musée Carnavalet. cat. 86

PROCLAMATION

D U

CONSEIL EXÉCUTIF

PROVISOIRE.

*EXTRAIT des Regiſtres du Conſeil, du 20
Janvier 1793, l'an ſecond de la République.*

LE Conſeil exécutif proviſoire délibérant ſur
les mesures à prendre pour l'exécution du décret
de la Convention nationale, des 15, 17, 19 &
20 janvier 1791, arrête les diſpoſitions ſuivantes :

1.° L'exécution du jugement de Louis Capet
ſe fera demain lundi 21.

2.° Le lieu de l'exécution ſera la *Place de la
Révolution*, ci - devant *Louis XV*, entre le pied-
d'eſtal & les Champs-élyſées.

3.° Louis Capet partira du Temple à huit heures
du matin, de manière que l'exécution puiſſe être
faite à midi.

4.° Des Commiſſaires du Département de Paris,

des Commiſſaires de la Municipalité, deux membres
du Tribunal criminel aſſiſteront à l'exécution ; le
Secrétaire - greffier de ce Tribunal en dreſſera le
procès-verbal, & leſdits Commiſſaires & Membres
du Tribunal, auſſitôt après l'exécution conſommée,
viendront en rendre compte au Conſeil, lequel
reſtera en ſéance permanente pendant toute cette
journée.

Le Conſeil exécutif proviſoire.
ROLAND, CLAVIÈRE, MONGE, LEBRUN, GARAT,
PACHE.
Par le Conſeil, GROUVELLE.

A PARIS, DE L'IMPRIMERIE NATIONALE EXÉCUTIVE DU LOUVRE. 1793.

79

Placard annonçant l'exécution de Louis XVI.
Musée Carnavalet.
cat. 152

80

P.-M. Alix :
L'Abbé Edgeworth de Firmont.
Musée Carnavalet. cat. 43

81

*Chasuble utilisée par l'abbé Edgeworth de
Firmont le 21 janvier 1793.*
Musée Carnavalet. cat. 255

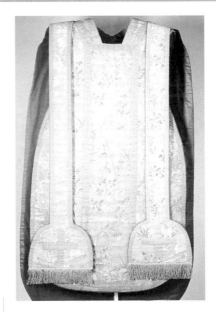

82

J. D. Baudouin
L'Exécution de Louis XVI.
Musée Carnavalet.
cat. 44

83

Réception de Louis Capet aux Enfers par grand nombres de brigands ci-devant couronnés.
Musée Carnavalet.
cat. 88

84

Le Dernier Supplice de Madame Elisabeth.
Musée Carnavalet.
cat. 93

85

Madame Royale. Duchesse d'Angoulême.
Musée Carnavalet.
cat. 95

grande simplicité. On alla même jusqu'à leur ôter leurs grands draps « de peur que, malgré les barreaux, nous ne descendissions par les fenêtres ; c'était là le prétexte. On nous rendit des draps sales et gros[43] ». Toute promenade, même en haut de la tour, leur fut interdite.

Le 9 mai 1794, Madame Élisabeth quittait à son tour le Temple pour l'échafaud.

Restée seule, Madame Royale décrit ainsi sa situation jusqu'au 9 thermidor : « Je balayais la chambre tous les jours ; j'avais fini à 9 heures, que les gardes entraient pour m'apporter le déjeuner. Je n'avais pas de lumière ; mais dans les grands jours je souffrais moins de cette privation. On ne voulait plus me donner de livres : je n'en avais que de piété, et des voyages que j'avais lus mille fois ; j'avais aussi un tricot qui m'ennuyait beaucoup[44]. » Après cette date son sort s'améliora, mais pour le dauphin, il était trop tard.

86
Monnaie de 12 deniers. « Adieu Capet »
Musée Carnavalet.
cat. 212

1. Le palais du Temple était une des résidences du comte d'Artois dont le fils, le duc d'Angoulême né en 1775, portait le titre de grand prieur. Les scellés avaient été apposés après l'émigration du comte d'Artois.
2. *Mémoires de Madame la duchesse de Tourzel, gouvernante des enfants de France*, Paris, 1969, rééd. 1986 ; *Journal de ce qui s'est passé à la tour du Temple pendant la captivité de Louis XVI roi de France*, par M. Cléry, valet de chambre du roi, Paris, 1798, rééd. Paris, 1987 (édition utilisée) ; Baron Hue (François), *Dernières Années du règne et de la vie de Louis XVI*, Paris, 1860 ; Goret (Charles), *Mon témoignage sur la détention de Louis XVI et de sa famille dans la tour du Temple...*, Paris, 1825 ; Mœlle (Claude-Antoine), *Six Journées passées au Temple et autres détails sur la famille royale qui a été détenue*, Paris, 1820 ; Abbé Edgeworth de Firmont, *Dernières heures de Louis XVI roi de France*, 1815.
3. Exception faite du *Mémoire écrit par Marie-Thérèse-Charlotte de France sur la captivité des princes et des princesses ses parents depuis le 10 août 1792 jusqu'à la mort de son frère*, Paris, 1892 rééd. Paris, 1987 (édition utilisée).
4. Sur l'histoire de l'enclos du Temple, cf. Curzon (Henri de), *La Maison du Temple de Paris*, Paris, 1888 ; et Chanoine-Davranches (L), *La Petite Tour du Temple*, Rouen, 1904.
5. Jacques-Albert Berthelemy (1745-1813), licencié en droit, fut nommé archiviste de l'ordre en 1774. En 1783 il avait obtenu de ses supérieurs de s'installer à proximité des archives dont il avait la charge.
6. Cf. Papiers de M. Bertholomy, donnés par ses descendants au musée Carnavalet, déposés à la Bibliothèque historique de la Ville de Paris.
7. *Ibidem*, Berthelemy rédigea un état des meubles qui lui appartenaient et qui étaient restés au Temple (il existe deux listes complémentaires) et un état de ceux qu'il emporta.
8. Cléry, *op. cit.*, p.34-35.
9. A. N., F⁷ 4391, pièce 2.
10. *Ibidem*, pièce 5.
11. A. N., F⁴ 1306. Trois mémoires, totalisant 10 893 livres 4 sols, concernant ces travaux.
12. A. N., F⁴ 1307. Travaux réalisés du 13 août au 1ᵉʳ septembre 1792.
13. *Ibidem*.
14. Suite à un exhaussement du sol, le premier étage de la tour était devenu le rez-de-chaussée.
15. A. N., F⁴ 1306 et F⁴ 1307.
16. *Ibidem*.
17. A. N., A 108.
18. Cléry, *op. cit.*, p.55.
19. A. N., F⁷ 4391.
20. L'ameublement diffère un peu chez Cléry qui, rappelons-le, écrit de mémoire. Cf. Cléry, *op. cit.*, p.55-56.
21. A. N., F⁷ 4391 (dossier 3).
22. *Ibidem*.
23. C'est ce que laisse entendre une lettre de Berthelemy du 24 novembre 1792 adressée au conseil général de la Commune, dans laquelle il réclame la possibilité de pouvoir récupérer son mobilier. (Cf. Papiers de Berthelemy, note 6). Néanmoins le manque de description précise de ce mobilier ne permet pas d'être affirmatif. En ce qui concerne le mobilier donné au musée Carnavalet : une bibliothèque avec plusieurs volumes, deux chaises de paille, un lit ayant servi à Madame Elisabeth, une table de toilette, une table de nuit (don en 1907 de Mme Blavot, veuve du petit-fils de Berthelemy), un certain flou persiste. Il est à peu près sûr que les meubles furent à l'usage de la famille royale dans la petite tour mais cela est beaucoup moins sûr pour la grande tour.
24. Cf. aussi les écrits de Beaucourt (marquis de), *Captivité et derniers moments de Louis XVI, récits originaux et documents*, Paris, 1892 ; et Lenôtre (G.), *Le Roi Louis XVII et l'énigme du Temple*, Paris, 1921.
25. A. N., F⁷ 4391 (dossier 1). Pouvoir des commissaires de service au Temple.
26. Cléry, *op. cit.*, p.36.
27. *Ibidem*, p.38.
28. *Ibidem*, p.35.
29. Ils ne quittèrent leur service que le 13 octobre 1793.
30. L'eau était livrée par Guermont. A. N., F⁷ 4392.
31. A. N., O¹ 3509³. Cette orfèvrerie avait été livrée par Auguste, orfèvre du roi.
32. Le 4 septembre 1793 d'après Madame Royale. L'orfèvrerie fut d'ailleurs envoyée à la Monnaie le 10 septembre 1793 (cf. « Etat de l'argenterie renfermée dans la 22ᵉ malle à l'effet d'être emportée à la Monnaie... » O1 3509³).
33. A. N., F⁷ 4391 (dossier 2).
34. A. N., F⁷ 4392.
35. A. N., F⁴ 1311.
36. Mœlle, *op. cit.*, p.7.
37. A. N., F⁴ 1311. Mémoire du tailleur Bocquet.
38. Mœlle, *op. cit.*, p.9.
39. Mémoire écrit par Madame Royale, *op. cit.*, p.147.
40. A. N., F⁷ 4392 pièces 225 et 226.
41. Cléry, *op. cit.*, p.45, 70.
42. Cléry, *op. cit.*, p.62.
43. Madame Royale, *op. cit.*, p.159.
44. *Ibidem*, p.170.

87
Louis XVII.
Musée Carnavalet.
cat. 284

88
Anonyme XVIIIe siècle :
Portrait de Simon,
concierge du Temple.
Musée Carnavalet.
cat. 39

Louis XVII
et l'enfant du Temple

Jacques Hamann

89

L'âme de Louis XVII s'envolant d'une tombe dans la cour du Temple.
Musée Carnavalet.
cat. 219

Le 3 juillet 1793 à dix heures du soir, Louis XVII est séparé de sa famille et confié à un cordonnier nommé Antoine Simon qui tiendra désormais le rôle de précepteur suivant les directives de Chaumette, procureur général de la Commune, et de son comparse Hébert, substitut du maire de Paris. Son éducation de « sans-culotte » durera six mois. En effet, le 5 janvier 1794 (16 nivôse), Simon informe le conseil général de la Commune qu'il « abandonne sa position grassement rétribuée pour reprendre les fonctions gratuites auxquelles l'ont appelé les suffrages du peuple ». Le 19 janvier 1794, il quitte le Temple après avoir présenté l'enfant aux municipaux, lesquels donnent décharge et certifient que l'enfant est en bonne santé.

A partir de cette date, le dauphin est isolé et ne sera vu, disons aperçu, que par les deux municipaux journaliers de faction, au travers d'un guichet qui sert de passage pour la nourriture. Et cet emmurement organisé *durera six mois* jusqu'au 27 juillet 1794, autrement dit le 9 thermidor an II de la République.

Or, le lendemain du 9 thermidor, à six heures du matin, Barras, devenu le maître de Paris, se rend au Temple avec plusieurs membres des comités et quelques députés de la Convention. Il ordonne de doubler la garde et d'exercer la surveillance la plus sévère. Barras y rencontre un certain Laurent et dans les heures qui suivent le fait nommer gardien des enfants de l'ex-roi. Lorsque Laurent prend ses fonctions, il découvre « un déchet humain » couché sur un grabat et entouré de vermine. Laurent fait immédiatement son rapport au comité et il ordonne qu'on nettoie la cellule, qu'on lave l'enfant, *qu'on lui coupe les cheveux*, qu'on lui ôte la porte grillagée et le guichet et que l'on donne un peu d'air et un peu de clarté. En revanche, une seule chose n'est pas accomplie : *la réunion de la sœur et du frère* au moins durant quelques instants, et cela ne se fera jamais, même avec la venue de nouveaux gardiens.

Après trois mois de présence, Laurent demande une aide : ce sera un nommé Gomin, plus particulièrement attaché à Madame Royale. Puis le 28 mars 1795, Laurent donne sa démission et est remplacé par le citoyen Etienne Lasne qui assistera Louis XVII jusqu'à ses derniers moments.

Durant une année, trois visites officielles sont déclenchées pour vérifier l'état et la présence de celui que l'on nomme désormais Louis Charles Capet. Au cours de celle du 29 mars 1795, Harmand de la Meuse, membre du Comité de sûreté générale, s'inquiète de la situation personnelle de l'enfant. Il constate que ses poignets, ses genoux sont gonflés par des tumeurs. Harmand ne cesse de poser des questions à l'enfant qui conserve un mutisme absolu. L'on pourrait croire que l'on a à faire à un muet…

La maladie continue de faire son œuvre et le dénouement approche. Le 6 mai 1795, sur la demande de Lasne, le Comité nomme le docteur Desault qui connaissait le dauphin. Durant trois semaines, Desault se rend journellement au Temple pour soigner le petit prisonnier. Or, le 1er juin, Desault meurt subitement. Il faut attendre cinq heures pour qu'un nouveau médecin soit nommé : Pelletan, assisté deux jours plus tard par Dumangin. Ces deux nouveaux docteurs ne connaissaient pas le dauphin. Le 8 juin à quatorze heures quinze, l'enfant du Temple expire dans les bras de Lasne. Le 9 juin, l'on procède à l'autopsie du corps et le 10 juin à vingt et une heures, le cercueil en bois blanc est inhumé dans la fosse commune au cimetière Sainte-Marguerite.

Réflexions sur cette affaire

Depuis près de deux siècles, l'affaire Louis XVII est devenue une énigme qui apparaît sans solution. Toutefois, des réflexions s'imposent :

1°) Pour quelles raisons, les gardiens successifs de Louis XVII n'ont pas réuni au moins durant quelques instants le frère et la sœur ?

2°) L'iconographie de Louis XVII a été répertoriée de façon scrupuleuse par François Laurentie. Or, Laurent coupe les cheveux du dauphin à ras à la mi-juillet 1794 et sept mois plus tard, l'on retrouve un portrait de Greuze dont les cheveux tombent sur les épaules. Il en est de même pour le portrait de Moriès, élève de David !

3°) En 1816, on ne retrouve pas le cercueil de l'enfant enterré à Sainte-Marguerite. De façon fortuite, en 1846, on en retrouve un contenant un squelette dont les mensurations désignaient un enfant de quinze à dix-huit ans.

4°) Beaucoup d'historiens se sont « cristallisés » sur la période de l'emmurement qui aurait été fatale pour la santé de l'enfant, période qui n'a duré que six mois, tandis que celle qui a suivi a duré une année. L'enfant a été soigné et entouré d'une présence ; on aurait dû noter un mieux, ce qui n'a pas été le cas si l'on en croit Harmand de la Meuse.

5°) Les complots d'enlèvement ne manquèrent pas. Une amie de Marie-Antoinette, madame Atkins, avait mis en place un réseau et des moyens financiers pour parvenir à ses fins, c'est-à-dire sauver l'enfant.

6°) Enfin, dès le 12 juin 1795, la *Gazette française* déclarait : « La mort du fils de Louis XVI a donné lieu à divers bruits, à des fables les plus absurdes les unes que les autres. L'on prétend qu'il n'est plus au Temple et qu'il représente l'une des principales conditions de paix avec nos belligérants y compris la Vendée. »

Aujourd'hui, en 1993, le Cercle d'études historiques sur la question Louis XVII a relevé cent quatre prétendants ou descendants de prétendants de Louis XVII. Peut-on, d'un coup de manchette, déclarer que le mystère de Louis XVII n'existe pas ?

La Conciergerie

François Macé de Lépinay

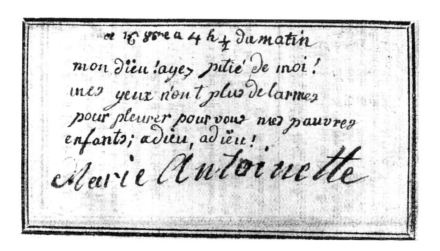

ce 16 8bre a 4 h ½ du matin
mon dieu ! ayez pitié de moi !
mes yeux n'ont plus de larmes
pour pleurer pour vous mes pauvres
enfants ; adieu, adieu !

Marie Antoinette

90

Les derniers mots de Marie-Antoinette.
Bibliothèque municipale de
Châlons-sur-Marne.
cat. 201

Lorsqu'elle arrive à la Conciergerie[1], le 2 août 1793, Marie-Antoinette n'a que trente-huit ans. C'est pourtant une femme amaigrie, blanchie, déjà raidie par la souffrance. Ce n'est plus la souveraine mais la « veuve Capet » qui entre à la Conciergerie ; c'est là qu'elle va attendre de comparaître à son tour devant le Tribunal révolutionnaire. C'est là qu'elle va passer les soixante-seize jours qui la séparent encore de la guillotine…

A la différence d'aujourd'hui, l'entrée ne se fait pas par le quai mais par la cour d'honneur du Palais (la cour de Mai) et, à droite du grand perron, par une petite cour basse donnant accès au greffe. Il semble qu'aucune cellule n'ait été prête pour la recevoir. Les

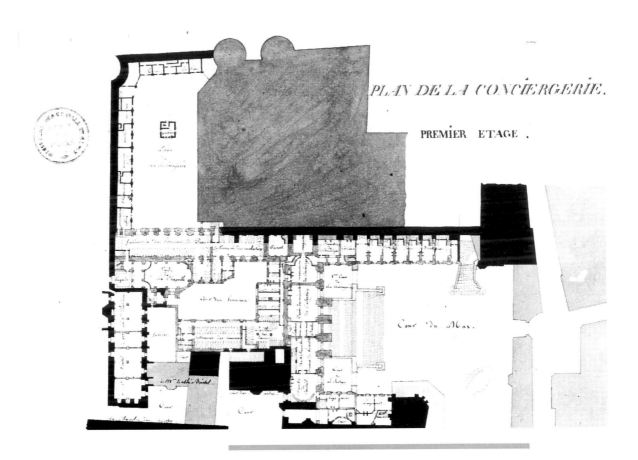

PLAN DE LA CONCIERGERIE.

PREMIER ETAGE.

91

*Plan général de la
Conciergerie. Premier étage.*
Archives nationales.
cat. 37

Goncourt affirment qu'elle avait tout d'abord été retenue quelques heures dans la chambre du concierge Richard (en fait le directeur de la prison) et d'autres auteurs ont même affirmé que cette situation provisoire aurait duré plusieurs jours. Bientôt cependant — et cette fois la plupart des témoignages concordent — Marie-Antoinette se voit enfermée dans l'« ancienne chambre du conseil des guichetiers » qui aurait été occupée avant elle par le général Custine (arrêté le 22 juillet et guillotiné le 28 août 1793).

C'est Montjoye, qui dès 1794[2], nous en donne la description la plus précise et sans doute la plus fiable (car, à l'en croire, il visitait souvent la Conciergerie). Il indique tout d'abord que cette cellule se trouve à gauche du corridor central de la prison (en venant de l'entrée) et avant d'arriver à la chapelle, actuellement dite « des Girondins » ; puis il poursuit : « Ce réduit était coupé en deux parties égales par un cloison en planches qui laissait dans son milieu un intervalle que Richard (le concierge) ferma par un méchant paravent ; vis à vis de l'entrée était une croisée garnie de barreaux de fer, qui donnait sur la cour qu'on appelle des femmes, parce que c'est elle qu'habitent les prisonnières. Dans cette partie, à gauche, on plaça deux gendarmes [...] qui, la nuit dressaient un lit de camp [...] la reine occupait la partie à droite ; on avait placé son lit à une extrémité vis à vis de la croisée qui donnait également sur la cour des femmes. A côté de cette croisée était une chaise où la reine se tenait pendant la journée. Le pavé de ce réduit était en brique posées de champ. Un cadre de bois régnait sur toute la longueur et la largeur du mur. On avait toutefois cloué à ce cadre une toile sur laquelle était collé un papier peint à fleurs de lys. Depuis, ce papier avait été arraché, et, en l'arrachant, la toile s'était déchirée... »

Cette description relativement précise est complétée par un plan gravé avec une échelle en toise. L'ensemble permet de confirmer que l'emplacement considéré comme celui de l'ancienne cellule de Marie-Antoinette, bien que radicalement transformé sous la Restauration, a toute chance d'être exact.

Lafont d'Aussonne[3], décrit le pauvre mobilier de la pièce : « Dans la portion de droite réservée à la reine était un lit de sangle et le traversin, une cuvette de propreté, un siège amovible, une petite table commune à tiroir, un tabouret d'étoffe ordinaire et deux petites chaises de la prison. » C'est donc dans cette cellule, encore étrangement ornée de lambeaux de papier fleurdelisé, que Marie-Antoinette s'installe. Privée de sa famille, elle va souffrir d'une grande solitude affective. En même temps — et le texte de Montjoye nous le fait comprendre — elle n'y sera jamais seule. Elle a avec elle deux gendarmes (ils s'appelaient Dufresne et Gilbert) qui sont postés dans une moitié de cellule et ne la quittent guère des yeux. On a placé auprès d'elle une servante, d'abord la vieille Larivière qui, trop âgée, va être bientôt remplacée par la femme Harel, mais celle-ci manifestement choisie pour ses talents d'espionne n'est guère digne de sa confiance. Heureusement, il y a encore la jeune Rosalie Lamorlière, la domestique de madame Richard, qui obtient de sa patronne l'autorisation de venir voir la reine, prolonge bientôt ses visites et lui tient compagnie le mieux possible.

Ces soixante-seize journées passées dans la promiscuité et l'inactivité vont être terriblement longues. Quel va en être l'emploi du temps ? Marie-Antoinette se lève tôt, vers six heures. Elle prend seule son petit déjeuner composé d'une tasse de chocolat au lait ou de café invariablement accompagnée d'un pain de seigle, que lui sert Rosalie. Puis, toujours sous la surveillance plus ou moins discrète des gendarmes, elle fait une rapide toilette. On retrouvera lors de son inventaire après décès[4] « une boîte à poudre, une houppe de cygne et une boîte de pommade en fer blanc » qui constituaient, avec une « bouteille d'eau pour les dents », ses modestes produits de beauté, Rosalie la coiffe, et cette opération délicate est l'occasion d'échanger des propos discrets qui échappent à l'oreille des gardiens.

Ensuite, elle s'habille ; et l'on doit ici faire un sort à la légende qui veut que Marie-Antoinette ait été une « souveraine en haillons ». Certes, sa robe de deuil, qu'elle ne quitte guère, est passablement déchirée. Mais l'on sait en même temps que Madame Elisabeth put lui faire passer du Temple, par l'intermédiaire du municipal Michonis, « de belles chemises de batiste, des mouchoirs de poches, des fichus, des bas de soie ou de filoselle noire, un déshabillé blanc pour le matin, quelques bonnets de nuit... » Et le mémoire de ses dépenses confirme le soin que Marie-Antoinette conserva jusqu'au bout de son apparence et de l'entretien de ses vêtements, mentionnant du « ruban et soy pons garniture d'un jupon » (3 livres, 16 sols) ou des frais de blanchissage...

Tout cela ne devait guère conduire au-delà de huit heures du matin et une longue journée restait à meubler. Il y avait les repas et l'on sait, par les documents d'archives les plus fiables, qu'ici encore la légende d'une prisonnière mise au pain sec et à l'eau doit être écartée. Sur ce plan-là, au moins, Marie-Antoinette semble n'avoir manqué de rien, et l'on dépensait pour elle 15 livres par jour soit cinq fois plus que ne coûtait sa femme de chambre, madame Harel.

Beaucoup de mémorialistes ont relaté, par ailleurs, les petites faveurs dont la reine aurait bénéficié de la part de madame Richard ou de Rosalie Lamorlière : celles-ci se seraient ingéniées à lui transmettre fruits ou friandises que des « bonnes âmes » auraient appor-

92

*Office de la Divine Providence à
l'usage de la maison royale de S. Louis
à S. Cyr et de tous les fidèles.*
Bibliothèque municipale de
Châlons-sur-Marne.
cat. 201

tés à la prison, ou à lui fournir de cette « eau de Ville d'Avray » qu'elle préférait à toutes les autres. Il faut rester prudent à l'égard de ces témoignages invérifiables et souvent tardifs : leurs auteurs n'ont pas toujours résisté à la tentation de se donner le « beau rôle », voire d'obtenir la reconnaissance de Louis XVIII...

Une autre occupation de Marie-Antoinette était la lecture. Nous savons, par les comptes des menues dépenses de la Conciergerie, qu'on lui loua quelques volumes pour la somme de 16 livres. Quels en furent les titres ? Le document ne les cite malheureusement pas. Lafont d'Aussonne affirme qu'il y avait les *Voyageurs du Capitaine Ceola* et d'autres sources parlent des *Voyages du jeune Anacharsis* de l'abbé Barthelemy ou des *Révolutions d'Angleterre*... Par contre, les ouvrages de couture ou de broderie étaient interdits à Marie-Antoinette : par une crainte bien excessive, les autorités lui avaient refusé aiguilles et ciseaux. Et puis, la lumière était chichement mesurée.

Restait... la conversation. Il est étonnant de penser que la reine soigneusement enfermée au fond d'une prison, avec deux gendarmes dans sa cellule, ait pu recevoir d'autres visites que celle de sa femme de chambre ou de Rosalie. Il semble pourtant établi que les époux Richard et les porte-clefs se seraient apitoyés sur le sort de la malheureuse et aient accepté de laisser entrer des visiteurs, des admirateurs ou de simples curieux

Ce n'est pas là un des moindres paradoxes de cette dernière période de la vie de Marie-Antoinette, et l'on pourrait se poser la question de la validité des témoignages s'il n'y avait celui de la reine elle-même, à la suite de l'affaire de l'œillet. Questionnée sur la visite dans sa cellule d'un ci-devant chevalier de Saint-Louis, elle répondra spontanément : « Il est possible que j'aie vu quelque visage connu, il en vient tant. »

C'est vers la fin du mois d'août que Marie-Antoinette vit le municipal Michonis entrer dans sa cellule accompagné d'un homme qu'elle reconnut comme un officier qui l'avait protégée lors de la journée du 10 août : le chevalier de Rougeville[5] ; profitant d'un moment d'inattention des gendarmes, il laissa tomber un œillet dans lequel était un message puis s'en alla. Elle voulut alors répondre au messager et, privée qu'elle était de plume et d'encre, elle perfora un billet avec une épingle et le remit au gendarme Gilbert

93
P. Bouillon :
Jugement de Marie-Antoinette.
Musée Carnavalet.
cat. 47

qu'elle pensait acquis à sa cause, pour qu'il le fasse parvenir à son destinataire. Mais le gendarme, pris de peur, se hâta de la dénoncer et raconta toute l'affaire. Interrogée, Marie-Antoinette prétendit que le billet qu'elle avait reçu ne contenait que des mots vagues et l'annonce d'une visite « Que prétendez-vous faire ? J'ai été en prison, je m'en suis sorti par miracle. Je viendrai vendredi », elle aurait ensuite déchiré ce billet en petits morceaux. Quant au billet percé, il lui fut mis sous les yeux et elle ne put en taire le message : « Je suis gardée à vue. Je ne parle ni n'écris ; je me fie à vous, je viendrai[6]. »

A la suite de cette affaire, la sécurité fut renforcée autour de la prisonnière. On lui confisqua la plupart

94

Soulier de Marie-Antoinette, qu'elle portait le jour de son exécution.
Musée des Beaux-Arts de Caen.
cat. 311

de ses derniers biens personnels et l'on emprisonna Michonis et les époux Richard. La veuve Harel fut renvoyée et Rosalie Lamorlière priée de ne plus s'éloigner de la prisonnière. C'est à la même époque que l'on envisagea sérieusement de transférer Marie-Antoinette dans une cellule plus sûre.

Les trente et quelques jours que la reine avait encore à passer à la Conciergerie furent les plus durs. Elle se consacra un peu plus à la prière. On lui avait laissé un crucifix que, selon la légende, on lui aurait passé par morceaux à travers le grillage de la fenêtre. Elle disposait également d'un livre d'heures, l'*Office de la Divine Providence* (fig. 92).

L'une des questions qui a le plus intéressé les historiens est celle de l'éventuelle « dernière communion de la reine ». Il est très vraisemblable qu'un prêtre, se glissant parmi les nombreuses visites qui étaient faites à Marie-Antoinette et profitant du brouhaha de

95

Dernière communion de la reine.
Bibliothèque nationale.
cat. 104

96

J.-L. David :
Marie-Antoinette conduite au supplice.
Musée du Louvre, cab. des arts graphiques.
(Non exposé.)

la prison, ait pu lui dire quelques mots et lui donner la bénédiction. On pense également que l'abbé Emmery, qui était incarcéré comme elle à la Conciergerie, aurait pu l'approcher. Un tableau de la marquise de Bréhan a voulu accréditer cette version ; on y voit le prêtre bénissant la reine à travers les barreaux de sa fenêtre. Mais l'iconographie est par ailleurs fantaisiste : la souveraine est représentée dans un cachot au sol couvert de paille, avec des chaînes au mur, et une simple cruche d'eau !

Cet épisode — vrai ou faux — a soulevé dès la Restauration de violentes polémiques. On fit de la surenchère de part et d'autre, et Drolling peignit en 1817, pour la Conciergerie, un tableau où l'on voit l'abbé Magnin, curé de Saint-Germain-l'Auxerrois, célébrant la messe en chasuble dans la cellule même de la reine, donner la communion à celle-ci devant les gendarmes agenouillés. Les adversaires de la dernière communion crièrent tant et tant que le malheureux abbé Magnin se voyant personnellement mis en cause dut monter en chaire dans son église, pour affirmer la réalité du fait. Mais rien, aujourd'hui, ne permet de douter absolument d'une visite d'un prêtre puisque l'on sait que la cellule de Marie-Antoinette s'ouvrait fréquemment.

Les derniers jours de Marie-Antoinette ont été maintes fois relatés et souvent avec lyrisme. Tous les témoignages concordent pour dire avec quel courage elle fit face à ses juges, avec quelle dignité elle répondit à leurs insinuations les plus révoltantes comme à leurs questions les plus sournoises.

On a également toujours souligné son courage physique face à la mort, au cours du long trajet qui la conduisit de la Conciergerie à la place de la Révolution et à l'échafaud. Les peintres qui, à la fin du XIXe siècle, ont été nombreux à représenter la lecture du verdict, la montée dans la charrette ou l'exécution, ont tous insisté sur le courage et la dignité face à la mort. Le célèbre dessin de David, qui montre un visage pincé et hautain, n'a pas réussi à retourner l'opinion et, plus que le croquis célèbre, ce sont ces peintures médiocres qui restent gravées dans la mémoire collective.

Un mystère demeure, cependant, concernant les dernières heures de la reine à la Conciergerie, qui touche à un document conservé aux Archives nationales : la dernière lettre de Marie-Antoinette écrite à sa belle-sœur et connue sous le nom de « Testament de la reine ». « C'est à vous, ma sœur, que j'écris pour la dernière fois… » Comment Marie-Antoinette qui n'avait jamais appris le français à la perfection et garda toute sa vie une orthographe approximative, put-elle, à quelques heures de la mort, écrire d'une plume aussi ferme, presque sans rature et sans faute d'orthographe majeure, un texte aussi parfaitement maîtrisé ? Il y a là un irritant mystère… Faut-il croire à un « faux total », dû au conventionnel Courtois (chez qui il fut retrouvé) ? C'est la thèse brillante, mais pas tout à fait convaincante, de René Sorg[7]. Faut-il croire plutôt à un texte réel quant au fond mais mis en forme, embelli, voire à demi réécrit par le ministre Decazes, soucieux d'en faire un « monument » à la gloire de la monarchie rétablie ? C'est à priori beaucoup plus vraisemblable. Mais il en va de ces textes célèbres comme des reliques : il y a ceux qui n'y ont jamais cru et n'y croiront jamais et, face à eux, ceux qu'aucune preuve contraire ne pourrait faire douter. C'est bien la foi qui sauve ! Vrai ou faux, le « Testament de la reine » est devenu et restera l'un de ces textes qui ont fait l'histoire.

1. Sur cette période et pour plus de détails, on pourra consulter : F. Macé de Lépinay et J. Charles, *Marie-Antoinette, du Temple à la Conciergerie*, Guide Historia, Taillandier-C.N.M.H.S., 1989.
2. [Montjoye] *Histoire de Marie-Antoinette-Joseph-Jeanne de Lorraine, archiduchesse d'Autriche, Reine de France*. Par l'auteur de l'éloge de Louis XVI. Paris, H. L. Perronneau, 1797, in. 8°, 535 p.
3. Lafont d'Aussonne. *Mémoires, secrets et universels des malheurs et de la mort de la Reine de France*. Suivis d'une notice historique [...]. Paris, chez Petit et Richard, in. 8°, 1824, 432 p.
4. Procès-verbal de la vente des « Effets trouvés sur la veuve Capet 4 germinal an V », Archives de Paris DQ[10] art. 785.
5. Alexandre Gonsse, chevalier de Rougeville (1760-1814). Alexandre Dumas l'a pris pour type de son chevalier de Maison-Rouge.
6. Archives nationales. La transcription manuscrite de l'époque indique seulement « Je suis gardé (*sic*) à vue. Je ne parle à personne (*sic*). Je me fie à vous. Je viendrai. »
7. René Sorg, « Le véritable testament de Marie-Antoinette », *Historia*, n°s 105 (août 1955) et 106 (sept. 1955).

97
Lettre du comte Axel de Fersen à Lady Elizabeth Foster au sujet de la mort de la reine.
Collection particulière.
cat. 157

Bruxelles 22. Octobre 1793

Je ne croyois pas aimable milady en recevant la lettre
du 10 de ce mois, que ma reponse auroit à vous annoncer
une nouvelle aussi affligeante pour mon cœur, vous saves
sans doute déja que la Reine de France le modele des Reines et
et des femmes n'est plus, c'est le 16 à 11 h du matin que ce
crime a été consommé, il fait fremir la Nature et
l'humanitée, et mon cœur en est cruellement dechiré le
votre est trop sensible pour ne pas partager ma douleur
elle n'est allegée que par l'idée, que du moins cette
princesse infortunée est delivrée des maux et des chagrins
affreux qu'elle éprouvoit depuis quatre ans et auquels son
courage seul pouvoit resister. — Mr de Fitz-james est
extremement affligé, nous pleurons ensemble notre perte
commune, je tâche de le consoler mais helas j'ai trop
besoin moi même de consolation, pour pouvoir lui en
donner. Je n'ai pas la force de vous donner aucun
detail sur ce triste evenement d'ailleurs ceux que nous
avons sont peu exacts. Adieu ma chere amie, plaignez
moi, donnes moi de vos nouvelles, et croyes à la tendre
amitié que je vous ai vouée. —

    mille choses à notre bonne et aimable Duchesse

    je recois dans l'instant votre paquet par le Ch. Elliot
et je vais renvoyer votre lettre à la D. de Fitzjames
le Ch. Elliot est arrivé hier au soir et parti ce matin

LOUIS XVII,
Né à Versailles, le 27 Mars 1785.

De l'histoire à la légende

1. Mme d'Angoulême.   3. Mme de Berri.

2. M.^r d'Angoulême.   4. Mgr de Berri.

Je réunis le Passé le Présent et l'Avenir.

à Paris chez BASSET rue St Jacques N°64.

Introduction

Rosine Trogan

104

Je réunis le Passé le Présent et l'Avenir.
Musée Carnavalet.
cat. 119

105

Boîte.
Musée Carnavalet.
cat. 241

106

Madame Royale et le dauphin.
Musée Carnavalet.
cat. 287

Dès avant la mort du roi, alors que sont encore publiés les libelles les plus injurieux, apparaissent les prémices d'un culte de Louis XVI et des siens, nouveaux saints dont on veut conserver les reliques. Cléry rapporte en effet qu'en janvier 1793 le commissaire au Temple, Vincent, demande au roi « quelque chose qui lui eût appartenu : Sa Majesté détacha sa cravate et lui en fit présent. Une autre fois, elle donna ses gants à un autre municipal, qui désira les avoir pour le même motif. Même aux yeux de plusieurs de ses gardiens, déjà ses dépouilles étaient sacrées. » En octobre 1793, la fille du concierge Bault, ayant cousu une bordure neuve à la robe de Marie-Antoinette, distribue les vieux morceaux à quelques personnes qui les lui demandent. Mœlle, commissaire de la Commune au Temple « voulant conserver quelque chose qui eut été à l'usage de l'une des princesses », dérobe un gant de Madame Royale, « gant de peau couleur

107

Bague avec cheveux de Louis XVI.
Musée Carnavalet.
cat. 233

108

Bague avec cheveux de Louis XVI.
Musée Carnavalet.
cat. 232

109

*Porte-épingles confectionnés avec des
morceaux de gilet de Louis XVI.*
Musée Carnavalet.
cat. 299

merde-oie », précise-t-il, au cours de la promenade quotidienne sur la plate-forme de la tour[1].

Plus tard Pelletan, racontant l'autopsie qu'il a pratiquée le 9 juin 1795 sur l'enfant mort la veille au Temple, témoignera : « [L'officier municipal] me pria de lui donner des cheveux de l'enfant ; ce que je lui promis à condition que j'en retiendrais la moitié. » Il prélève en outre le cœur : « Je l'entourai de soin, l'enveloppai d'un linge et le mis dans ma poche, sans être apperçu[2]. » Cheveux, gouttes de sang, fragments de vêtements… seront pieusement rangés dans un morceau de papier ou dans un portefeuille. Ces souvenirs étaient, et sont encore, conservés dans un grand nombre de familles, sans lien ni avec la famille royale, ni avec Cléry ou madame de Tourzel.

Dès le 21 janvier 1793, des médailles commémoratives sont frappées à Londres et à Vienne. La captivité et la mort du roi et des siens deviennent un

110

Louis XVI s'occupant de l'éducation de son fils dans la tour du Temple.
Bibliothèque nationale.
cat. 98

111

Boîte.
Musée Carnavalet.
cat. 240

thème littéraire, également illustré en peinture, et cela d'après des témoignages oraux plus ou moins directs, puisque les premiers mémoires, ceux de Cléry, ne paraissent qu'en 1798.

C'est à la période révolutionnaire qu'on peut logiquement — et Balzac nous y invite — attribuer la création des « portraits cachés » gravés qui perdurent jusqu'à la Restauration : « Les murs tendus d'un papier d'auberge, offraient ici les profils de Louis XVI et des membres de la famille tracés dans un saule pleureur, là le sublime testament imprimé en façon d'urne, enfin toutes les sentimentalités inventées par le royalisme sous la Terreur » (La Vieille Fille).

Avec la restauration des Bourbons, le culte de Louis XVI et de Marie-Antoinette devient officiel : leurs dépouilles sont solennellement inhumées dans la basilique de Saint-Denis, des cérémonies annuelles instaurées ; une messe de requiem est commandée à

Cherubini et exécutée le 21 janvier 1817 à l'occasion du rétablissement des sépultures royales violées en août 1793. De nouvelles statues royales remplacent celles qui ont été renversées en 1792. Tout un ensemble monumental est également projeté, commémorant la mort de Louis XVI et exaltant à la fois la gloire de la dynastie.

Ceux qui ont partagé les dernières années de la famille royale publient leurs mémoires, Madame Royale elle-même, des proches comme madame Campan, ou des commissaires au Temple comme Charles Goret[3] ou Mœlle.

Les gravures diffusent largement portraits et scènes pathétiques peints dès la Révolution et déjà multipliés. Elles montrent à profusion tombeaux et figures allégoriques où se cachent les profils des illustres victimes, et l'apothéose des martyrs. Cette célébration de Louis XVI et aussi de Louis XVII s'élargit en un

112
Musée Carnavalet.
cat. 117

113
*Cadre contenant des cheveux
de la famille royale et une lettre
de Marie-Antoinette adressée
au chevalier de Jarjayes.*
Musée Carnavalet.
cat. 252

véritable culte des Bourbons : autour de la figure emblématique du « bon roi » Henri IV, utilisée dès le début du règne de Louis XVI, et, plus rarement, celle de Louis XII (dès avant la Révolution elle aussi), se groupent les portraits de Louis XVI et de ses frères, Louis XVIII et le futur Charles X, et aussi ceux de ses neveux. Le duc d'Enghien, autre victime des années terribles, leur est associé ; enfin les rejoint le duc de Berry lorsqu'il est à son tour assassiné.

La monarchie de Juillet porte un coup d'arrêt à ces manifestations : les messes anniversaires sont supprimées, les projets monumentaux arrêtés. L'imagerie populaire relaie cependant la gravure.

Sous le Second Empire, l'impératrice Eugénie apporte une note personnelle par sa passion pour tout ce qui concerne Marie-Antoinette ; mais c'est la jeune reine insouciante de Trianon qui est fêtée — d'où sans doute la crinoline, et le style Louis XVI de la fin du siècle.

Les reliques pieusement conservées par les témoins, même indirects, des événements se parent, aux générations suivantes, de boîtes et d'écrins, ou même de véritables reliquaires. Au hasard des ventes et des successions, elles font l'objet de collections, entre les mains de fidèles, français ou étrangers comme les Pierpont Morgan, qui rassemblent inlassablement souvenirs et documents relatifs à la famille royale, et le plus souvent à la seule Marie-Antoinette.

Par-delà le travail des historiens du XIXᵉ siècle — qu'il n'est pas dans notre propos d'évoquer — qui, les uns favorables à la Monarchie, les autres à la Révolution, donnent du souverain et des siens une image plus ou moins nuancée mais qui tend à s'affiner, la captivité et la mort du roi, de la reine et de Louis XVII restent un thème littéraire qui perdure jusqu'au XXᵉ siècle, qui est même mis en chanson et gagne le cinéma.

1. *Six Journées passées au Temple et autres détails sur la famille royale qui y a été détenue*, J. G. Dentu, Paris, 1820, p. 52.
2. *Exposé fait par Ph. J. Pelletan…*, 13 juin 1816, Archives de la Préfecture de police, n° 32.
3. *Mon Témoignage sur la détention de Louis XVI et de sa famille dans la Tour du Temple*, F. M. Maurice, Paris, 1825.

Le culte de la famille royale sous la Restauration

Célébrations officielles

Jean-Pierre Willesme

114

Testament de Louis XVI.
Musée Carnavalet.
cat. 99

115

*Médaille, Tombeau de Louis XVI
et de Marie-Antoinette.*
Musée Carnavalet.
cat. 228

Le culte de la famille royale connaît une très grande faveur avec le retour de Louis XVIII dès le 3 mai 1814, lors de la première abdication de Napoléon. Le duc d'Angoulême, fils aîné du comte d'Artois, est le premier Bourbon arrivé en France après le départ de l'Empereur. Bordeaux est la première grande ville de France à célébrer avec lui le retour des Bourbons. La province semble d'ailleurs marquer plus d'enthousiasme que la capitale. Déjà le 30 avril 1814, la cour royale de Montpellier évoquait les qualités qu'elle attendait du nouveau roi : la loyauté de François Ier, la magnanime bonté de Henri IV, la religion et la justice de Saint Louis. Le tribunal d'Annecy résume le 20 juin 1814 un état d'esprit qu'on devine entaché de flatterie : « De longs malheurs ont pesé sur la France dès que l'auguste maison des Bourbons n'occupa plus le trône des Lys. [...] La Divine providence eut pitié de l'héritage de saint Louis : elle vous a rendu, Sire, au vœu de votre peuple : aussitôt une paix honorable et solide succède à une guerre désastreuse, et une liberté sage et constitutionnelle remplace un gouvernement dur et arbitraire[1]. »

Une cérémonie expiatoire a lieu à Notre-Dame le 14 mai 1814 ; d'après Fontaine, cette date est retenue, car c'est l'anniversaire de la mort de Louis XIII et de Henri IV. Ce premier service funèbre en l'honneur de la famille royale précède un hommage plus éclatant. Le 22 mai 1814 commence à Paris une enquête sur les circonstances de l'inhumation de Louis XVI et de Marie-Antoinette dans le cimetière de la Madeleine. François-Silvain Renard, ancien vicaire de la Madeleine, apporte son témoignage[2]. Les exhumations en présence de témoins officiels, dont Blacas d'Aulps, ministre et secrétaire d'État au département de la Maison du roi, se déroulent les 18 et 19 janvier 1815. Un certain Olivier Descloseaux, auteur d'une *Explication des n° du plan du cimetière de la Madeleine*, se voit récompensé par Louis XVIII pour s'être rendu acquéreur des terrains sur lesquels les dépouilles royales avaient été inhumées : en effet, il avait acheté le cimetière de la Madeleine, lorsque la Convention, se saisissant des biens de l'Église, avait mis le cimetière en vente aux enchères ; il avait pris particulièrement soin de l'endroit de l'inhumation en l'entourant d'une haie de charmille et en y plantant des cyprès et deux saules pleureurs qui retombaient sur une urne funéraire. C'est grâce au dévouement de ce royaliste que les ossements peuvent être identifiés, déterrés, puis enfermés dans une grande boîte scellée d'un cachet aux armes de France. Le 21 janvier, une cérémonie grandiose est organisée pour la translation des corps à la basilique Saint-Denis. Dès sept heures du matin, tous les régiments en garnison à Paris bordent la voie publique de la maison de M. Descloseaux jusqu'à la barrière Saint-Denis. Le matin, le comte d'Artois accompagné de ses deux fils, le duc d'Angoulême et le duc de Berry, pose, à l'emplacement où Louis XVI et Marie-Antoinette avaient reposé, la première pierre de la chapelle expiatoire.

On remarque curieusement qu'il n'a pas été question des restes de Louis XVII : personne ne savait exactement où se trouvait sa dépouille. Aucun service religieux ne fut jamais célébré à la mémoire de l'enfant roi, qui, selon toute probabilité, avait succombé à une tuberculose osseuse en 1795. Vers 1820, le buste de Louis XVII figurait à la Chambre des députés entre ceux de Louis XVI et de Louis XVIII, afin

d'illustrer la continuité monarchique. Le fait est connu par une lithographie de Jean-Henri Marlet (commentée par Guillaume de Bertier de Sauvigny, 1979).

Les ancêtres les plus populaires du roi régnant sont glorifiés. Le culte de Saint Louis et de Henri IV renaît[3]. De nombreuses estampes montrent Henri IV se félicitant du retour des Bourbons. Lors de l'entrée de Louis XVIII à Paris, une statue de plâtre, imitée de l'ancienne effigie, a été dressée sur le Pont-Neuf par les soins de Belanger. Le terre-plein du Pont-Neuf devant la statue d'Henri IV deviendra une sorte de lieu consacré pour le culte des Bourbons à partir du rétablissement de la statue royale ; mais, dès sa séance du 23 avril 1814, le conseil municipal de Paris souhaite ce rétablissement, « dans un moment où les augustes descendants de Henri viennent remonter sur le trône de leurs pères ».

Ce sont ensuite les Cent-Jours de mars à juin 1815, qui se terminent par la défaite de Waterloo. Le 8 juillet, Louis XVIII fait sa deuxième entrée dans Paris, accueilli à la barrière Saint-Denis par le préfet de la Seine et le conseil général. Le marquis de Dreux-Brézé († 1829), qui a servi l'Ancien Régime, retrouve sa place de grand maître des cérémonies. Le 20 janvier 1816, le « service du bout de l'an » — célébré un an après la mort du défunt — est dit à Saint-Denis en mémoire de Louis XVI[4].

La cellule de Marie-Antoinette à la Conciergerie est transformée en chapelle expiatoire, inaugurée le 16 octobre 1816 (description dans *Le Moniteur universel* du jour). La Ville de Paris commande trois tableaux, mis en place en 1817 : *La Reine Marie-Antoinette communiant dans sa prison*, par Michel-Martin Drolling ; *La Reine Marie-Antoinettte séparée de sa famille pour être conduite à la Conciergerie*, par Jacques-Auguste Pajou et *La Reine Marie-Antoinette en deuil*, par Gervais Simon. C'était un véritable triptyque, mettant en parallèle le sacrifice de Marie-Antoinette avec celui du Christ.

Les lois du 19 janvier et 14 février 1816 avaient retenu le principe de monuments érigés en mémoire de Louis XVI et de la famille royale[5]. L'église de la Madeleine, alors en construction sous la direction de Vignon, est choisie pour accueillir quatre monuments expiatoires dont la vue ne doit pas être masquée par des colonnes (ils ne seront jamais réalisés).

116

J.-D. Dugourc :
*Translation des restes de Louis XVI et
de Marie-Antoinette, à Saint-Denis,
le 21 janvier 1815.*
Musée Carnavalet.
cat. 52

117

Boîte.
Musée Carnavalet.
cat. 246

L'ordonnance du 24 avril 1816 décide de remanier les sépultures des rois de France à Saint-Denis violées en 1793 ; la translation a lieu le 19 janvier 1817 ; par la même ordonnance, on commande les statues de Louis XVI et de Marie-Antoinette (la réalisation traînera jusqu'en 1830). Pour le 21 janvier 1817[6], une nouvelle cérémonie est préparée à Saint-Denis. On élève une grande pyramide de granit rouge, sur un soubassement de serpentin. Au sommet, on voit la figure de la Religion, en bronze doré, accompagnée de deux tombeaux. André Galle est chargé de graver une médaille commémorant *La Pompe funèbre de Louis XVI ou le 21 janvier 1817*.

Désormais, chaque 21 janvier est commémorée la mort de Louis XVI, tandis que Marie-Antoinette est honorée le 16 octobre. Les cérémonies officielles ont lieu dans l'église de Saint-Denis. La fille de Louis XVI, duchesse d'Angoulême, y participe tous les ans, mais elle demande une tribune voilée de gaze noire afin de ne pas être aperçue[7]. A partir de l'ordonnance de Charles X du 23 septembre 1825, l'anniversaire du 16 octobre fusionne avec celui du 21 janvier[8].

Le sacre de Charles X (29 mai 1825) s'inscrit dans la perspective du souvenir de Louis XVI, dernier Bourbon à avoir été sacré. Tout rappelle l'Ancien Régime, sauf une richesse moins exubérante. Le *Journal de Paris* s'exclame : « Charles X au pied des autels, Louis XVIII sur son trône, Louis XVI du haut des cieux : tous ont pardonné ! La clémence, n'en doutons pas, a lassé les factions[9]. »

A partir de 1826, la monarchie se préoccupe d'un monument pour la place de la Concorde, qui devient la place Louis XVI[10]. Mais la Révolution de 1830 va balayer tous ces projets. Il est certain que la propagande officielle, reprise en chœur par les grands corps de l'Etat, a dû lasser une certaine opinion publique, qui ne pouvait admettre sans nuance le rejet en un bloc de la Révolution et de l'Empire. A partir de 1830, la production de biographies et de documents sur les royales victimes devient négligeable. D'ailleurs, c'est la continuité dynastique qui préoccupe surtout la famille royale après 1815 : le duc de Berry, fils du comte d'Artois et héritier du trône, est assassiné le 14 février 1820. L'émotion est considérable, car on croit les Bourbons sans descendance. Les estampes donnent tout son retentissement à l'événement.

Quelques mois plus tard, le 29 septembre 1820, naît *l'enfant du miracle*, le duc de Bordeaux, qui semble assurer l'avenir des Bourbons.

Avec l'avènement de Louis-Philippe, l'obélisque remplace le monument à la gloire de Louis XVI sur la place de la Concorde. Le drapeau tricolore supplante définitivement le drapeau blanc des légitimistes et symbolise une vision nouvelle de la Révolution et de l'Empire.

Ecrits politiques

Les textes officiels paraissent dans *Le Moniteur*, associé au *Bulletin des Lois*. Tandis que Benjamin Constant se livre à des réflexions sur les Cent Jours et évoque ses entretiens avec Bonaparte, Chateaubriand rédige plusieurs discours royalistes dont le *De Buonaparte et des Bourbons* (30 mars 1814), brochure écrite à la fin de la campagne de France, avant la première abdication. L'exécution du duc d'Enghien, arrêté en pleine paix sur un sol étranger, puis fusillé à Vincennes (21 mars 1804), l'a détourné de Bonaparte depuis longtemps. Pour lui, la royauté représente l'identité nationale. Le monarque, descendant de Saint Louis et de Henri IV, est un « chef dont la puissance paternelle est réglée par des institutions, tempérée par les mœurs, adoucie et rendue excellente par le temps, comme un vin généreux né de la terre de la patrie, et mûri par le soleil de France ». Bonaparte n'est qu'un étranger et un usurpateur. Dans les *Mémoires d'outre-tombe*[11], Chateaubriand rappelle qu'il assista à l'exhumation de Louis XVI et Marie-Antoinette. Il ajoute : « Au milieu des ossements, je reconnus la tête de la reine par le sourire que cette tête m'avait adressé à Versailles. » Dans son commentaire de la cérémonie du 21 janvier 1815, Chateaubriand élargit sa réflexion à la restauration des Bourbons sur le trône : « Il faut louer les Bourbons d'avoir, dès le premier moment de leur retour, songé à Louis XVI ; ils devaient toucher leur front avec ses cendres, avant de mettre sa couronne sur leur tête. » Cependant, il regrette l'usage d'une cérémonie annuelle qui culpabilise la nation.

Dans le « Journal » des *Débats politiques et littéraires* du 19 janvier 1815, Chateaubriand décrit le projet d'un monument élevé en mémoire de Louis XVI place de la Concorde : « Ce monument représentera

119
Musée Carnavalet.
cat. 103

120
Boîte.
Musée Carnavalet.
cat. 245

Louis XVI qui déjà quittant la terre, s'élance vers son éternelle demeure. Un ange le soutient et le guide, et semble lui répéter ces paroles inspirées : Fils de saint Louis, montez au ciel ! Sur un des côtés du piédestal paroîtra le buste de la Reine dans un médaillon, ayant pour exergue ces paroles si dignes de l'épouse de Louis XVI : J'ai tout su, tout vu, et tout oublié. Sur une autre face de ce piédestal, on verra un portrait en bas-relief de Mme Élisabeth. Ces mots seront écrits autour : Ne les détrompez pas ; mots sublimes qui lui échappèrent dans la journée du 20 juin, lorsque des assassins menaçaient ses jours en la prenant pour la Reine. Sur le troisième côté, sera gravé le testament de Louis XVI, où on lira, en plus gros caractères, cette ligne évangélique : Je pardonne de tout mon cœur à ceux qui se sont faits mes ennemis. La quatrième face portera l'écusson de France, avec cette inscription : Louis XVIII à Louis XVI. »

Le 20 janvier 1816, dans le « Journal » des *Débats politiques et littéraires*, Charles Nodier exprime l'idée que la Révolution et l'Empire n'ont été qu'une parenthèse. A la même date et dans le même journal, on rapporte les propos de l'évêque de Troyes, auteur l'année précédente de l'oraison funèbre de Saint-Denis : c'est une abnégation surhumaine qui a porté Louis XVI à pardonner à ses ennemis ; il était inspiré par Dieu : « Je prie tous ceux que je pourrais avoir offensés par inadvertance… de me pardonner le mal qu'ils croient que je peux leur avoir fait » (testament de Louis XVI du 25 décembre 1792).

Victor Hugo célèbre la royauté dans ses premières Odes : *Le Rétablissement de la statue de Henri IV* (février 1819), *La Naissance du duc de Bordeaux* (octobre 1820), *Les Funérailles de Louis XVIII* (septembre 1824) et *Le Sacre de Charles X*. Dans ce dernier poème, daté de Reims (mai-juin 1825), il rappelle la continuité qui va de Clovis à Charles X : « O Dieu ! garde à jamais ce roi qu'un peuple adore[12] ! » On pense à l'opéra de Rossini, *Le Voyage à Reims*, mais cela ne doit pas faire oublier un ensemble de pièces de circonstance dont les intrigues ont souvent pour pivot la personnalité d'un ancêtre populaire du souverain : Louis XII, François Ier ou Henri IV[13]. Témoin du sacre de Charles X, Chateaubriand apparaît beaucoup plus lucide sur l'avenir de la dynastie : il n'y voit que la représentation d'un sacre, une parade qui fait illusion. Le couronnement de Napoléon par le pape, à Paris, a « détruit l'effet de l'antique cérémonie de notre histoire… Les figurants à Notre-Dame de Paris, jouant pareillement dans la cathédrale de Reims, ne seront plus que les personnages obligés d'une scène devenue vulgaire : l'avantage demeurera à Napoléon qui envoie ses comparses à Charles X. La figure de l'Empereur domine tout désormais[14]. »

1. A.N., BB¹ 216.
2. *Le Moniteur universel*, 21 janvier 1815, n° 21, p. 82.
3. Une statue d'Henri IV par Bosio, en argent, est signalée plus tard dans le cabinet du roi. Cf. A.N., O³ 1276.
4. *Bulletin des Lois*, 19 janvier 1816, n° 401, p. 77-78.
5. *Ibidem*, 14 février 1816, n° 422, p. 180.
6. *Le Moniteur*, 21 janvier 1817, n° 21.
7. A.N., O³ 520.
8. *Bulletin des Lois*, 23 septembre 1825, n° 1862, p. 233. En effet, la cérémonie

anniversaire de la mort de Louis XVIII, dite « service du bout de l'an », tombant le 16 septembre 1825, aurait été trop proche. Une lettre de Charles X, parue dans *Le Moniteur* du 21 janvier 1826, confirme la réunion des deux anniversaires : « Objets l'un et l'autre des éternels regrets de notre famille et de la France, leurs noms seront unis dans nos prières, comme ils l'ont toujours été dans nos cœurs. »
9. Cité dans *Le Moniteur*, 1ᵉʳ juin 1825.
10. *Bulletin des Lois*, 27 avril 1826, n° 3083, p. 323. *Ordonnance du Roi*

portant qu'il sera élevé un monument à la mémoire de Louis XVI au centre de la place [...] laquelle prendra désormais le nom de *Place Louis XVI*.
11. Édition du Centenaire, t. II, 3ᵉ partie, p. 544-545.
12. Poèmes sur le même sujet dans *Le Moniteur* du 29 mai, du 1ᵉʳ juin 1825.
13. *Le Vieillard d'Ivry en 1590 et 1825*, Vaudeville de Desaugiers, Merle et Laloue.
14. *Mémoires d'outre-tombe*, éd. cit., t. III, 3ᵉ partie, p. 265.

Les monuments dynastiques et expiatoires

Frank Folliot

121
Urnes et saules pleureurs.
Musée Carnavalet.
cat. 115

Monuments dynastiques

Dissociées ou conjointes, les deux acceptions du terme « monument » — statue ou édifice de proportions imposantes — apparaissent dans les divers projets, réalisés ou non, que suscita le retour des Bourbons sur le trône de France.

Le premier impératif, dans le domaine monumental, était de reconstituer l'état ancien, c'est-à-dire de rétablir, à Paris et en province, les statues royales détruites en 1792. C'était vouloir revenir à la situation antérieure à la Révolution, la nier en quelque sorte. La plupart de ces monuments furent relevés, à l'exception notable de celui de Louis XV, place de la Concorde. La charge symbolique liée au site, lieu d'exécution du roi et de la reine, fit écarter la remise en place d'une effigie d'un souverain contesté au profit d'un monument à Louis XVI. Le modèle d'une statue fut commandé au sculpteur Taunay et la première pierre fut posée le 21 janvier 1815. La même cérémonie eut lieu en même temps sur le site de la future chapelle expiatoire. Les deux projets parurent sans doute concurrents. Quoi qu'il en soit, probablement par prudence politique, Louis XVIII favorisa

le second et mit le premier en sommeil. C'est seulement dix ans plus tard que Charles X décida de le réactiver. Le 3 mai 1826, une nouvelle première pierre était posée — un tableau de Beaume[1] rappelle cette cérémonie — tandis qu'un second modèle de statue était demandé à Cortot. Ce projet fut sur le point d'aboutir : le socle, dessiné par l'architecte Grillon, fut réalisé de même que le bronze de la statue de Louis XVI et de celles des Vertus qui devaient l'entourer. L'œuvre fut détruite dans l'atelier du fondeur en juillet 1830 et seul le modèle en plâtre subsiste[2].

Le monument de Cortot exigeait un cadre approprié. Un réaménagement de la place de la Concorde — rebaptisée en l'honneur de Louis XVI en 1826 — s'imposait d'autant plus que, depuis la Révolution, la place avait pris une allure de terrain vague. Un concours d'urbanisme fut ouvert en 1829[3]. Dix architectes étaient officiellement choisis : Gauthier, Châtillon, Destouches, Gilbert, Lesueur, Villain, Van Cléemputte, L. P. Baltard, Lusson et Hittorff. Les candidatures libres étaient cependant admises. L'objectif avoué de l'administration était de réaliser à partir des projets retenus un condensé des meilleures propositions. C'est ce que fit le jury, à la fin de 1829, en couronnant à la fois le plan de Destouches pour son parti général et celui de Lusson, pour ses fontaines. Les Trois Glorieuses survinrent peu après qui interdirent la réalisation de ce programme d'embellissement. Si celui-ci restait relativement sobre et idéologiquement neutre, plusieurs autres transformaient la place en un véritable sanctuaire dynastique. C'était le cas du projet de Lesueur (fig. 122 et 124) qui ponc-

122
J.-B.C. Lesueur
*Projet pour la place Louis XVI,
vue du pont Louis XVI.*
Musée Carnavalet.
cat. 64

123
J.-P. Cortot
*Malesherbes présentant à Louis XVI
l'arrêt de la Convention.*
Musée Carnavalet.
cat. 48

124
J.-B.C. Lesueur
*Projet pour la place Louis XVI,
vue de la rue Royale.*
Musée Carnavalet.
cat. 65

tuait l'espace de seize colonnes portant chacune la statue d'un roi de France ; c'était aussi celui de Hittorff[4] qui dressait, aux angles de la place, quatre grandes statues équestres de Clovis, Charlemagne, Saint Louis et Louis XVIII. Quant à Duquesney, il proposait de consacrer, à l'entrée de la rue Royale, deux hautes colonnes à la mémoire de Marie-Antoinette et de Louis XVIII[5].

D'autres projets insistaient non plus sur l'exception historique que constituait le martyre royal, mais englobaient Louis XVI, dans un hommage à la lignée tout entière, en insistant moins sur le monarque défunt que sur le roi actuel. C'est ainsi que Poyet, reprenant en le modifiant sensiblement un projet de monument à la gloire de Napoléon, présenta à la Chambre, le 1er janvier 1816, la maquette d'une colonne de cent mètres de haut qui aurait été élevée sur la butte Montmartre, dans l'axe de la rue Royale.

Le prospectus, rédigé à cette occasion, indique qu'une galerie circulaire serait « décorée de bustes, de bas-reliefs représentant nos rois et les faits mémorables de leurs règnes, tandis que, dans un temple circulaire, serait placée la statue de Louis XVIII entouré de son auguste famille et présentant à la France l'olivier de la paix » et que le sommet de la colonne aurait pour couronnement la statue de Saint Louis. On constate la même affirmation du lien dynastique dans le dessin de Frary, conservé au musée Carnavalet (fig. 133), qui lui aussi déplace l'accent sur la personne de Louis XVIII. Autour de la statue assise du roi, six colonnes portent les effigies de Henri IV, Louis XIII, Louis XIV, Louis XV, Louis XVI et Louis XVIII. Une galerie en hémicycle aurait illustré, grâce à son décor de bas-reliefs, les hauts faits des règnes correspondants. Dominant la composition, au sommet de la colline de Chaillot, un temple était dédié à Saint

Louis, garant de la pérennité du principe dynastique et manifestation de la mystique monarchique. Ce grand dessin fut présenté au Salon de 1817 (cat. n° 921). Associée au retour des Bourbons, comme le proclamait la propagande légitimiste, la Paix partageait la dédicace d'un monument à Louis XVI dont le projet, anonyme, est également conservé au musée Carnavalet (fig. 132). Au Salon de 1814, E. J. Gilbert venait d'exposer un monument à la Paix (cat. n° 1191) et J. B. Dédeban, un « portique à la Paix » (cat. n° 1187). Dans notre dessin, les allégories du Commerce et des Arts, fruits de la Paix, ornent les piédroits d'un arc qui aurait été dressé au débouché du pont Louis XVI sur la place de la Concorde. De ce côté, la frise offre l'inscription « A Louis XVI à la Paix ». L'autre face, connue par une gravure anonyme[6] porte la double dédicace à Louis XVI et à Louis XVIII avec la date MDCCXVI. Le souvenir du roi défunt est annexé par son frère et successeur. L'absence de toute allusion à la mort de Louis XVI éloigne donc notre projet du type des monuments expiatoires pour le rattacher à celui des arcs de Triomphe élevés sous l'Ancien Régime à l'occasion des entrées royales

Avec ses allégories intemporelles, le monument de Cortot relevait d'une conception très traditionnelle : la destinée tragique de Louis XVI n'était pas évoquée. En revanche, de nombreux projets de commémoration de la mort du roi, expression d'initiatives individuelles, devaient nécessairement s'éloigner du stéréotype officiel de la statue royale. C'est par exemple le cas de la proposition, faite en 1814 par Bonfin « architecte-ingénieur » à Bordeaux. Le descriptif qu'il rédigea[7] évoque les mises en scène de certains monuments funéraires. Sur une des faces du monument, la personnification de la France tient une urne funéraire et un médaillon avec le portrait du roi ; sur les côtés, dans des niches, trois urnes sont dédiées aux autres membres de la famille royale.

Monuments expiatoires

1) Les projets d'église expiatoire à la Madeleine.

Le thème de l'expiation collective, élaboré par Joseph de Maistre sous l'Empire, exploité par les monarchistes dès le retour des Bourbons, aboutit à la promulgation de la loi du 19 janvier 1816 : plusieurs monuments seraient élevés « au nom et aux frais de la nation », d'une part à Louis XVI, d'autre part à sa famille, et enfin au duc d'Enghien. L'ordonnance du 14 février suivant vient préciser cette résolution : proche à la fois des lieux d'exécution et de première sépulture (le cimetière de la Madeleine), l'église de la Madeleine serait achevée pour recevoir les cénotaphes du roi, de la reine, de Louis XVII et de Madame Elisabeth (les corps ayant été transférés à Saint-Denis). La première idée d'une église expiatoire — sans que ce terme soit utilisé et sans localisation définie est revendiquée par l'architecte Pâris qui l'aurait concrétisée, dès 1796, dans des dessins conservés à la bibliothèque municipale de Besançon[8]. A. F. Peyre fait remonter à l'an VIII (1801) son « Monument à ériger à la mémoire de Louis XVI », publié en 1818[9]. Le site est choisi : il s'agit de la Madeleine au péristyle de laquelle Peyre adosse une pyramide contenant une rotonde coiffée d'une coupole inspirée de celle du Panthéon de Rome. Cette rotonde aurait abrité soit le cœur du souverain soit un mausolée pourvu de quatre autels, chacun dédié à un membre de la famille royale. C'est également une transformation de la Madeleine dans le même sens qu'envisageait Vignon,

façade principale

coupe sur la longueur

coupe sur la largeur

126

A. Leclere :
Plan de la Madeleine transformée en chapelle expiatoire et de ses environs.
Musée Carnavalet.
cat. 60

127

A. Leclere :
Elévation et coupe longitudinale.
Musée Carnavalet.
(Non exposé.)

128

A. Leclere :
Vue perspective intérieure de l'église de la Madeleine transformée en chapelle expiatoire.
Musée Carnavalet.
cat. 61

architecte du bâtiment depuis l'Empire, dans une plaquette éditée en 1816 : *Monuments commémoratifs projetés en l'honneur de Louis XVI...*[10]. C'est sans doute la diffusion de cette brochure qui détermina la décision de Louis XVIII quant à l'emplacement de l'édifice qui devait réunir les différents monuments expiatoires élevés à Louis XVI et à sa famille.

Sans qu'aucun concours ne fût ouvert (contrairement à la tradition républicaine et à l'affirmation de L. Hautecœur, dans son *Histoire de l'architecture classique en France*[11], différents architectes furent sollicités directement : Achille Leclère, Louis-Pierre Baltard, Vignon. Leclère, revenu d'Italie en 1814, fournit différents projets en 1816. A l'exception d'un d'entre eux, sans doute antérieur, pour la place Royale (actuelle place des Vosges), tous ces projets consistaient en une adaptation de la Madeleine au rôle d'église expiatoire. Le premier de ces projets adossait une cella circulaire, inspirée du Panthéon romain[12]. Un autre projet substituait à cette rotonde un « palais destiné à l'habitation des prêtres ». Un troisième parti est offert par une série de dessins conservés au musée Carnavalet (fig. 125, 126 et 127). Des constructions commencées pour le temple de la Gloire, Leclère ne conservait que le portique d'entrée. Extérieurement, il transformait le plan basilical primitif en croix latine grâce à deux massifs latéraux, évoquant les saillies d'un transept et contenant chacun une chapelle. A l'extrémité de la nef, voûtée en berceau et bordée de colonnes corinthiennes, un cul-de-four coiffait l'abside au centre de laquelle se dressait le cénotaphe de la famille royale. Autour de l'église, Leclère organisait un plan d'urbanisme comportant notamment une avenue qui deviendra le boulevard Malesherbes, continuant ainsi une opération lancée par le spéculateur Bouret de Vézelay à la fin du XVIIIᵉ siècle, mais restée inachevée.

On ignore lequel de ces projets fut soumis au Conseil des bâtiments civils, le 28 mars 1816, en compagnie de deux autres dus l'un à Vignon, l'autre également à Vignon mais corrigé par Gisors et Labarre sur l'ordre de Bruyère, directeur des Travaux de Paris. Lors de ce jugement, les propositions de Leclère furent écartées comme ne respectant pas les constructions préexistantes qu'il avait été décidé, dans un souci d'économie, de conserver.

Le 22 avril 1816, une ordonnance royale chargea Vignon d'exécuter les travaux d'après son second projet modifié. Les arrêtés du 31 mai et du 10 octobre 1816 définirent le programme décoratif : les peintures furent réparties entre Gérard, Guérin, Girodet, Prud'hon, Meynier et Carle Vernet[13]. Les thèmes à traiter devaient souligner le rôle de la monarchie dans l'histoire de France. Le seul sujet contemporain était « L'admission de Louis XVI dans le ciel où il est reçu par Saint Louis » que Girodet proposait de peindre au-dessus du cénotaphe du roi. Celui-ci avait été commandé à Bosio. Ruthxiel (Madame Elisabeth), Lemot (Marie-Antoinette) et Dupaty (Louis XVII) — puis, à la mort de ces deux derniers, Nanteuil et Petitot — furent chargés de l'exécution des autres monuments. Seules ont été terminées les statues de Louis XVI et de Marie-Antoinette, placées en 1834 et 1835 dans la Chapelle expiatoire[14].

Le chantier ne progressa que lentement. Au problème du financement d'un ouvrage d'une telle ampleur s'ajoutèrent le report de l'intérêt royal sur le projet rival de Chapelle expiatoire ainsi que des dissensions entre Bruyère et Vignon[15]. Le monument était loin d'être achevé à la mort de Vignon, en 1828. Son collaborateur, J. J. M. Huvé, lui succéda dans la conduite des travaux d'un édifice devenu après 1830 simple église paroissiale et qui ne fut achevé qu'en 1842.

2) La chapelle expiatoire de la rue d'Anjou

C'est au cimetière de la Madeleine, ancienne dépendance de l'église de la Ville-l'Evêque, qu'avaient été inhumés Louis XVI et Marie Antoinette. Désaffecté en 1794, le terrain avait été acheté par un ardent royaliste, Descloseaux, qui, le 2 janvier 1815, vendit sa propriété — à prix d'or — à Louis XVIII[16]. Les 18 et 19 janvier suivants eut lieu l'exhumation des restes du roi et de la reine. Chateaubriand a évoqué cette cérémonie dans une page célèbre et macabre des *Mémoires d'outre-tombe*. Le 21 janvier, jour même du transfert des ossements royaux, le comte d'Artois posa la première pierre de la chapelle à l'endroit précis du lieu de l'inhumation (crypte actuelle).

D'abord pressenti, l'architecte Fontaine avait jugé bon, par scrupules politiques, de recommander à sa

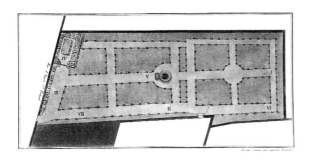

129
Cimetière de la Madeleine.
Musée Carnavalet.
cat. 122

130
Square Louis XVI.
Musée Carnavalet.
cat. 126

place son élève H. Lebas[17]. Après les Cent-Jours, Fontaine accepta cependant de diriger les travaux selon son propre projet préféré à celui de Lebas. Le modèle en plâtre fut présenté au roi le 21 mai 1815. Les acquisitions de terrains se poursuivirent jusqu'en 1818. Un plan de situation (cat. 56), dressé par Fontaine le 8 décembre 1815, montre les différentes parcelles que chevauche, en surimpression, le tracé de la future chapelle et de son enclos. Celui-ci, rappelant le type de l'ossuaire médiéval aussi bien que celui du *campo santo* de la Renaissance, forme un rectangle bordé d'arcades contenant les pierres tombales des suisses tombés le 10 août 1792 aux Tuileries. Deux pièces de gazon marquent l'emplacement des fosses communes. L'entrée de l'enclos est encadrée par deux stèles funéraires surdimensionnées, selon le type instauré par Mac Laurin au cimetière de Saint-Sulpice. Au fond de l'enclos, s'élève la

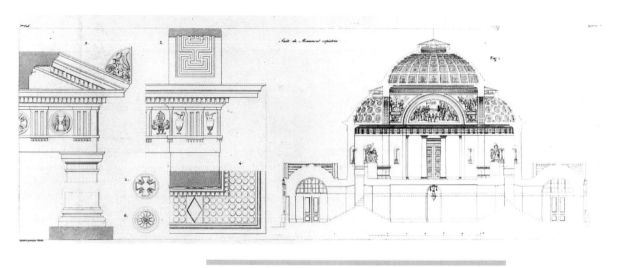

chapelle (fig. 130). C'est, coiffé d'un dôme, un bloc carré d'où se détachent un péristyle toscan au fronton sculpté d'anges et trois chapelles semi-circulaires formant un plan tréflé. Dans l'hémicycle de droite, le groupe, sculpté par Bosio, de Louis XVI soutenu par un ange lui promettant le ciel, avait été prévu pour la Madeleine (cf. *supra*). En face, la statue de Marie-Antoinette, soutenue par la Religion sous les traits de Madame Elisabeth, fut commencée par Lemot et achevée par Cortot. Cette sculpture était aussi, à l'origine, prévue pour la Madeleine et fut placée en 1835. Les quatre massifs portent une coupole à caissons par l'intermédiaire de pendentifs décorés d'anges dus au ciseau de Gérard. Ce sculpteur est aussi l'auteur du grand bas-relief placé dans la lunette au-dessus du portique d'entrée et montrant la translation à Saint-Denis des corps du roi et de la reine. La finesse de l'ornementation est bien rendue par Turpin

de Crissé dans une vue intérieure (fig. 134) centrée sur le monument de Marie-Antoinette. Dans des niches sont figurés quelques-uns des quatorze candélabres en bronze de Delafontaine, auteur aussi des bénitiers et de la garniture du maître-autel, aujourd'hui au Louvre[18].

La chapelle fut consacrée le 21 janvier 1824. Bien qu'entériné par Charles X[19], le terme d'« expiatoire » est abusif puisque l'édifice, entièrement construit aux frais de Louis XVIII, n'est pas l'expression d'un vœu national. En 1862 le monument fut dégagé par des rues délimitant le square Louis XVI.

Ensemble exceptionnellement homogène, demeuré intact malgré les menaces répétées, la chapelle expiatoire est la réalisation en miniature de grandioses projets d'église néo-classique dont l'ampleur de conception fut souvent un obstacle à leur concrétisation. C'est cette cohérence entre le principe et sa réa-

LOUIS XVI A LA PAIX

LD 2978

Massif de la Culée du Pont de Louis XVI

132

Anonyme XIXᵉ siècle.
Projet de monument à Louis XVI.
Musée Carnavalet.
cat. 40

133

A.-J. Frary.
Projet de monument sur la colline de Chaillot à la gloire des Bourbons.
Musée Carnavalet.
cat. 57

lisation que soulignait Fontaine[20] : « L'arc de triomphe de la place du Carrousel et la chapelle expiatoire du cimetière de la Madeleine seront probablement, parmi tant de constructions auxquelles nous avons pris part, les seules qu'il nous aura été permis de commencer à neuf et de mener à fin. »

134

L.-T. Turpin de Crissé.
Cérémonie à la chapelle expiatoire.
Musée Carnavalet.
cat. 32

1. Musée de Versailles.
2. Musée de Versailles.
3. Cf. exposition *De la place Louis XVI à la place de la Concorde*, Paris, musée Carnavalet, 1982, cat. p. 104-108.
4. Dessin du Wallraff-Richartz Museum, Inv. K35, N2, pl. 18C. Cf. exposition *Hittorff*, musée Carnavalet, 1986, cat. n° 94, repr.
5. Dessin à la bibliothèque d'Art et d'Archéologie, MS. OA 85. Cf. S. Damiron, « Projets pour l'embellissement en 1829 de la place Louis XVI actuellement place de la Concorde », *B.S.H.A.F.*, 1961, p. 159-168, repr.

6. Cf. S. Granet, « La place de la Concorde », *Revue géographique et industrielle de France*, 1960, n° 26, p. 99, repr.
7. Arch. Institut 5E6.
8. Cf. Darnis, *Les Monuments expiatoires du supplice de Louis XVI et de Marie-Antoinette sous l'Empire et la Restauration*, Paris, 1981, p. 131-133, repr.
9. *Œuvres d'architecture*, art. IV, pl. 31 à 34.
10. Cf. Gruel, « Histoire de l'église de La Madeleine », *Bulletin de la Société historique et archéologique des VIIIe et XVIIe*

arrondissements de Paris, juill. -déc. 1908, p. 100).
11. Paris, 1955, VI, p. 17.
12. Dessins au musée Vivenel. Cf. *Revue du Louvre*, 5/6, 1976, p. 390, n° 9, repr. et Charles Saunier, « Deux projets d'Achille Leclère pour l'achèvement de la Madeleine », *G.B.A.*, 1917, p. 349-360.
13. Cf. Jouin, « L'église de la Madeleine en 1816 », *Nouvelles Archives de l'art français*, 1887, p. 264.
14. Cf. Darnis, *op. cit.*, p. 55.
15. Cf. Gruel, *op. cit.*, 1908, p. 113-115.
16. Cf. A. Vacquer, « Le cimetière de la

Madeleine et le sieur Descloseaux », *Mémoires publiés par la Fédération des Sociétés historiques et archéologiques de Paris et de l'Ile-de-France*, XII, 1961.
17. Cf. P. F. L. Fontaine, *Journal, 1799-1853*, 1987, I, p. 526.
18. Cf. A. Lefebure, « Un bronzier fidèle au néo-classicisme, Pierre Maximilien Delafontaine », *Dossiers de l'art*, n° 5, décembre-janvier 1992, p. 33.
19. Darnis, *op. cit.*, p. 9.
20. P. F. I . Fontaine, *op. cit.*, p. 659.

135

*Louis XVI recevant le duc d'Enghien.
au séjour des Bienheureux.*
Musée Carnavalet.
cat. 120

136
Gervais Simon :
Marie-Antoinette à la Conciergerie.
Conciergerie.
(Non exposé.)

137
M. M. Drolling :
*La dernière communion de la reine
à la Conciergerie.*
Conciergerie.
(Non exposé.)

138

J. A. Pajou :
Marie-Antoinette séparée de sa famille
pour être conduite à la Conciergerie.
Conciergerie.
(Non exposé.)

Le cachot de la reine transformé en chapelle expiatoire

François Macé de Lépinay

Dans son rapport sur le palais de Justice[1], l'architecte Peyre écrit : « Le premier travail important que j'exécutai [...] après la restauration de 1814, fut l'érection du monument expiatoire de la Reine, dans l'ancien cachot qui avait renfermé cette illustre victime de la Révolution. Vous désirâtes, M. le Préfet, que l'entrée de ce lieu de douleur, qui donnait sur le couloir des prisonniers derrière l'autel, fut supprimée, et qu'en pratiquant la nouvelle entrée au fond de la chapelle des prisonniers derrière l'autel, on sanctifiât ainsi ce lieu de douleur et de recueillement. »

Tel qu'il fut réalisé, ce monument expiatoire transformait radicalement la chambre de la reine : la cellule misérable et nue allait devenir un petit oratoire aux faux marbres raffinés, meublé et décoré de tableaux.

140

Vue de la chapelle établie à l'emplacement du cachot de la reine.
Bibliothèque nationale.
cat. 128

L'élément le plus intéressant en est bien sûr le cénotaphe de marbre, du plus pur style néo-classique, portant les inscriptions commémoratives. En haut, sur une dalle de marbre noir, est la dédicace latine composée par Louis XVIII lui-même, dont la traduction est la suivante : « Dans ce lieu, Marie-Antoinette-Jeanne d'Autriche, veuve de Louis XVI, après la mort de son époux et l'enlèvement de ses enfants, fut jetée en prison et y demeura 76 jours dans l'anxiété, le deuil et l'abandon. Mais, appuyée sur son courage, elle se montra dans les fers comme sur le trône, plus grande que la fortune. Condamnée à mort par des scélérats, au moment même du trépas, elle écrivit ici un éternel monument de piété, de courage et de toutes les vertus, le 16 octobre 1793. Vous tous qui venez ici, adorez, admirez, priez. »

La seconde inscription, gravée sur le soubassement de marbre blanc, comporte un court extrait de ce fameux « Testament » rédigé par la reine, auquel fait allusion le texte de Louis XVIII : « Extrait de la lettre de la Reine à Madame Elisabeth : Que mon fils n'oublie jamais les/derniers mots de son père que je lui répète expressément/qu'il ne cherche jamais à venger notre mort./Je pardonne à tous mes ennemis le mal qu'ils m'ont fait./Communiqué par le roi aux deux chambres le 21 février 1816. »

Malgré quelques déprédations en 1830, cette chapelle était encore bien conservée en 1846 lorsqu'elle fut visitée par Victor Hugo qui en laisse une étonnante description dans *Choses vues*[2] : « Un moment après, j'étais dans la chapelle qui a été le cachot. Si l'on eût vu là le pavé nu, la muraille nue, les barreaux au soupirail, le lit de sangle de la Reine et le lit de camp du gendarme et le paravent historique qui les séparait, c'eût été une émotion profonde et une impression inexprimable. On y voyait un petit autel de bois qui eût fait honte à une église de village, un mur badigeonné (en jaune, bien entendu), des vitraux de café turc, un plancher exhaussé faisant estrade et sur le mur deux ou trois abominables tableaux où le mauvais style de l'Empire luttait avec le mauvais goût de la Restauration. L'entrée du cachot avait été remplacée par une archivolte percée dans le mur. Le passage vouté par où la Reine montait au tribunal avait été muré. Il y a un vandalisme respectueux plus révoltant encore que le vandalisme haineux, parce qu'il est niais. On ne voyait plus rien là de ce qui était sous les yeux de la Reine, si ce n'est un peu du pavé que le plancher heureusement ne couvrait pas tout entier. Ce pavé était un antique carrelage chevronné de briques scellées de champ et montrant le petit côté. Une chaise de paille posée sur l'estrade marquait la place où avait été le lit de la Reine. En sortant de ce lieu vénérable profané par une piété bête, j'entrais dans une grande salle, qui avait été la prison des prêtres pendant la Terreur et dont on avait fait la chapelle de la Conciergerie. C'était fort mesquin et fort laid, comme la chapelle-prison de la Reine. »

Sous le Second Empire il fut question de tout démolir, puis l'on y renonça. La Troisième République repeignit les murs, enleva le mobilier et rouvrit la porte que Peyre avait masquée. Un siècle d'abandon commençait.

En 1988, à l'approche du bicentenaire de la Révolution, la cellule de Marie-Antoinette était devenue un lieu crasseux, hybride et incompréhensible, reflet des complexes des Français et des divisions de l'opinion politique à l'égard de l'épisode peu glorieux de l'histoire de France qui s'y était déroulé. Il était indispensable de rendre un peu de dignité à la pièce, comme à l'ensemble de la Conciergerie.

La cellule qu'avait connue Marie-Antoinette était à jamais défigurée. La reconstituer était possible mais l'opération aurait abouti à un « faux » pur et simple. Au contraire, la chapelle expiatoire voulue par Louis XVIII et réalisée par Peyre était encore, pour l'essentiel, conservée : les faux-marbres, présents sous la peinture moderne, pouvaient facilement être dégagés et restaurés. Les tableaux et le mobilier dispersés pouvaient reprendre leur place en suivant les indications données par les plans de l'architecte et par une petite gravure colorée de Cloquet. Cette opération a été menée à bien en 1989 par la Caisse des monuments historiques et des sites[3]. L'ensemble de la « prison révolutionnaire » de la Conciergerie a été réhabilité, depuis l'ancienne chapelle dite « des Girondins » jusqu'aux anciennes cellules du premier étage, pour la première fois accessibles au public.

1. A. M. Peyre, *Palais de Justice. Rapport à M. le Comte de Chabrol [...] sur les constructions et améliorations faites dans ce monument.* Paris, 1828.
2. Victor Hugo, *Choses vues*, Edition Gallimard, Paris, 1972, p. 397-433 : « Visite à la Conciergerie » le 10 septembre 1846.
3. Sous la maîtrise d'œuvre de M. Prunet, A.C.M.H., et de M. Valentin pour l'aménagement muséographique.

Les monuments à Louis XVI aux XVIIIe et XIXe siècles

Philippe Sorel

141

Groupe sculpté représentant Louis XVI et l'ange.
Musée Carnavalet.
cat. 127

Les monuments à Louis XVI, qui avant comme après sa mort, restèrent le plus fréquemment à l'état de projet[1], marquent le terme de certaines évolutions apparues dans les monuments à Louis XV : les prisonniers, esclaves et autres symboles du pouvoir royal usuels depuis le XVIe siècle sont remplacés par des allégories des vertus du prince, premier citoyen de l'État.

Les monuments à Louis XV de Reims, par Pigalle, et de Paris, par Bouchardon, avaient été les étapes majeures de cette évolution conforme à celle de l'opinion publique[2]. Ce mouvement faillit même toucher des monuments antérieurs, comme celui d'Henri IV sur le Pont-Neuf, dont le statuaire E. P. A. Gois proposa en 1780 de modifier le socle dans cet esprit, en y adjoignant une effigie de Louis XVI[3]. Louis XVI lui-même cessa d'être représenté en général antique comme ses ancêtres : le rôle pacifique du prince s'impose jusque dans ses représentations officielles, Louis XVI n'ayant d'ailleurs pas personnellement conduit les armées en guerre. Dès lors, se posait la question du choix entre l'emploi du costume contemporain, civil ou militaire, ou celui du costume royal tel qu'il était fixé, depuis le règne de Louis XIV, dans les représentations peintes (Hyacinthe Rigaud).

La guerre d'indépendance des États-Unis, principal événement militaire et diplomatique du règne de Louis XVI, et qui fut d'ailleurs généralement perçue comme une contribution au progrès de la liberté, suscita un projet de monument équestre par l'architecte Jacques-Denis Antoine. Certes, ce monument n'est qu'un élément d'un projet d'urbanisme et l'on peut supposer que, comme tout monument royal, il n'eût pas été réalisé sans l'accord préalable du roi ou du directeur de ses bâtiments, mais il mérite attention pour son caractère novateur. On note en particulier le vêtement contemporain du monarque, qui paraît renouer avec les statues princières de Giambologna et de Tacca, par exemple. En l'occurrence, Antoine a peut-être voulu éviter un disparate avec le *Henri IV* du Pont-Neuf, auquel son *Louis XVI* devait faire pendant, mais son parti correspond à une tendance controversée, apparue d'abord dans la peinture d'histoire nationale puis dans la statuaire, consistant à ne plus travestir à l'antique les décors et costumes d'époques postérieures. La commande des *Grands Hommes* lancée par d'Angiviller fut, dans les années 1780-1800, pour certains sculpteurs, l'occasion de proposer de représenter des hommes célèbres du passé dans le costume de leur temps. Dans son projet de monument, Antoine, par le choix du costume, introduit un autre disparate, plus patent peut-être, entre la statue de Louis XVI et son propre socle. Celui-ci, muni de rostres[4], allusions aux victoires du pavillon français, reprend le motif classique de la colonne rostrale qui lui confère un aspect fortement antiquisant.

L'habit dont Louis XVI est le plus souvent revêtu dans les monuments projetés ou réalisés de son vivant et sous la Restauration est le costume royal tel qu'il avait été fixé au XVIIe siècle et, depuis, couramment utilisé par les peintres. Paradoxalement, cet appareil n'avait connu aucun succès dans les monuments royaux, même à Reims où le sculpteur Adam en avait vainement proposé l'adoption.

Il est remarquable que les projets de monuments représentant Louis XVI en costume royal émanent de personnalités aux sentiments politiques très divers. Ainsi en 1775 Davy de Chavigné, dans un projet de refonte de la place Dauphine, propose non sans raison une statue du roi assis en costume de sacre au centre de la façade d'une bibliothèque de jurisprudence associée aux bâtiments du parlement : on peut y voir un hommage de cette institution rétablie par le jeune roi mais aussi, Louis XVI étant représenté comme s'il tenait lit de justice, une volonté d'insister sur le rôle fondamental du parlement dans les institutions royales.

Après la réunion des États généraux, Louis XVI conserve son manteau semé de lys dans nombre de projets, et son association avec Henri IV, le premier et le plus populaire des rois Bourbon, y reste fréquente. Celle-ci correspond à une propagande entretenue depuis le début du règne par le roi lui-même sous la forme de peintures et tapisseries[5]. L'association de Louis XVI et de Henri IV s'est concrétisée politiquement par l'édit de tolérance de 1786, rétablissant les libertés accordées aux protestants par l'édit de Nantes. En 1790, un projet de Varenne et Janinet associe ainsi Louis XVI en costume de sacre et Henri IV.

En 1783, l'abbé de Livron dessine un projet de vestibule pour le « Musée français » : Louis XVI est debout, en costume royal sur un socle cylindrique, entouré des Grands Hommes commandés par d'Angiviller. Cette association du roi et des grands hommes ayant contribué à la gloire et au bonheur de la France est une des nouveautés apparues dans la statuaire sous Louis XVI. En effet, alors qu'auparavant le monarque est représenté seul, sous Louis XVI apparaissent nombre de projets et de statuettes associant Henri IV et Sully (petit groupe par Cyfflé), Henri IV, Louis XVI et Sully (projet de Gois déjà cité), Louis XVI et Necker, La France et Necker (groupe par Fickaert au musée Carnavalet). Parallèlement, le duc de Bourbon fait modeler par Dardel une série de grands hommes de guerre français dans un esprit proche, quoique en format réduit, de ceux d'Angiviller eux-mêmes diffusés en statuettes par la manufacture de Sèvres.

Bien que ces associations du prince et d'un ou plusieurs de ses plus éminents serviteurs ne soient généralement, à l'époque, que des œuvres destinées

142
Duvivier fils :
*La statue de Louis XVI par Cortot,
projet pour la place de la Concorde.*
Musée Carnavalet.
cat. 54

à orner des intérieurs d'édifices publics et privés, on ne peut manquer d'y voir les prémices de deux des principaux genres de sculptures qui s'épanouiront dès l'époque de la Révolution et de l'Empire : le monument public au grand homme et le portrait-statuette ou la réduction de statue destinés à l'ornement des intérieurs. Cette tendance doit évidemment être mise en liaison avec l'apparition, depuis le milieu du XVIIIᵉ siècle, de portraits en pied, en buste, ronde-bosse ou en relief, de contemporains célèbres, que produisent la famille Rosset, J. B. Nini, les manufactures, les bronziers, et même des artistes amateurs.

Nous voyons donc, sous le règne de Louis XVI, s'élaborer certaines caractéristiques de la statue royale que nous retrouverons dans les projets de monuments à Louis XVI pendant la Restauration : abandon des esclaves et prisonniers, remplacés par des allégories et des vertus ; association au monument royal de

143

Anonyme XIXᵉ
*Projet pour le tombeau de
Madame Elisabeth.*
Musée Carnavalet.
cat. 42

statues de grands hommes, adoption générale du
vêtement royal. Par ailleurs, il est intéressant de remar-
quer qu'entre le règne de Louis XVI et celui de ses
frères le style des sculpteurs avait profondément évo-
lué : le goût s'était imposé d'une statuaire beaucoup
plus monumentale que sous l'Ancien Régime, et
d'une facture classique plus accusée. Ce style
« héroïque » ne convenait pas pleinement aux monuments à Louis XVI, auxquels ses successeurs voulaient donner un caractère expiatoire et religieux.
Aussi ne doit-on pas être surpris de voir les artistes se
référer aux monuments et projets de monuments
antérieurs à la Révolution, et à des représentations religieuses et funéraires.

Ainsi le projet non exécuté de Cortot[6] (vers 1827-
1829) pour un monument à Louis XVI destiné à la
place Louis XVI (aujourd'hui place de la Concorde)
reprend le parti de Bouchardon, les vertus ornant le

socle. Cependant ces vertus n'ont plus la même fonction de supports ; elles sont assises comme l'étaient les deux allégories du projet de Varenne et Janinet, et comme celles-ci, symbolisent autant les vertus et principes stables d'un régime politique que celles du prince qui l'incarne. Louis XVI, en costume royal, tenant une palme du martyre de la main droite, prend le Ciel à témoin de son bras gauche levé. Louis XVI n'est pour autant pas représenté en victime comme dans le groupe achevé par Bosio en 1825 pour la chapelle expiatoire. L'œuvre de Bosio renoue bien plus directement avec la statuaire religieuse et funéraire des XVIIe et XVIIIe siècles, ce qu'explique assez le fait que ce type de monument était tombé en désuétude en France depuis la Révolution et n'y avait donc pas fait l'objet de recherches nouvelles comme en Italie avec Canova et Bartolini, ou en Angleterre avec Flaxman, Gahagan, Westmacott, Chantrey... Monument des-

144

Anonyme XIXe
*Projet pour le tombeau de Louis XVI
et de Marie-Antoinette.*
Musée Carnavalet.
cat. 41

tiné, comme celui à Marie-Antoinette par Cortot, à un édifice religieux privé, le *Louis XVI* de Bosio pouvait avoir un caractère plus pathétique.

Signalons enfin, parmi les très rares monuments à Louis XVI réalisés pendant la Restauration, celui de Nantes[7]. L'architecte municipal Mathurin Crucy, qui était probablement, à l'origine, en 1788, d'un projet de monument à Louis XVI que la Révolution avait interrompu alors que la colonne destinée à le porter était déjà élevée, proposa en 1814 d'installer sur la colonne un Louis XVI en costume royal, tenant d'une main le sceptre et de l'autre une palme ; sur le socle devait figurer des reliefs illustrant le retour des Lys, de la Paix, des Arts, de la Liberté des mers. Confié d'abord à Jean-Baptiste de Bay père, le travail de sculpture fut réalisé par Dominik Mahlknecht, sculpteur municipal. Le monument fut modifié, le roi tenant la couronne au lieu de la palme, et inauguré en 1823 en présence de la duchesse d'Angoulême. A ce monument furent adjointes deux statues sur le cours Saint-André, toujours à l'initiative de Crucy. Sculptées par Mahlknecht, elles représentaient les connétables Duguesclin et Clisson. On ne peut manquer d'y voir une filiation avec la série des *Grands Hommes* d'Angiviller, particulièrement le *Duguesclin* de Foucou, Clisson, prévu, n'ayant pas été réalisé[8]. L'origine bretonne des deux connétables est sans doute la marque d'un particularisme latent en Bretagne, dont témoignent aussi un *Arthur III* et une *Anne de Bretagne* sculptés par Mahlknecht pour faire pendant à *Clisson* et *Duguesclin* sur le cours Saint-Pierre.

Le *Louis XVI* de Nantes, si l'on en juge par la copie sculptée en 1926 par Georges Perraud pour le remplacer, paraît assez fortement influencé, dans le drapé, par la statuaire médiévale. Mahlknecht sculpta un autre *Louis XVI*, commandé par le préfet de Loire-Inférieure pour être installé devant le porche de l'église construite par Crucy, aujourd'hui remplacée par une église gothique au Louroux-Bottereau. Plus souple dans son traitement, tenant une palme et la charte, vêtu du manteau royal et décoré des colliers des ordres, *Louis XVI* est aussi dans la lignée des *Grands Hommes*. Un autre *Louis XVI* par Mahlknecht, commandé en 1826 par la municipalité de Rennes et exposé aujourd'hui au château de Carradeuc-en-

145
Projet de monument pour la place Louis XV.
Musée Carnavalet.
cat. 130

Becherel est, lui, si proche du modèle de Cortot pour la place Louis XVI dont nous avons parlé qu'on ne peut manquer de penser que Mahlknecht s'en est inspiré. Le fait n'est pas rare dans l'œuvre de ce sculpteur : son *Duc de Bordeaux* (un exemplaire au musée Carnavalet) est fort proche de celui de Lemaire, tandis que ses statues de Duguay-Trouin (musée d'Histoire de la ville de Saint-Malo) et de Molière et Corneille (Nantes, théâtre Graslin) sont dans la plus conforme tradition des *Grands Hommes*.

Outre un monument expiatoire à la mémoire de Louis XVI, aux frais de la nation, la loi du 19 janvier 1816 prévoyait un monument à la mémoire de Louis XVII, Marie-Antoinette et Madame Elisabeth, et un monument au duc d'Enghien. Leurs emplacements n'étaient pas précisés. L'ordonnance du 14 février 1816 désigna l'église de la Madeleine, alors en chantier, pour abriter des monuments à Louis XVI, Marie-Antoinette, Madame Elisabeth et Louis XVII, et l'église de Vincennes pour recevoir le monument à Enghien.

Les monuments prévus pour la Madeleine ne furent pas exécutés, et rien ne permet d'affirmer que le monument de Louis XVI par Bosio qui orne la chapelle de la rue d'Anjou ait été primitivement destiné à la Madeleine.

L'exécution du monument du duc d'Enghien fut confiée au sculpteur Louis-Pierre Deseine. Attaché aux Condé, cet artiste tint à affirmer le caractère odieux de la mort de ce prince, et son groupe est de tous les monuments expiatoires celui qui manifeste le plus clairement l'esprit de la loi du 19 janvier 1816. Composite, l'ensemble, paradoxalement, rappelle par la complexité de son programme les allégories de la période révolutionnaire. Le monument de Deseine suscita dès sa création diverses réserves et n'échappa à la destruction que pour être relégué dans une partie de la chapelle de Vincennes où il n'apparaît pas à son avantage.

Signalons enfin le monument à Louis XVI élevé dans la basilique de Saint-Denis[11]. Le sculpteur Edme Gaulle le représenta en orant, dans la tradition des monuments funéraires du XVIᵉ siècle. L'inspecteur des Beaux-Arts Saint-James en donna en 1828 l'appréciation suivante : « D'après ces considérations, je croirais manquer à mon devoir si je ne signalais pas cet ouvrage comme ne renfermant aucune condition qui lui rende digne de figurer dans la Basilique de Saint-Denis. Son excellence ne peut malheureusement pas revenir sur la décision ministérielle d'alors qui a jugé le modèle propre à l'exécution : mais son goût éclairé pour les arts lui interdit, à mon avis, la possibilité d'accueillir, pour l'Église Royale de Saint-Denis, cette statue qui, pour n'être pas totalement perdue, peut être donnée, tout au plus, à une église, soit de la Vendée, soit de tel département qu'il plairait au ministre de désigner[12] ».

1. Sur ces projets, en particulier à Paris, cf. Deming (Mark. K.), « Louis XVI en l'île. Contribution à l'étude des places royales parisiennes à la fin de l'Ancien Régime », in *Revue de l'art*, 1989, n° 83, p. 86-92.
2. Cf. le mot de Voltaire cité dans : Gaborit (Jean-René), *Jean-Baptiste Pigalle, 1714-1785, sculptures du musée du Louvre*, Paris, 1985, p. 66.
3. Cf. Folliot (Franck), « Un projet de transformation du monument de Henri IV, sur le Pont-Neuf », par Edme-Pierre-Adrien Gois, 1780.

4. Cf. Sorel (Philippe), « Le monument funéraire de Dumont d'Urville (1790-1842), in *Les Appels d'Orphée*, n° 3, p. 14-18 et p. 18, note 12.
5. Cf. Pupil (François), *Le Style troubadour*, Nancy, 1985, et Pupil (François), « La vogue des célébrités sculptées dans le contexte historiographique et littéraire », in *Le Progrès des arts réunis - 1763-1815 - mythe culturel, des origines de la Révolution à la fin de l'Empire ?*, Bordeaux, Toulouse, 1992, p. 317 à 327.
6. Modèle au tiers de la grandeur d'exé-cution conservé au musée du Château de Versailles.
7. Cf. Cosneau (Claude), *Mathurin Crucy 1749-1826 architecte nantais néo-classique*, Nantes, musée Dobrée, 15 mai-17 août 1986, p. 66-69 ; cf. aussi Trapp (Eugen), *Dominik Mahlknecht (1793-1876) Ein Grödner als französi-scher Staatshünsther. Monographie und keritischer Katalog der Werke*, San Martin de Tor, 1991, p. 22-28, 106-111.
8. Cf. Furcy-Raynaud, 1927, p. 406 note 1.

9. Cf. Trapp, *op. cit.* , note 7, p. 134-136.
10. Cf. Darnis (Jean-Marie), *Les Monuments expiatoires du supplice de Louis XVI et de Marie-Antoinette sous l'Empire et la Restauration, 1812-1830*, Paris, 1981, p. 25 et sq.
11. Élevé comme celui de Marie-Antoinette par Pierre Petitot, en application de la loi du 24 avril 1816.
12. Cité in : Lami (Stanislas), *Dictionnaire des sculpteurs de l'école française au XIXᵉ siècle* Paris, 1919, t. III, p. 17.

Bénazech, Hauer, Kucharski et quelques autres :

les peintres des derniers moments de la famille royale

Jean-Marie Bruson

146
Boîte.
Musée Carnavalet.
cat. 242

Artistes peu connus par ailleurs, Charles Bénazech, Jean-Jacques Hauer et Alexandre Kucharski ont en commun d'être, avec quelques autres artistes, comme la marquise de Bréhan, les inventeurs d'images qui, largement répandues par l'estampe, ont forgé pour les générations suivantes une sorte de corpus iconographique de référence, illustrant le martyrologe royal et inspirant les multiples interprétations rétrospectives que suscita la Passion de la famille royale.

L'examen des innombrables estampes qui illustrent les derniers moments du roi et de la reine permet d'établir une liste d'événements qui sont comme les stations d'un nouveau chemin de croix : Transfert de la famille royale au Temple ; Séparation de Louis XVI (29 septembre 1792) ; Procès de Louis XVI ; Adieux de Louis XVI à sa famille (20 janvier 1793) ; Dernière confession de Louis XVI ; Louis XVI au pied de l'échafaud ; Exécution de Louis XVI ; Louis XVII séparé de sa mère ; Marie-Antoinette à la Conciergerie ; Marie-Antoinette conduite au supplice ; Marie-Antoinette au pied de l'échafaud ; *Exécution de Marie-Antoinette*. Le nombre d'estampes repérables qui illustrent chacun de ces événements, qu'elles soient favorables ou hostiles à la Révolution, est un indice précieux de la portée symbolique ou sentimentale de ceux-ci. Ainsi, si l'on se reporte à la collection de Vinck (Bibliothèque nationale) — référence obligée pour sa richesse quasi exhaustive —, on constate que cinq planches différentes (n°ˢ 5077 à 5081) montrent le procès du roi et cinq planches (n°ˢ 5455 à 5460) celui de la reine, mais que près de cinquante planches différentes (n°ˢ 5155 à 5206) montrent les derniers moments de Louis XVI et près de quarante (n°ˢ 5463 à 5504), ceux de Marie-Antoinette. Une étude plus détaillée de ces estampes montre par ailleurs que l'exécution du roi et celle de la reine ont été perçues de manières assez différentes : si les derniers moments du roi sont inextricablement liés à la présence de la guillotine — que le roi soit au pied de l'échafaud, sur l'échafaud ou déjà exécuté, l'instrument du sacrilège, qui a porté irrémédiablement atteinte à la conception mystique de la personne royale, est toujours présent —, le martyre de la reine est saisi suivant une approche plus humaine et plus variée, intégrant à l'exécution proprement dite les moments qui l'ont précédée, comme autant d'étapes de son calvaire : la reine quittant la Conciergerie (n°ˢ 5463 à 5467) ou sur la charrette qui la conduit au supplice (n°ˢ 5468 à 5473). Les épisodes les plus abondamment représentés sont évidemment ceux qui se prêtent à une interprétation chargée de pathétique et propre à émouvoir les âmes sensibles ; les *Adieux de Louis XVI à sa famille* et la *Séparation de la reine et de Louis XVII* sont à ce titre, et tout naturellement, les plus nombreux. Enfin, les représentations de la reine, abandonnée de tous et bravant avec une douloureuse dignité son splendide isolement carcéral, forment un chapitre à part, qui se prête à une véritable iconisation de la souveraine.

À l'origine de nombre de ces estampes se trouvent une série de compositions élaborées immédiatement après les événements qu'elles relatent, ou assez peu de temps après pour qu'elles puissent être qualifiées de contemporaines de ceux-ci. Celles de Charles Bénazech et de Jean-Jacques Hauer sont parmi les plus intéressantes et parmi celles qui eurent la plus grande diffusion.

Bénazech (1767-1794)

La contribution de Bénazech à l'iconographie de tendance royaliste se résume à trois peintures. La première montre *Louis XVI séparé de sa famille*, le 29 septembre 1792. L'événement est situé par l'artiste dans un corridor palatial menant à un majestueux escalier, cadre bien éloigné de ce qu'on connaît de l'intérieur de la tour du Temple, mais qui n'empêcha pas l'œuvre d'être considérablement diffusée (de Vinck, n°ˢ 5064 à 5070), peut-être en partie parce que l'épisode fut souvent confondu avec celui des *Adieux du roi*, le 20 janvier 1793. L'œuvre entra ainsi en concurrence avec une autre composition montrant, véritablement cette fois-ci, les *Adieux du roi* (fig. 151). Sa mise en page pleine de pathétique, avec le grand geste dramatique de la reine, nouvelle Niobé cherchant à protéger les siens, connaîtra un extraordinaire succès, dont témoignent de nombreuses estampes (de Vinck, n°ˢ 5122 à 5131), mais aussi deux petites peintures anonymes de Carnavalet, l'une (P. 1569) reprenant fidèlement la composition originale (fig. 147), alors que dans l'autre (P. 1670) chacun des personnages, visiblement empruntés à Bénazech, a été placé différemment, formant ainsi une nouvelle composition (fig. 148) ; on en perçoit encore l'écho dans les peintures d'Hauer. L'*Exécution de Louis XVI* (fig. 152) est en même temps l'une des plus précoces et l'une de celles qui fixèrent de manière définitive l'iconographie du moment fatal. Au moins six gravures s'en inspirèrent (de Vinck, n°ˢ 5144 à 5150) et assurèrent la diffusion de l'image aussi bien en Angleterre, en Allemagne et en Hollande qu'en France. L'artiste choisit le moment, pathétique entre tous, des dernières paroles échangées entre le roi et son confesseur,

lorsque l'abbé Edgeworth s'écrit : « Fils de saint Louis, montez au Ciel. » La présence du greffier, notant ces dernières paroles, est là pour confirmer leur authenticité et donner à l'image une dimension de témoignage véridique, au-delà de son évidente intention hagiographique, le souverain déchu étant implicitement assimilé au Christ. Un détail remarquable de cette composition — que l'on retrouvera chez Hauer —, l'absence du peuple, occulté par les officiels et par les forces armées, implique, par simple évidence visuelle, qu'il ne participe pas au sacrilège ; ce dernier n'est le fait que de quelques-uns, et l'ensemble du peuple français en est, de ce fait, absous.

148
Ch. Bénazech (d'après) :
Les Adieux de Louis XVI à sa famille.
Musée Carnavalet.
cat. 6

Hormis sa dernière œuvre connue, *L'Arrivée de la duchesse d'Angoulême à Blois* (1823), composition naïve où sont représentés en rangs serrés tous les notables venus saluer la princesse lors de son passage dans leur ville, toutes les peintures de Jean-Jacques Hauer repérées jusqu'à ce jour remontent à la période révolutionnaire. L'assassinat de Marat le 13 juillet 1793 lui donna l'occasion de présenter au Salon de la même année une *Mort de Marat* (Versailles, musée Lambinet, inv. 903) et de diffuser une série de portraits de Charlotte Corday[1], qui allaient servir de référence obligée pour les nombreuses effigies rétrospectives de l'héroïne. En 1791, il avait peint un curieux portrait montrant La Fayette et son épouse dans leur intérieur, occupés à dessiner une vue du Champ-de-Mars avec le décor dressé pour la fête de la Fédération du 14 juillet 1790, dans un contexte éminemment allégorique où la partition du *Ah ! Ça ira* et un numéro du *Moniteur universel* (du 5 mars 1791) voisinent avec les bustes de Rousseau, de Franklin, de Désilles et de Mirabeau (University of Michigan Museum of Art). Les représentations des derniers moments de la famille royale constituent l'ensemble le plus important de son maigre corpus.

149
J.-J. Hauer :
Exécution de Louis XVI.
Collection particulière
cat. 21

150
J.-J. Hauer :
Louis XVII séparé de sa mère, le 3 juillet 1793.
Musée Carnavalet.
cat. 22

De l'histoire à la légende.

151
Ch. Bénazech :
Les Adieux de Louis XVI à sa famille.
Château de Versailles.
cat. 3

152

Ch. Bénazech :
Exécution de Louis XVI.
Château de Versailles.
cat. 4

153

A. F. Millet, marquise de Bréhan :
Marie-Antoinette en veuve, au Temple.
Musée Carnavalet
cat. 8

154

S. Prieur (attr. à, d'après Kucharski) :
Marie-Antoinette en veuve, au Temple.
Musée Carnavalet.
cat. 29

155

P. Delaroche :
Marie-Antoinette après sa condamnation.
Collection particulière.
cat. 14

156

A. F. Millet marquise de Bréhan :
*Marie-Antoinette recevant la bénédiction
d'un prêtre, à la Conciergerie.*
Collection particulière.
cat. 9

157

G. Cain :
*Marie-Antoinette sortant de la Conciergerie,
le 16 octobre 1793.*
Musée Carnavalet.
cat. 11

Le musée Carnavalet conserve deux peintures : les *Adieux de Louis XVI* et *Louis XVII séparé de sa mère* (fig. 150) ; on trouve une autre version des *Adieux de Louis XVI* au musée Lambinet qui conserve aussi une *Dernière Confession du roi* ; on trouve enfin, dans une collection parisienne, une troisième version des *Adieux du roi* (fig. 159), une autre version de la *Dernière Confession du roi* (fig. 161) et aussi une *Exécution du roi* (fig. 149). L'existence de plusieurs versions de ces compositions est une indication précieuse sur l'importance de la demande pour ce type d'images, et ce à une date précoce (les différentes versions des *Adieux de Louis XVI* sont en effet toutes trois datées de 1795). La scène des adieux du roi est bien connue par les relations que nous en ont laissées trois témoins privilégiés, Cléry, Edgeworth et Madame Royale. Hauer ne pouvait évidemment pas connaître ces récits qui ne furent publiés que sous la Restauration[2],

mais il semble pourtant avoir eu des informations assez précises pour représenter la scène de manière très plausible[3] — contrairement à Bénazech, par exemple, il ne commet pas l'erreur de faire figurer l'abbé Edgeworth à l'entrevue — et sa transcription picturale correspond assez bien au récit de Cléry. Pour mieux faire ressortir l'attitude ferme et digne du roi, dont le mouvement de la main évoque irrésistiblement celle du Christ rédempteur, il l'oppose à la contenance exaltée des membres de sa famille égarés par la douleur. La scène de la séparation du dauphin nous est également connue par le récit qu'en fit Madame Royale :

« Ce 3 de juillet, à 10 heures du soir, on nous lut un décret de la convention qui portait que mon frère serait séparé de ma mère et mis dans l'appartement le plus sûr de la tour. A peine mon frère l'eut entendu qu'il jetta les hauts cris et se jetta dans les bras de ma mère, demandant de n'en être pas séparé. Ma mère fut saisie aussi de ce cruel ordre et ne voulut pas donner mon frère, et défendit le lit où il était contre les municipaux. Ceux-ci voulaient l'avoir, menaçaient d'employer la violence et de faire monter la garde pour l'emmener de force. [...] Enfin, ma mère consentit à rendre son fils ; nous le levâmes, et après qu'il fut habillé, ma mère le remit dans les mains des municipaux en le baignant de pleurs, comme si elle eut prévu dans l'avenir qu'elle ne le reverrait plus [...]. »

La scène telle qu'elle est rendue par Hauer est toute différente. Le dauphin n'est pas représenté comme un petit garçon désespéré d'être séparé de sa mère, mais comme un adolescent conscient de l'héritage qu'il doit désormais assumer. Son comportement noble et retenu – écho de l'attitude stoïque de son père dans la scène précédente — sait faire face avec dignité à la douleur — elle aussi marquée de plus de résignation que dans la scène précédente — des trois princesses qu'il quitte. Le message délivré par la *Dernière Confession de Louis XVI* (fig. 161) est clair. Edgeworth exhorte le roi à la résignation, tandis que celui-ci, victime consentante, est confronté au Christ en croix dont il va renouveler le sacrifice. Comme dans la composition de Bénazech, l'*Exécution du roi* (fig. 149) se déroule devant les forces armées qui occultent toute présence populaire. Nouveau rédempteur, il est clairement désigné comme victime du

sacrifice qui va être commis par sa tenue blanche qui se détache au milieu des uniformes sombres. L'évidente intention hagiographique de toutes ces peintures, exprimée d'une manière directe et touchante, explique leur succès dans les milieux royalistes et particulièrement sous la Restauration. Hauer grava lui-même la scène des *Adieux du roi*, la plus demandée de toutes (fig. 160).

Kucharski (1741-1819)

La notoriété de Kucharski repose presque uniquement sur deux portraits de la souveraine, les derniers en date et qui pour cette raison jouirent d'une célébrité immense. L'un, exécuté aux Tuileries, doit son inachèvement à la brutale rupture du 10 août ; abandonné dans le palais, il fut retrouvé par le marquis de Tourzel et se trouve aujourd'hui à Versailles (MV 8053). Une copie — par Kucharski ? — se trouve toujours dans la descendance de madame de Tourzel (fig. 44) L'inachèvement de l'œuvre lui prête une irréalité poétique qui accentue le charme mélancolique du triste sourire de la reine. L'autre fut exécuté au Temple ; dernier portrait authentique de la reine, il tire de ce fait une célébrité toute particulière. Il fut évoqué au cours du procès de la reine, comme en témoigne la transcription de l'interrogatoire :

« *Demande* : Depuis votre détention, ne vous êtes vous pas fait peindre ?

Réponse : Oui, je l'ai été au pastel.

D. : Ne vous êtes-vous pas enfermée avec le peintre et ne vous êtes-vous pas servi de ce prétexte pour recevoir des nouvelles ?

R. : Non.

D. : Comment nommez-vous ce peintre ?

R. : C'est Coestier, peintre polonais établi depuis plus de vingt ans à Paris.

D. : Où demeure-t-il ?

R. : Rue du Coq-Saint-Honoré[4]. »

L'affirmation lapidaire de la reine semble quelque peu en contradiction avec l'inscription — citée par Bruel dans le catalogue de la collection de Vinck (vol. I, n° 540) — portée au dos de l'une des nombreuses versions de l'effigie, celle de la collection d'Arenberg, à Bruxelles : « Portrait de la Reine Marie-

162

A. Kucharski (d'après) :
Marie-Antoinette en veuve, au Temple.
Musée Carnavalet.
cat. 26

163

A. Kucharski :
Marie-Antoinette en veuve.
Musée Carnavalet.
cat. 25

Antoinette lorsqu'elle se trouvait au Temple, et très exactement jusqu'à l'épingle même qui ferme son fichu, telle qu'elle était habillée peu de temps avant qu'elle fut transférée du Temple à la Conciergerie. Ce tableau est peint par Koharski qui avait fait le portrait de cette malheureuse princesse en 1780 ; il se trouva comme garde nationale de service au Temple, y vit la reine, la considéra avec grande attention, et, rentré chez lui, il s'occupa de la dessiner de mémoire ; il fut encore une seconde fois de service au Temple, examina de nouveau la Reine, et de retour chez lui, il acheva le portrait. Je le tiens de Koharski lui-même, je l'avais connu autrefois pour avoir été peint par lui et il savait combien j'étais attaché à la Reine. Ce tableau est l'original, il en a été fait ensuite par Koharski plusieurs copies et aussi par d'autres.

« Auguste Arenberg. »

S'il semble, en effet, un peu difficile de croire que la reine ait véritablement posé pour un portrait officiel durant sa captivité, rien n'empêche d'imaginer que l'artiste ait pu exécuter, avec l'accord de celle-ci, quelques rapides croquis, et qu'ils lui aient ensuite servi à l'élaboration d'un portrait abouti. Quoi qu'il en soit, l'œuvre connut une renommée très grande dont les trois versions conservées au musée Carnavalet sont un témoignage éloquent (fig. 163). La version signée Prieur (fig. 154) laissa longtemps perplexe. On avait peine à imaginer que l'auteur des *Tableaux de la Révolution*, dont la tradition fait un personnage féroce, qui, lorsqu'il était juré au Tribunal révolutionnaire, s'amusait à dessiner les têtes des accusés en les représentant couvertes de sang, fût aussi celui de cette effigie pleine de compassion. Une attribution à Sophie Prieur, sœur de Jean-Louis, proposée par Marguerite Jallut, reste hypothétique, en l'absence de tout élément de comparaison. Bruel suggérait dès 1909, avec une certaine vraisemblance, que la peinture de Carnavalet, inversée par rapport à l'original, pourrait avoir emprunté sa signature à la lettre — *Prieur fecit* — de l'une des nombreuses interprétations gravées de l'œuvre de Kucharski (de Vinck, n° 541). Les deux autres peintures conservées à Carnavalet sont plus proches de la manière porcelainée des effigies habituellement attribuées à Kucharski, même si leur facture médiocre interdit de les donner au peintre

polonais. L'une (fig. 163) reproduit fidèlement le prototype — en buste —, tandis que l'autre (fig. 59) le met en scène en nous montrant la reine assise, épiée par un garde, serrant un mouchoir entre ses mains, un livre ouvert devant elle, sur lequel on peut déchiffrer : « Le Seigneur m'a tout donné, le Seigneur m'a tout ôté. »

Marquise de Bréhan
(vers 1752 - après 1800)

La marquise de Bréhan, artiste amateur, est connue avant tout pour deux peintures montrant *Marie-Antoinette à la Conciergerie*. La première (fig. 153), présente la reine dans une pose très hiératique, qui semble issue du prototype de Kucharski mais qui reprend en fait exactement la pose imaginée par madame Vigée-Lebrun dans le célèbre tableau de 1788 (Versailles, MV 2097). La présence du buste de Louis XVI au côté de la reine et plus encore celle du testament du roi, déplié sous le buste, impliquent la souveraine dans le sacrifice royal et semblent annoncer son propre martyre, tandis que le médaillon qui pend à son cou, avec les profils du dauphin et de Madame Royale, exalte sa douleur maternelle. Plusieurs versions peintes de l'œuvre sont connues[5] et l'estampe la répandit largement dans les milieux de l'émigration. Elle figure ainsi, au-dessus d'une cheminée, sur le portrait de Jean-Baptiste Hosten peint à Londres, en 1795, par Danloux[6]. L'autre peinture (fig. 156), aussi peu naturaliste que la précédente mais autrement plus pathétique, montre la souveraine agenouillée, les mains serrant un mouchoir, recevant la bénédiction d'un prêtre réfractaire à travers les barreaux de sa cellule. On savait que la reine avait refusé, la veille de son exécution, d'être entendue en confession par un prêtre assermenté ; les bruits couraient aussi qu'elle avait reçu les secours de la religion de l'abbé Emmery, lui aussi incarcéré à la Conciergerie, et qu'elle aurait même reçu la communion de l'abbé Magnin, grâce à quelques complicités dévouées. C'est sa fidélité inébranlable à ses croyances qui est ici exaltée, en même temps que l'épisode de la bénédiction du prêtre réfractaire apporte une touche pathétique bien propre à émouvoir.

Ces quelques peintures furent toutes peintes entre 1794 et 1796, durant une période où leur diffusion en France était forcément entravée ; elle fut pourtant loin d'être négligeable. La Restauration correspond néanmoins à une inflation considérable des images exaltant le martyre de la famille royale. Dès le Salon de 1814, Garneray exposait un *Louis XVI au Temple*, montrant le roi prenant l'air sur la terrasse de la tour tandis qu'au Salon de 1819, Battaglini montrait un *Louis XVI écrivant son testament*, qui, acquis par la duchesse d'Angoulême, fut remis par cette dernière au couvent de Saint-Louis-du-Temple[7]. C'est pourtant la figure de la reine qui très rapidement va devenir le symbole exclusif de la Passion royale, et une innombrable série de compositions — dont les premières seront élaborées à l'occasion de la transformation de la cellule de la reine à la Conciergerie en chapelle expiatoire (1816) : *Marie-Antoinette séparée de sa famille, au Temple, pour être conduite à la Conciergerie*, par Jacques-Augustin Pajou (Salon de 1817) ; *La Reine à la Conciergerie après avoir reçu les secours de la religion*, par Gervais Simon (Salon de 1817) ; *La Communion de la reine dans sa cellule*, par Martin Drolling — va en témoigner tout au long du XIXᵉ siècle. Si la figure de la reine est en effet celle qui éveille le plus de compassion et d'admiration, c'est qu'elle a véritablement acquis, grâce à son mar-tyre, la stature d'une héroïne tragique, de celles qu'aurait pu concevoir un Corneille : elle est née près du pouvoir, appelée aux plus hautes destinées, et, après avoir connu les plus grands honneurs, elle a dû subir les plus grandes épreuves ; elle a su les sublimer jusqu'à devenir une image universellement reconnue de la grandeur dans le malheur, aussi bien que du dévouement maternel et de la résignation religieuse ; éminemment vénérable pour les sensibilités royalistes, elle est devenue non moins admirable pour les sensibilités républicaines. Nombreuses seront donc les peintures qui dépeignent sa résignation dans le malheur, depuis celles de Lordon (*Marie-Antoinette à la Conciergerie*, Salon de 1817) et de Battaglini (*Marie-Antoinette à la Conciergerie*, Salon de 1822), jusqu'à celle de Baader (*Le Dernier Matin de Marie-Antoinette*, Salon de 1902). Toutes, comme le montrent quelques exemples — *Marie-Antoinette après sa condamnation*, par Delaroche, 1851 (fig. 155) ; *Marie-Antoinette à la Conciergerie*, par Muller, Salon de 1857 (Hambourg, Kunsthalle) ; *Marie-Antoinette dans sa prison*, par Holfed[8] (collection particulière) ; *Marie-Antoinette conduite au supplice*, par Flameng, Salon de 1885 (fig. 158 ; musée de Senlis) ; *Marie-Antoinette quittant la Conciergerie*, par Georges Cain, Salon de 1885 (fig. 157) — la présentent d'une manière très semblable, plus grande dans la déchéance qu'au comble des honneurs.

1. Les portraits connus de Charlotte Corday, par, ou d'après Hauer, sont les suivants : portrait peint, musée national de Versailles, MV 4615 ; portrait aquarellé, Versailles, musée Lambinet, inv. 483 ; portrait gravé, par Tassaert (de Vinck, n° 5379) ; portrait gravé par D. F. (de Vinck, n° 5385).
2. Le *Journal* de Cléry fut publié, quant à lui, dès 1798 (trois ans après les peintures d'Hauer)
3. Hauer se servit, pour représenter le roi, d'un portrait, de l'atelier de Duplessis, qu'il avait en sa possession (il est conservé dans une collection parisienne).

Ce détail explique la pose semblable du roi dans tous les tableaux mais montre aussi un souci de vérité historique chez le peintre.
4. Prononcé à la polonaise, le nom du peintre se transcrit à peu près ainsi : « Kouarski » ; c'est d'ailleurs avec cette orthographe qu'il figure sur le registre des décès, le 5 novembre 1819, de l'institution Sainte-Perine (où il était entré le 1ᵉʳ octobre 1815). Le « Coestier » transcrit par le greffier se rapproche donc de la prononciation correcte que devait utiliser la reine.
5. Une version peinte figurait dans le commerce d'art romain en 1973. Contrairement à la version de Carnavalet, mais conformément à l'estampe, le médaillon que porte la reine ne contient que le portrait du dauphin.
6. La peinture de Danloux figura à l'exposition *Paris et la Révolution*, Carnavalet, Paris, 1931 (n° 13).
7. Il s'y trouve toujours, à Vauhallan, de même que le *Marie-Antoinette à la Conciergerie*, du même artiste (Salon de 1822), également acquis et donné au couvent par la duchesse d'Angoulême.
8. Études pour le tableau au musée des Beaux-Arts de Bordeaux.

La famille royale et la littérature

Danièle Chadych

164
Eventail aux monuments antiques.
Musée Carnavalet.
cat 113

La vie de Louis XVI et celle de Marie-Antoinette, marquées par la toute-puissance, puis par la chute, ont suscité une production littéraire abondante et variée. Romanciers, poètes et dramaturges, de nationalités et de tendances différentes, ont cherché à défendre leur mémoire ou à expliquer leur fin tragique. Le mystère autour de la mort du dauphin a également inspiré la création littéraire ainsi que le sort de Madame Royale, « l'orpheline du Temple » seule survivante de la famille.

Dès la Révolution et jusqu'à la Restauration, la légende se construit, alimentée par les récits, les mémoires et les apologies. A partir de la seconde moitié du XIXᵉ siècle, les écrivains brodent autour de la légende en prenant beaucoup de liberté avec les faits.

Armand Granel[1] recense deux mille cinq cents ouvrages consacrés à la famille royale, mais sa bibliographie, qui date de 1905, écarte la plupart des romans et pièces de théâtre. Nous sélectionnerons, par époque,

Loin de fuir, de passer, en ce Lugubre Azile,
Ombre illustre, Vivante au-delà du trépas,
La France consternée à tes pieds immobile,
Dans un deuil éternel Semble arrêter tes pas.

165
Monument funéraire dans la cour du
Temple et profils-silhouettes.
Musée Carnavalet.
cat. 111

les œuvres littéraires les plus caractéristiques en éliminant les pamphlets, attaques virulentes et de circonstances qui s'arrêtèrent en 1794[2]. A côté des grands noms de la littérature figurent des auteurs mineurs, dont les ouvrages ont néanmoins joué un rôle dans le développement de la légende.

La Révolution

Pendant les procès du roi et de la reine, plusieurs personnalités prirent la plume pour défendre les souverains. Jacques Necker[3], ancien ministre des Finances, réfugié à Coppet (Suisse), pensa qu'il devait témoigner en faveur du souverain et publia en 1792 ses *Réflexions présentées à la nation française sur le procès intenté au roi*. Ce plaidoyer obtint un assez grand retentissement à l'étranger. En réponse, le gouvernement français confisqua les biens de Necker comme biens d'émigré alors qu'il était de nationalité suisse.

Germaine de Staël[4], fille de Necker, rédigea à son tour, en 1793, ses *Réflexions sur le procès de la reine par une femme*, ouvrage dont l'anonymat fut vite démasqué. Elle lançait un appel à toutes les femmes pour sauver la reine, comme Marie-Antoinette en avait appelé à toutes les mères devant le tribunal révolutionnaire. Elle s'adressait aux juges qui, en condamnant la reine, en feraient une martyre : « En l'immolant, vous la consacrez. Vos ennemis vous ont fait plus de mal par leur mort que par leur vie. »

Le jour de la mort de la reine, le 16 octobre 1793, le marquis Donatien de Sade inscrivit dans son carnet : « PAROLES D'ANTOINETTE A LA CONCIERGERIE : Les bêtes féroces qui m'environnent inventent chaque jour quelque humiliation qui ajoute à l'horreur de ma destinée ; elles distillent goutte à goutte dans mon cœur le poison de l'adversité, comptent mes soupirs avec délice et, avant que de s'engraisser de mon sang, elles s'abreuvent de mes larmes[5]. » Sade applique à sa propre existence ces paroles que Marie-Antoinette n'a jamais prononcées et s'identifie à la victime, tombant sous le couperet de l'échafaud.

Après l'exécution des souverains, la littérature, imprimée surtout à l'étranger en raison de la censure, s'attache à retracer leurs derniers instants.

TOMBEAU DE LOUIS XVI ROI DE FRANCE ET DE SA FAMILL.

1 Louis XVI 2 Marie Antoinette, 3 Mad.me Elizabeth et 4 le Dauphin.

A Paris chez Genty Md d'Estampes Rue S.t Jacques, N.o 14.   Déposé à la Direction Générale de l'Imp.ie et de la Lib.

SEULE CONSOLATION
D'IRMA

166
Musée Carnavalet.
cat. 110

167
Médaillo.
Musée Carnavalet.
cat. 214

Geoffroy de Limon[6], ancien contrôleur des finances du duc d'Orléans, mentionne que son ouvrage, *La Vie et le Martyre de Louis Seize* (1793), traduit en allemand et en italien, a connu plus de trente réimpressions en trois mois.

Galart de Montjoie[7], fondateur de *L'Ami du Roi*, en exil en Suisse, qui avait édité une réponse aux réflexions de Necker, compose en 1796 un *Eloge historique et funèbre de Louis XVI* et en 1797 un *Eloge de Marie-Antoinette*.

Des pièces de théâtre montrent sous une forme littéraire le procès du roi. En 1793, Barthès de Marmorières écrit *La Mort de Louis XVI*[8], tragédie en vers, qui s'ouvre par la déclaration de Tronchet, défenseur du roi :

« Le voici, Lamoignon, ce jour si redoutable
Où du Sénat français l'arrêt irrévocable
Peut-être de Louis, en prononçant la mort
Va consterner l'Europe et décider son sort ! »

A la fin de l'ouvrage est reproduit le testament de Louis XVI.

Ce fut en Allemagne que fut joué en 1791 *Le Grand Cophte*, comédie de Johann Wolfgang Goethe[9] sur l'affaire du collier. L'écrivain pressentait dès cette époque l'importance historique de cet événement : « La reine, si intimement impliquée dans cette fatale Affaire du Collier, perdit tout prestige, même toute estime, et du même coup elle avait perdu dans l'opinion du peuple son point d'appui, garantie de son inviolabilité[10]. »

Goethe, qui voit dans ce scandale les présages de la Révolution, y met en scène Cagliostro, aventurier arrêté en même temps que le cardinal de Rohan. Cagliostro se targue de prédire l'avenir et fait apparaître dans le globe magique l'image de la princesse qui doit récompenser l'amour du cardinal de Rohan. Cette image correspond à celle de Marie-Antoinette, reine de France. Le personnage de Cagliostro et l'affaire du collier seront évoqués par maints écrivains, en particulier par Alexandre Dumas.

Le Consulat et l'Empire

Les témoins, qui partagèrent la vie de la famille royale au Temple, racontèrent leurs souvenirs. Dès 1798, Jean-Baptiste Cléry, valet de chambre du roi au Temple, édita son *Journal*[11] à Londres. L'ouvrage connut un énorme succès qui inquiéta le gouvernement du Directoire. Le baron François Hue[12], au service du dauphin jusqu'en septembre 1792, relata dans ses mémoires parus en Angleterre en 1806 *Les Dernières Années du règne et de la vie de Louis XVI*.

Vers les années 1800, les romans sur l'infortune de la famille royale émurent le public. Elisabeth Guénard de Méré fit imprimer en 1800 sous l'anonymat : *Irma ou les Malheurs d'une jeune orpheline*[13]. Le roman transpose la captivité de Madame Royale en Inde. Robespierre entre dans la cellule de l'orpheline et la demande en mariage, ce qui lui permettrait de succéder légitimement à Louis XVI. A la fin du second tome sont dévoilés les véritables noms des personnages. Ce livre pathétique remporta un triomphe populaire.

Dans le même esprit, Jean-Baptiste Regnault-Warin composa en 1801 *Le Cimetière de la Madeleine*. Le narrateur y rencontre l'abbé Edgeworth de Firmont qui lui dépeint les derniers instants de Louis XVI et de Marie-Antoinette. Le roman se termine par l'enlèvement du dauphin. Arrêté pour cet ouvrage, Regnault-Warin ne fut relâché que grâce à l'intervention de Joséphine, épouse du Premier Consul. A ce roman sentimental à succès, il donna en 1802 une suite : *Les Prisonniers du Temple*[14].

Napoléon, devenu empereur, maintint une censure draconienne sur les écrits qui remémoraient l'Ancien Régime. En 1810, il fit saisir chez l'imprimeur Farge[15] les planches d'une édition du testament de Louis XVI.

La Restauration

C'est pendant la Restauration, avec l'arrivée au pouvoir de Louis XVIII et Charles X, frères de Louis XVI, que la littérature panégyrique atteint son point culminant, notamment autour des années 1815-1816. Les auteurs proviennent de toutes les régions de la France et sont issus de toutes les catégories sociales. Pinaud indique dans son *Eloge historique de Louis XVI* (1815) qu'il exerce la profession d'avocat. Mathurin Chevalier, qui travaille comme tonnelier à Marennes, s'applique en 1827 à une pièce en un acte

 Seul rejeton d'un Roi qu'illustre encore sa Mort...
ta prison S'ouvre !!!...un Dieu prend pitié de ton Sort...
quand plus d'un Monstre afreux en Lambeaux me déchire,
a Brisé nos autels détruit nos Monumens,
Sous un Ciel plus Serein emportes Vers l'empire
de nos Cœurs afligés les tendres Sentimens.

page précédente :
168

*Estampe allégorique relative à la mise
en liberté de Madame Royale.*
Musée Carnavalet.
cat. 112

169
Musée Carnavalet.
cat. 108

et en vers : *Les Adieux de Louis XVI à sa famille
lorsqu'il part du Temple.* Il s'avoue simple journalier,
sans instruction. Les auteurs empruntent toute la
gamme du répertoire : épopée, tragédie, complainte,
romance.

Les académies de Toulouse, de Dijon proposent
au concours des *Eloges de Louis XVI.* En 1816, le
programme du concours organisé par l'académie de
Toulouse impose le sujet suivant : « Manifester son
respect et sa vénération pour la mémoire d'un roi
victime de son amour pour ses sujets. » L'académie
décerne au lauréat un lys d'or.

La découverte en 1816 de la lettre-testament de
Marie-Antoinette renforce la littérature expiatoire.
La lettre est diffusée à des milliers d'exemplaires, parfois accompagnée d'un commentaire, parfois insérée
dans des ouvrages de philosophie, d'histoire, de religion. Les livres de prix à l'usage des écoliers, les pièces
pour patronages, réalisés souvent par des ecclésias-
tiques ou par des amateurs, citent en exemple
Louis XVI et Marie-Antoinette. La valeur artistique
de ces textes, motivés par le désir de plaire aux souverains, demeure faible. Les auteurs affirment l'ancien-
neté et la profondeur de leurs sentiments royalistes.
Louis-Ange Pitou, que Dumas choisit pour héros
d'un de ses romans, précise dans l'*Urne des Stuarts
et des Bourbons* (1815) qu'il a été « proscrit dix-huit
fois pour la cause des Bourbons ».

Les hommes politiques, les proches de la famille
royale — parmi ceux-ci l'abbé Edgeworth de
Firmont[16], madame Campan[17] — et surtout Madame
Royale, devenue par son mariage la duchesse
d'Angoulême[18], apportent leurs témoignages.

C'est à la duchesse d'Angoulême que Pierre-Simon
Ballanche[19] dédie en 1814 sa tragédie *Antigone.* Il
révèle dans l'épilogue qu'elle lui a servi de modèle. Le
mythe antique est repris dans les temps modernes
pour figurer le malheur de l'époque nouvelle, née
des crimes de la Révolution et des guerres impériales.
Antigone, pure jeune fille, traverse les épreuves et
s'offre en victime expiatoire à la mort. Par la suite, plusieurs biographes identifient la duchesse d'Angoulême
à Antigone. En 1814, J. M. Gassier emploie ce titre
pour son ouvrage : *L'Antigone française ou Mémoires
historiques sur Marie-Thérèse Charlotte de France.*
Ballanche, philosophe catholique et royaliste, ami de

Chateaubriand et de madame Récamier, pose le problème de la culpabilité dans *L'Homme sans nom*, commencé en 1819. L'Homme sans nom, régicide qui a voté la mort de Louis XVI, vit seul dans un petit hameau des Alpes. Il a perdu son identité en tuant le roi et expie son forfait. Dans la deuxième partie, Ballanche prône que les crimes du passé doivent être pardonnés au nom de l'amour : « Homme infirme, qui devez rester courbé sous le poids de votre crime expié, c'est aussi du courage que nous exigeons de vous. Jusqu'à présent, vous n'avez subi que la moitié de votre peine, le remords, maintenant, il faut que vous subissiez l'autre moitié de la peine, celle de l'amnistie au lieu de l'impunité. »

Honoré de Balzac[20] traite également du sentiment de culpabilité dans la nouvelle intitulée : *Un épisode sous la Terreur*. Cette nouvelle parut d'abord en 1829 en guise d'introduction aux mémoires de Charles-Henri Samson, le bourreau de Louis XVI. En réalité, ces mémoires apocryphes avaient été élaborées par Balzac et L'Héritier de l'Ain. Au lendemain de la mort de Louis XVI, le 22 janvier 1793, un mystérieux inconnu demande à un prêtre qui se cache de célébrer une messe expiatoire. En remerciement, l'inconnu lui offre une relique : une boîte contenant un mouchoir taché de sang. L'année suivante, l'étranger revient assister à une seconde messe. Après le 9 thermidor, lorsque le prêtre peut sortir sans danger dans Paris, il reconnaît dans cet étranger le bourreau de Louis XVI. Cette nouvelle reconstitue avec justesse l'atmosphère de la Terreur. Balzac modifia les noms de famille des personnages et le dénouement du récit, afin de l'intégrer dans *La Comédie humaine*.

Victor Hugo ébaucha à l'âge de seize ans un premier poème sur le dauphin : *La Mort de Louis XVII*. Un deuxième poème *Louis XVII* fut inclus dans le recueil *Odes* (1823), puis dans *Odes et Ballades* (1828) :
« Où donc ai-je régné ? demandait la jeune ombre.
Je suis un prisonnier, je ne suis point un roi.
Hier, je m'endormis au fond d'une tour sombre[21]. »
Hugo songea à une tragédie : *La Mort de Louis XVI*, mais abandonna définitivement ce projet en 1831[22].

170
Pièce commémorative.
Musée Carnavalet.
cat. 114

page 151 :
171
Complainte sur Louis XVI.
Musée Carnavalet.
cat. 101

La monarchie de Juillet
et le Second Empire

La célébration de l'anniversaire de la mort de Louis XVI est abrogée par le nouveau gouvernement de Louis-Philippe en 1832. La littérature panégyrique diminue alors sensiblement. Le recul par rapport aux événements permet aux écrivains de disposer d'une liberté plus grande. Etienne-Léon de Lamothe-Langon[23] invente de nombreux écrits apocryphes, romans à la première personne qui ont pour héros un personnage historique. En 1836, il esquisse les *Souvenirs sur Marie-Antoinette par la comtesse d'Adhemar, dame du palais*. Mais il appartient à Alexandre Dumas[24] de transformer Marie-Antoinette en héroïne de romans.

Dumas, qui avait conçu deux grands cycles de romans historiques sur la Renaissance et le XVII siècle, s'attelle à un nouveau cycle sur la décadence de la monarchie au XVIII siècle et la chute de l'Ancien Régime. Cette série devait s'appeler *Les Mémoires d'un médecin*. Dumas débute par le dernier tome qui deviendra indépendant de la série : *Le Chevalier de Maison-Rouge*. Il avait lu une brochure de Lepitre sur le chevalier de Rougeville, qui avait pénétré dans la Conciergerie et avait projeté de faire évader la reine. En 1845, il annonce dans la presse son intention de publier un roman : *Le Chevalier de Rougeville*. Il reçoit alors une lettre du fils du chevalier, inquiet de voir le nom de son père inscrit en tête d'un livre. Dumas opte donc pour un nouveau titre : *Le Chevalier de Maison-Rouge*. Un mois plus tard, il est alerté par une deuxième lettre du fils du chevalier : « Monsieur, appelez votre roman comme vous voudrez ; je suis le dernier de la famille et je me brûle la cervelle dans une heure. » A la suite d'un chagrin d'amour, le marquis de Rougeville se tira une balle dans la tête et mourut quelques jours plus tard, le 18 mars 1845, du tétanos. Les exécuteurs testamentaires confièrent à Dumas une liasse de documents que l'écrivain ne regarda même pas. La vie du chevalier de Rougeville ne ressemble en rien à celle du héros de Dumas, l'écrivain se souciant peu de la vérité historique et arrangeant les faits aux exigences de sa fable. Par contre, Dumas réussit à peindre avec beaucoup d'intensité la vie à Paris sous la Révolution.

En raison de son immense succès, Dumas adapte *Le Chevalier de Maison-Rouge* à la scène et le fait représenter le 3 août 1847 dans son propre théâtre, le Théâtre-Historique. Parallèlement, de 1846 à 1848, le romancier entreprend le premier tome de la série sur *Les Mémoires d'un médecin : Joseph Balsamo*, autre nom du comte de Cagliostro. Pour le deuxième tome, *Le Collier de la reine*, il ne juge pas nécessaire de se déplacer à Versailles, sur les lieux de l'action. Les tomes suivants, *Ange Pitou et La Comtesse de Charny*, se démarquent des premiers volumes car la part de l'histoire y devient beaucoup plus importante. Dumas avoue sa dette envers Jules Michelet, dont *L'Histoire de la Révolution française* est imprimée de 1847 à 1853. « C'est que Michelet est mon homme à moi, mon historien à moi. On n'a pas pensé à me le donner comme collaborateur, eh bien, si on ne me le donne pas, je déclare, moi, que je le prends[25]. » Les personnages fictifs côtoient Louis XVI et Marie-Antoinette pendant les événements principaux du règne : prise de la Bastille, installation et émeutes aux Tuileries. Andrée de Taverney, comtesse de Charny, partage le carrosse de la famille royale lors de leur retour de Versailles à Paris, le 6 octobre 1789. A mesure que le dénouement approche, les personnages de la fiction s'effacent pour laisser place à la narration historique.

Dumas prépare en même temps des études : *Louis XVI et la Révolution, Louis XVI et Marie-Antoinette, La Route de Varennes*. Pour ce dernier ouvrage, il se résoud, « une bonne fois pour toutes, à éclaicir ses doutes et à refaire pas à pas, à partir de Châlons, la route que le roi avait faite de Châlons à Varennes ».

Henri Heine[26], préoccupé par la violence révolutionnaire, écrit un poème sur Marie-Antoinette dans *Romancero* (1850) : la reine, entourée d'autres fantômes, hante le château des Tuileries. Sous le Second Empire, l'attention se concentre sur Marie-Antoinette. Les frères Edmond et Jules de Goncourt[27] publient en 1858 une monographie sur la reine. L'impératrice Eugénie se passionne pour Marie-Antoinette et soutient la première exposition rétrospective en 1867 au Trianon. Les ouvrages sur Marie-Antoinette « trahissent alors, une arrière-pensée de flatterie à l'égard de l'impératrice[28] ».

Les Adieux de LOUIS XVI à sa Famille.

COMPLAINTE
Sur LOUIS XVI.

Air : Femmes voulez-vous éprouver.

Peuple juste viens écouter
Le récit triste et véritable ;
Le Français peut se lamenter
De voir, sous le fer exécrable,
Louis seize le Bien-Aimé,
Victime de la calomnie,
Par les Jacobins condamné
A perdre innocemment la vie. (bis.)

Adieu, s'écriait ce bon Roi
Fixant son Epouse chérie,
Eloigne mes Enfans de moi,
Elève-les pour la Patrie :
La France, sortant de l'erreur,
A mes Enfans, dira, j'espère,
Qu'elle a su graver en son cœur
La perte d'un Roi et d'un Père.

Ah ! cher Fils ! éloigne de toi
Le sentiment de la vengeance ;
Guide ton esprit par la loi,
Travaille au bonheur de la France ;
Celle de qui tu tiens le jour,
Par ses conseils te sera chère,
Et tu verras, dans son amour,
Les tendres sentimens d'un Père.

Louis veut faire des efforts
Pour arrêter sa douce amie,
Qui veut le suivre chez les morts,
Pour lui, renonçant à la vie,
Lorsque d'inflexibles bourreaux,
L'entraînant avec violence,
Le conduisent sur l'échafaud
Contraint par l'hydre de vengeance.

Il dit en vain : Mon peuple, adieu,
Mourant, votre Roi vous pardonne ;
Et , pour voir la paix dans ce lieu,
Je sacrifierais ma couronne ;
Mais le bruit de trois cents tambours
Etouffe-t-il sa voix plaintive.
Louis, jusqu'à ses derniers jours,
Nous prouva l'amour la plus vive.

Il élevait son âme à Dieu,
Quand soudain un bruit effroyable
Se fit entendre dans ce lieu,
Par un complot abominable,
Le tonnerre aurait éclaté
Sur Paris, sans se faire attendre ;
Et Louis fut décapité
Plutôt qu'on aurait dû l'attendre.

Par DUCHÊNE. Propriété de l'Auteur.

LOUIS XVI allant au supplice.

Les Adieux de la REINE à sa Famille.

Le DAUPHIN & MADAME priant Dieu pour leurs Parens.

Monseigneur le Duc d'ANGOULÊME. HENRI IV dit le Grand.

SAULE PLEUREUR.

1 Louis XVI. 2 la Reine. 3 Louis XVII. 4 Madame. 5 Madame Elisabeth.

Sa Majesté LOUIS XVIII. MONSIEUR, Frère du Roi.

ROMANCE.
Air de la Sentinelle.

Adieu, adieu, je te quitte en ces lieux,
Frère cheri. Et adieu de la France ;
On me contraint à faire ces adieux
Et te laisse dans l'état de souffrance ;
Des vils bourreaux , meurtriers pervers,
Vous le revris la même et bon amies,
Et je te laisse dans les fers ; (bis.)
On me bannit de ma patrie.

S'il te souvient de ces fâcheux momens
Qui nous ont su répandre tant de larmes,

Oublie, oublie, de ces cruels tyrans
Et leurs crimes et leurs fatales alarmes.
Dieu vils, etc.

D'un fine cher , d'un père vertueux
Rappellons-toi les exemples , le suprême ;
Veuille le ciel t'offrir des jours heureux,
Et souviens-toi toujours de ta tendresse.
Des vils , etc.

Je vais quitter ces lieux où des cyprès
Seront témoins de ma douleur amère ;
Mon cœur percé des plus horribles traits,
Ne cesse de battre pour mon père.
Des vils , etc.

Donne-moi seule pour ta faible aïeul ,
Ah ! dans ce cœur tu régneras, sous toile
En te quittant j'habite au destin
Qui m'aime tant, frère, père et mère.
Des vils , etc.

Ainsi que toi, je n'oublierai jamais
Ces derniers mots que prononça mon père ;
Frère sois fils et le peuple français ;
Ma mort n'est rien, s'il leur laisse une mère.
Des vils , etc.

Par DUCHÊNE, Propriété de l'auteur.

Jugement du feu LOUIS XVI.

A EVREUX, de l'Imprimé e d'ANCELLE fils.

A partir de 1865, le chevalier Alfred von Arneth répertorie la correspondance entre Marie-Antoinette et sa mère l'impératrice Marie-Thérèse. La correspondance établit les relations constantes entre Marie-Antoinette, Marie-Thérèse, Joseph II et Mercy-Argenteau, l'ambassadeur d'Autriche en France[29]. Cette publication de lettres conservées aux Archives de Vienne, qui éclaire d'un jour nouveau la personnalité de la reine, fit sensation. Les Goncourt se sentirent obligés de déclarer que leur biographie n'était en rien changée par la publication d'Arneth.

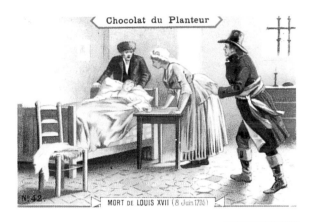

172

Carte publicitaire.
Musée des Arts et Traditions populaires.
(Non exposé.)

La fin du XIXᵉ siècle et le XXᵉ siècle

Les romanciers s'écartent de l'histoire, créant des situations et des personnages fictifs auxquels sont mêlés de près ou de loin le dauphin et Marie-Antoinette. *Mademoiselle de Cérignan*, roman de Maurice Sand (1884) [30], se passe en Egypte où le narrateur fait la connaissance d'une jeune femme et de son frère, qui s'avère être le dauphin. Victorien Sardou[31] travaille en 1896 à une pièce de théâtre : *Paméla ou l'Enigme du Temple*. Le dramaturge ne croyait pas à la mort du dauphin au Temple et soutient la thèse de son évasion.

La guillotine et le souvenir tragique du supplice du roi suggèrent à Villiers de l'Isle-Adam en 1888 la nouvelle *Les Phantasmes de monsieur Redoux*[32]. En visite à Londres, monsieur Redoux, un homme d'affaires, se laisse enfermer dans le musée Tussaud et se couche sur la planche de la guillotine. Prisonnier du carcan, il est détaché le lendemain par les gardiens qui lui apprennent que le couperet avait été ôté pour réparation. Cette nouvelle se rapproche de celle de Gaston Leroux[33], *La Femme au collier de velours* (1925) qui se réfère indirectement à la décapitation de Marie-Antoinette. Un mari trompé et jaloux incite sa femme à interpréter le rôle de Marie-Antoinette devant la guillotine afin de tenter de l'assassiner au cours de la représentation.

La lisière entre réalité et fiction est franchie par deux Anglaises, Charlotte Moberly et Eleanor Jourdain[34], qui croient apercevoir la reine en 1901 lors d'une visite à Versailles. Les auteurs décrivent leur vision dans *Les Fantômes du Trianon* (1911), dont une réédition est préfacée par Jean Cocteau[35].

En 1905, la baronne Emmuska Orczy[36], auteur de romans policiers, imagine les aventures d'un baron anglais, Sir Percy Blakeney. Surnommé le Mouron Rouge, il essaie pendant la Révolution de délivrer la reine dans *Les Exploits du Mouron Rouge* et le dauphin dans *La Capture du Mouron Rouge*. Un vif succès couronne la série.

A l'occasion du cent-quarantième anniversaire de la mort de la reine, Stefan Zweig[37] entreprend en 1933 une biographie romancée de Marie-Antoinette.

L'écrivain autrichien s'est appuyé sur la correspondance, qu'il a consultée aux Archives de Vienne. Il se montre influencé par les théories de Freud auquel il avait consacré une étude. La biographie fut accueillie par un succès mondial et transposée à l'écran. Pour Zweig, « à la dernière heure de sa vie, Marie-Antoinette atteint au tragique et devient égale à son destin ».

L'emprisonnement de Marie-Antoinette inspire deux pièces de théâtre : *Madame Capet* de Marcelle Maurette[38] en 1938 et *La Veuve Capet* de Lion Feuchtwanger en 1947. Réfugié aux Etats-Unis en raison du nazisme, Feuchtwanger[39] s'était déjà penché sur le règne de Louis XVI dans la pièce *Des armes pour l'Amérique*.

Albert Camus[40] examine dans son essai *L'Homme révolté* (1951) comment l'homme au nom de la révolte s'accommode du crime et le justifie. Il s'interroge sur la révolte historique et, plus particulièrement, sur les régicides et la mise à mort du roi : « Par ses attendus et ses conséquences, le jugement du roi est à la charnière de notre histoire contemporaine. Il symbolise la désacralisation de cette histoire et la désincarnation du dieu chrétien. »

Le thème de la fuite à Varennes attire au long du XXᵉ siècle les écrivains. G. Lenôtre[41] et Henri Lavedan[42]

font représenter *Varennes* en 1904 avec Sarah Bernhardt dans le rôle principal. Didier Decoin[43] aborde en 1979 ce sujet dans le roman *La Nuit de l'été*. La fuite se transforme en une partie de campagne sur laquelle se profile le drame. Georges Dumézil[44] analyse dans *Le Moyne noir en gris dedans Varennes* (1984) la prédiction de Nostradamus contenue dans le vingtième quatrain de la IXᵉ Centurie. Les commentateurs du XIXᵉ siècle avaient déjà signalé dans ce quatrain des détails précis qui semblaient indiquer la fuite et l'arrestation de Louis XVI à Varennes.
« De nuict viendra par la forest de Reines
Deux pars vaultorte Herne la pierre blanche.
Le moyne noir en gris dedans Varennes,
Esleu cap cause tempeste, feu sang tranche. »

La production littéraire illustre la diversité des mythes auxquels est relié le destin de la famille royale : mythe d'Antigone, mythe de la grandeur et de la décadence, mythe de la chute... Le thème de Varennes annonce le moment de la chute et, par delà, la fin du règne, ainsi que l'évoque Didier Decoin dans *La Nuit de l'été* : « Par la fenêtre ouverte monte toujours la rumeur de la foule. C'est une rumeur de plus en plus puissante, à ébranler les murs — et qui, sans le savoir, ébranle quelque chose d'encore plus construit qu'un mur : des siècles de France. »

1. Granel (Armand), *Louis XVI et la famille royale*, Picard, Paris, 1905.
2. Ce dernier pamphlet s'intitulait : « Confession générale et testament de Marie-Antoinette, veuve Capet. Mis à jour par un sans-culotte », in Almeras (Henri d'), *Marie Antoinette et les pamphlets royalistes et révolutionnaires*, Librairie mondiale, Paris, 1907.
3. (1732-1804).
4. (1766-1817). Auteur de *De l'Allemagne*, elle travailla vers la fin de sa vie à un ouvrage publié à titre posthume : *Considérations sur les principaux événements de la Révolution française*.
5. Sade (1740-1814), *Notes littéraires*, in *Œuvres complètes*, t. 15, p. 15, Cercle du livre précieux, Paris, 1966-1967.
6. Le marquis Geoffroy de Limon, émigré en 1792, meurt en Allemagne en 1799.
7. Montjoie (Félix-Louis-Christophe Ventre de la Touloubre, dit Galart de) (1746-1816), avocat, revint en France après le 18 brumaire et se consacra à l'enseignement.
8. Cette pièce est attribuée par Quérard à Aignan et Berthevin.
9. (1749-1832).
10. Conversations avec Eckermann (1832).

11. Cléry (Jean-Baptiste Hanet-Cléry, dit Jean-Baptiste) (1759-1809). *Journal de ce qui s'est passé à la tour du Temple pendant la captivité de Louis XVI*.
12. (1757-1819). Il accompagna Madame Royale à Vienne en 1795.
13. Méré (Elisabeth Guénard, madame Brossin de) (1751-1829), *Irma*, publié à Delhy et Paris, an VIII. Elle écrivit également *L'Histoire de madame Elisabeth de France, sœur de Louis XVI* et *Les Mémoires historiques de Marie-Thérèse Louise de Carignan, princesse de Lamballe*.
14. Regnault-Warin (1775-1844) écrit en 1817 *L'Ange des prisons*, élégie sur Louis XVII.
15. Lettre de Napoléon à Savary, ministre de la police, le 25 octobre 1810, in *Lettres inédites de Napoléon 1ᵉʳ*, publiées par Léon Lecestre. Plon, Paris, 1987 (tome 2).
16. *Mémoires de l'abbé Edgeworth de Firmont*, Gide fils, Paris, 1815.
17. *Mémoires sur la vie privée de Marie-Antoinette, reine de France et de Navarre*, Baudoin, Paris, 1822.
18. *Mémoires particuliers, formant avec l'ouvrage de M. Hue et le journal de Cléry, l'histoire complète de la captivité de la famille royale à la Tour du Temple*, Audot, Paris, 1817.
19. (1776-1847).
20. (1799-1850).
21. Les deuxième, quatrième et neuvième strophes du poème ont été mises en musique par Stephenner. Cette mélodie est dédiée à Berryer.
22. Victor Hugo (1802-1885) relata sa visite de la cellule de Marie-Antoinette à la Conciergerie en septembre 1846 dans *Choses vues*.
23. (1786-1864).
24. (1802-1870).
25. *Propos d'art et de cuisine*.
26. (1797-1856).
27. Edmond Huot de Goncourt (1822-1896) et Jules Huot de Goncourt (1830-1870).
28. Tourneux (Maurice), *Bibliographie de Marie-Antoinette*, H. Leclerc et P. Cornuau, Paris, 1895.
29. Maria-Theresa und Marie-Antoinette, *Ihr Briefwechsel während der Jahre 1770-1780*, E. Jung-Treuttel, Paris, W. Braumüller, Vienne, 1865. Arneth publiera la suite de cette correspondance, puis les lettres de Marie-Antoinette, Joseph II et Leopold II, et également celles de Marie-Thérèse et de Mercy-Argenteau.
30. Sand (Maurice Dudevant, dit Maurice) (1823-1889), fils de George Sand.
31. (1831-1908).
32. Villiers de l'Isle Adam (Auguste, comte de) (1838-1889). La nouvelle fait partie du recueil *Histoires insolites*.
33. (1868-1927). Cette nouvelle a été rééditée en 1977 dans le volume *Histoires épouvantables* aux nouvelles éditions Baudinière.
34. Moberly (Charlotte Anne Elisabeth) (1846-1937), principale d'un collège féminin d'Oxford, St Hugh's Hall, et Jourdain (Eleanor Frances) (1863-1924), vice-principale de ce même collège.
35. Edition du Rocher, Paris, 1978.
36. (1865-1947).
37. (1881-1942).
38. (1909-1972).
39. (1884-1958).
40. (1913-1960).
41. (1855-1935).
42. (1859-1940).
43. Né en 1945.
44. (1898-1986).

173

Affiche pour spectacle.
Musée Carnavalet.
cat. 132

174

Affiche de théâtre.
Musée Carnavalet.
cat. 131

page 157 :
175

Affiche de film.
Collection particulière.
cat. 133

La famille royale
au cinéma

Jean Tulard

Le cinéma ne pouvait ignorer les infortunes de la famille royale. Les œuvres ne manquent pas, depuis les nombreux films — tous hagiographiques — consacrés à Marie-Antoinette, jusqu'aux reconstitutions fantaisistes mais si plaisantes de Sacha Guitry (*Si Versailles m'était conté, Si Paris nous était conté…*).

Certains réalisateurs ont été plus ambitieux. Ainsi Ettore Scola évoquant la fuite du roi en 1791 dans *La Nuit de Varennes* (1981). Restif de la Bretonne, qui se veut le chroniqueur de la Révolution, ayant appris le départ du roi, part à sa poursuite dans une diligence où il retrouve l'Américain Paine, le coiffeur de Marie-Antoinette, une dame de compagnie de la reine et, bientôt, Casanova, vieilli et désargenté. On ne fait qu'entrevoir la famille royale à la fin du film qui s'achève, avant une ultime promenade parisienne de Restif, sur le dérisoire salut de la dame de compagnie à un mannequin royal.

Plusieurs films évoquent la chute de la monarchie le 10 août 1792.

En 1921, dans *L'Aiglonne* (œuvre récemment restaurée par la Cinémathèque française) Emile Keppens reconstitue, avec une poignée de figurants, la prise des Tuileries. On y voit Napoléon Bonaparte sauver la comtesse de Navailles des violences révolutionnaires.

Abel Gance à son tour, en 1927, fait du 10 août l'un des morceaux de bravoure de son *Napoléon*. Dans la sacristie des Cordeliers, Danton, Marat et Robespierre préparent l'insurrection, une insurrection qui se fera au chant de La Marseillaise que Danton entonne avec Rouget de l'Isle dans une scène d'un lyrisme étourdissant mais d'une exactitude historique fort contestable. La famille royale y est représentée par une Marie-Antoinette (Suzanne Bianchetti) hautaine et un Louis XVI (Louis Sance) accablé.

L'image se fait volontairement caricaturale dans *La Marseillaise* de Jean Renoir, tournée en 1937, avec le concours de la CGT. Louise Delame est une Marie-Antoinette méprisante et inconsciente et Pierre Renoir un Louis XVI brave homme plus soucieux de ses repas que de la conjoncture politique.

La prise des Tuileries dans la *Marie-Antoinette* de Van Dyke, en 1938, avec la star Norma Shearer dans le rôle principal et Robert Morley en Louis XVI (un Louis XVI franchement gâteux aux prises avec un duc d'Orléans dégénéré), permet d'admirer la maîtrise des techniciens d'Hollywood mais non la culture historique des scénaristes américains, qui invoquent pourtant l'autorité de Stefan Zweig.

Il y a plus de rigueur chez Enrico dans *Les Années Lumière*, premier volet d'une fresque tournée en 1989 pour le bicentenaire de la Révolution. Le regard porté sur la famille royale est plus favorable que dans les films précédents. Jean-François Balmer compose un Louis XVI plus intelligent et moins apathique. Et Jane Seymour est une Marie-Antoinette sensuelle et vulnérable. Pour la première fois le couple royal est présenté sous un jour qui refuse la caricature.

Dans les reconstitutions de la captivité du Temple, deux thèmes sont privilégiés : les projets d'évasion de Marie-Antoinette et le sort de Louis XVII.

De nombreuses adaptations du célèbre roman d'Alexandre Dumas, *Le Chevalier de Maison-Rouge*, se sont succédé, de celle de Capellani en 1912, aujourd'hui perdue, au *Prince au masque rouge* de l'Italien Cottafavi, prince du péplum, en 1954. Chaque fois le complot de l'œillet est traité de façon très fantaisiste. Le calvaire final de la reine est honnêtement évoqué par Jean Delannoy (*Marie-Antoinette*, 1955, avec Michèle Morgan dans le rôle) et Pierre Granier-Deferre (*L'Autrichienne*, 1990 ; Ute Lemper est Marie-Antoinette).

Sur Louis XVII trois films retiennent l'attention. *L'Enfant Roi*, tourné par Jean Kemm en 1923 et restauré en 1989, adopte la thèse de l'évasion de Louis XVII : on lui substitue, avec l'accord de Fersen et de Hoche, un sosie abruti par l'alcool. *Paméla*, dont la mise en scène est de Pierre de Herain, beau-fils du maréchal Pétain, s'inspire, en 1944, d'une pièce de Victorien Sardou, *Paméla marchande de frivolités*. Paméla, prise de pitié pour l'enfant détenu au Temple, favorise un complot de madame Tallien et de Joséphine de Beauharnais pour faire évader Louis XVII dans un panier à linge. Enfin *Le Prisonnier du Temple* (*Dangerous Exile*), en 1958, est l'œuvre d'un réalisateur irlandais, Brian Desmond Hurst, qui a tiré son scénario d'un roman de Vaughan Wilkins, *A King reluctant*. Plus question d'histoire rigoureuse. Le duc de Beauvais (sic) fait évader Louis XVII en lui substituant son propre fils. C'est par aérostat que le jeune roi gagne… le pays de Galles où il faudra le protéger contre plusieurs complots.

Gance, Renoir, Scola, Enrico… le cinéphile ne se plaindra pas. Mais l'historien ne trouvera peut-être pas son compte dans certains scénarios quelque peu délirants et dans l'image trop souvent caricaturale de la famille royale. Il se console en respectant le droit de l'artiste de transfigurer la réalité et il se retirera discrètement, reprenant le titre d'une comédie farfelue de Bud Yorkin, en 1970, *Start the Revolution Without Me* (*Commencez la Révolution sans nous*) !

MICHELE MORGAN   RICHARD TODD

dans un film de
JEAN DELANNOY

MARIE ANTOINETTE
Reine de France

Scénario et adaptation de
BERNARD ZIMMER et **JEAN DELANNOY**
avec la collaboration de **PHILIPPE ERLANGER**
Dialogue de
BERNARD ZIMMER

avec par ordre alphabétique
JEANNE BOITEL
AIMÉ CLARIOND
sociétaire de la Comédie Française
JACQUES MOREL
dans le rôle de LOUIS XVI

COULEUR PAR
TECHNICOLOR

FILMS GIBE
FRANCO-LONDON FILM

Directeur de la Photographie
PIERRE MONTAZEL

Décors de
RENÉ RENOUX

Directeur de Production
PIERRE LAURENT

Musique de
JACQUE SIMONOT

1774

10 mai Mort de Louis XV ; son petit-fils Louis XVI devient roi. Né le 23 août 1754, il a épousé le 16 mai 1770 Marie-Antoinette, archiduchesse d'Autriche, née le 2 novembre 1755.

1778

19 décembre Naissance de Marie-Thérèse-Charlotte, Madame Royale.

1781

22 octobre Naissance du dauphin, Louis-Joseph-Xavier, qui meurt le 4 juin 1789.

1783

3 septembre Traité de Versailles. L'Angleterre reconnaît l'indépendance des Etats-Unis et confirme à la France ses possessions coloniales en Amérique.

1785

25 mars Naissance de Louis-Charles, duc de Normandie.

1786

9 juillet Naissance de Sophie-Béatrice, morte le 19 juin 1787.

1787

22 février-25 mai Assemblée des notables réunie pour résoudre la crise financière.

1789

5 mai Ouverture des Etats généraux à Versailles : 1 199 députés dont 611 du Tiers Etat.

17 juin Le Tiers Etat se constitue en Assemblée nationale ; une partie du clergé le rejoint le 19 juin.

20 juin Serment du Jeu de Paume. Les députés du Tiers jurent de ne pas se séparer avant d'avoir donné une constitution à la France.

23 juin Séance royale à l'issue de laquelle l'Assemblée refuse de se séparer. Le roi ordonne aux deux autres ordres de siéger à l'Assemblée le 27.

9 juillet Elle prend le nom d'Assemblée constituante.

11 juillet Renvoi de Necker ; il sera rappelé le 16.

13 juillet Formation d'une municipalité révolutionnaire et d'une milice, future garde nationale.

14 juillet Pillage des Invalides, prise de la Bastille. Bailly devient maire de Paris le 16 juillet (guillotiné le 22 novembre 1793).

20 juillet-6 août Grande Peur en province.

4 août Abolition des droits féodaux et privilèges.

26 août L'Assemblée vote la Déclaration des droits de l'homme.

5-6 octobre Inquiets du manque de blé et excités par des meneurs, plusieurs milliers de Parisiens marchent sur Versailles, exigent la venue du roi à Paris. L'Assemblée s'installe au Manège des Tuileries le 16.

2 novembre Confiscation des biens du clergé.

19 décembre Création des assignats.

1790

4 février Prestation du serment civique par les députés de l'Assemblée nationale en présence du roi qui «[se met] volontairement à la tête de la Constitution».

12 juillet Constitution civile du clergé, que le roi signe le 24 août.

14 juillet La fête de la Fédération réunit environ 1 400 délégués de toute la France.

27 novembre L'Assemblée impose au clergé un serment civique.

1791

28 février Affaire des Poignards. Sept cents à huit cents nobles et officiers, réunis aux Tuileries pour défendre le roi, sont arrêtés et désarmés par la garde nationale.

13 avril Le pape condamne la constitution civile du clergé.

18 avril Louis XVI est empêché de se rendre à Saint-Cloud.

14 juin La loi Le Chapelier abolit la réglementation des métiers, interdit les grèves et coalitions.

21 juin Départ du roi vers l'est ; il est arrêté à Varennes.

17 juillet Manifestation au Champ-de-Mars, organisée par le club des Cordeliers qui réclame la déchéance du roi, réprimée par la garde nationale.

14 septembre Louis XVI jure de maintenir la constitution.

30 septembre L'Assemblée constituante se sépare, remplacée par l'Assemblée législative le 1er octobre.

14 novembre Petion, maire de Paris (proscrit, il se suicide le 18 juin 1794).

9 et 29 novembre Décrets contre les prêtres réfractaires et les émigrés.

1792

20 avril Sous la pression des Girondins, l'Assemblée déclare la guerre au roi de Bohême et de Hongrie.

20 juin Manifestation à l'appel des Girondins. La foule envahit les Tuileries, Louis XVI est contraint de coiffer un bonnet rouge.

11 juillet L'Assemblée proclame la patrie en danger.

3 août Publication à Paris du manifeste de Brunswick. À l'appel de Robespierre, les sections exigent la déchéance de Louis XVI.

10 août Dans la nuit, des élus des sections forment la Commune insurrectionnelle. Le 10, les sections soulevées par Danton se jettent à l'assaut des Tuileries. L'Assemblée suspend le roi, qui est enfermé au Temple, avec sa famille, le 13 août.

2-7 septembre Massacre des suspects entassés dans les prisons, organisé par les chefs de la Commune, avec la complicité de Marat.

20 septembre A Valmy, victoire de Kellermann sur Brunswick.

21 septembre Réunion de la Convention nationale, élue au suffrage universel pour réviser la constitution : elle abolit la royauté, proclame la république, décrète Louis XVI d'accusation.

6 novembre Victoire de Jemmapes.

11 décembre Procès du roi à la Convention.

1793

21 janvier Exécution de Louis XVI.

1er février La Convention déclare la guerre à l'Angleterre et à la Hollande.

24 février La Convention ordonne la levée de 300 000 hommes.

Mars Insurrection de la Vendée.

18 mars Défaite de Neerwinden.

6 avril Création du Comité de salut public (Robespierre, Couthon, Saint-Just, Collot d'Herbois, Billaud-Varenne). Première séance du Tribunal révolutionnaire.

31 mars et 2 juin Les sections parisiennes éliminent les Girondins.

Juin En province, insurrection girondine fédéraliste (mort de Chalier).

24 juin Adoption de la constitution de l'an I, promulguée le 10 août.

6 juillet Louis XVII, arraché à sa mère, est confié à Antoine et Marie-Jeanne Simon.

13 juillet Marat est assassiné par Charlotte Corday.

23 août La Convention décrète la levée en masse de tous les Français.

5 septembre A la suite d'une manifestation à l'appel d'Hébert, la Convention place « la Terreur à l'ordre du jour ».

17 septembre Loi des suspects.

29 septembre Loi du Maximum général (prix et salaires).

5 octobre Calendrier révolutionnaire.

10 octobre Le gouvernement se proclame «révolutionnaire jusqu'à la paix».

14 octobre Procès de Marie-Antoinette, transférée à la Conciergerie le 2 août.

16 octobre Exécution de Marie-Antoinette.

Octobre-décembre Soulèvements de Lyon, Toulon, etc., écrasés.

31 octobre Exécution des députés Girondins.

6 novembre Exécution de Louis-Philippe-Joseph d'Orléans, dit Philippe Egalité.

Décembre Les frontières sont dégagées.

4 décembre (14 frimaire an II) Organisation du gouvernement révolutionnaire.

1794

19 janvier (30 nivose an II) Simon démissionne. Louis XVII est enfermé et isolé.

24 mars Robespierre fait exécuter les hébertistes.

5 avril Il fait exécuter les dantonistes ou indulgents.

9 mai Exécution de Madame Elisabeth.

8 juin (20 prairial an II) Fête de l'Etre suprême.

10 juin Loi du 22 prairial an II qui organise la Grande Terreur, supprimant les garanties habituelles de la justice (plus de 1 300 exécutions à Paris du 13 juin au 27 juillet).

26 juin Victoire de Fleurus.

27 juillet (9 thermidor an II) Robespierre est renversé. Le gouvernement est réorganisé, avec Barras, Fouché, Tallien.

1795

1er avril et 20 mai (12 germinal et 1er prairial an III) Des émeutes, dues à la disette, sont écrasées.

5 avril, 16 mai et 22 juillet Traités de Bâle et de La Haye. La coalition contre la France est dissoute.

30 mai Des églises non aliénées sont rendues au culte. Suppression du Tribunal révolutionnaire le 31.

8 juin (20 prairial an III) Mort de Louis XVII.

5 octobre (13 vendemiaire an III) Insurrection royaliste écrasée par Bonaparte.

26 octobre La Convention se sépare. Le lendemain entre en vigueur la constitution de l'an III qui donne naissance au Directoire.

176
L'apothéose de Louis XVIII.
Musée Carnavalet.
cat. 121

Catalogue

L'APOTHÉOSE DE LOUIS XVIII.

À Paris chez Osterwald l'ainé Éditeur, Rue Pavée St. André des Arts. N.° 3.

PEINTURES
Classement alphabétique

1 - Anonyme XVIIIᵉ s.
Exécution de Louis XVI.
Huile sur cuivre - 0,465 x 0,58.
Inscription en bas : « Ludewig den XVI ᵈᵉˢ Konge af Frankerige Henrettelse den 21 Januari 1793 ».
Don Dollfus, 1912.
Exp. : Carnavalet, 1939, n° 271 ; Tokyo, 1978, n° 176.
Musée Carnavalet, P. 1834.

2 - Anonyme XVIIIᵉ s.
Exécution de Marie-Antoinette.
Huile sur cuivre - 0,465 x 0,58.
Inscription en bas : « Maria Antoinetta, Dronning af Frankerige Henrettelse den 16 October 1793 ».
Don Dollfus, 1912.
Exp. : Tokyo, 1978, n° 190.
Musée Carnavalet, P. 1833.

3 - Charles Bénazech (1767-1794)
Les Adieux de Louis XVI à sa famille.
Huile sur toile - 0,42 x 0,56.
Don de Vinck, 1920.
Exp. : Carnavalet, 1939, n° 268 ; Versailles, 1955, n° 430 ; La Révolution française et l'Europe, Paris, 1989, n° 541.
Château de Versailles, MV 5831.

4 - Charles Bénazech (1767-1794)
Exécution de Louis XVI.
Huile sur toile - 0,42 x 0,56.
Don de Vinck, 1920.
Exp. : Carnavalet, 1939, n° 270 ; La Révolution française et l'Europe, Paris, 1989, n° 543.
Château de Versailles, MV 5832.

5 - Charles Bénazech (d'après)
Les Adieux de Louis XVI à sa famille.
Huile sur carton - 0,235 x 0,297.
Musée Carnavalet, P. 1569.

6 - Charles Bénazech (d'après)
Les Adieux de Louis XVI à sa famille.
Huile sur toile - 0,325 x 0,400.
Musée Carnavalet, P. 1670.
Chacun des personnages visiblement empruntés à Bénazech a été placé différemment, formant ainsi une nouvelle composition.

7 - Jacques Bertaux (? - ?)
Prise du palais des Tuileries, cour du Carrousel, le 10 août 1792.
Huile sur toile - 1,24 x 1,92.
S. : « Bertaux fecit ».
Salon de 1793, n° 125.
Exp. : Tokyo, 1978, n° 129.
Château de Versailles, MV 5182.

7 bis - Louis Léopold Boilly (1761-1845)
Louis XVII séparé de sa mère.
Huile sur toile - 0,45 x 0,61. Peinture en grisaille.
Exp. : Carnavalet, 1931, n° 719 ; Versailles, 1955, n° 227.
Collection particulière.

8 - Anne Flore Millet, marquise de Bréhan (vers 1752 - après 1800)
Marie-Antoinette au Temple.
Huile sur toile - 0,740 x 0,375
Don de la baronne Elie de Rothschild, 1979.
Exp. : Versailles, 1955, n° 114.
Musée Carnavalet, P. 2172.

9 - Anne Flore Millet, marquise de Bréhan (vers 1752 - après 1800)
Marie-Antoinette recevant la bénédiction d'un prêtre, à la Conciergerie.
Huile sur toile - 0,36 x 0,31.
Collection particulière.
Gravé par George Keating (1762-1842) en 1796 (cf. de Vinck n° 546) et, en couleur, par Carlo Venzo (actif vers 1780-1800) ; (ibidem n° 547).

10 - Nicolas-Guy Brenet (1728-1792)
Louis XVI jurant fidélité à la constitution sur l'autel de la Patrie.
Huile sur toile - 0,61 x 0,465.
Legs de Silguy, 1864.
Exp. : Louis XVII, Paris, 1987, n° 81 ; La Révolution française et l'Europe, Paris, 1989, n° 904.
Musée de Quimper, inv. 873-1-436.

11 - Georges Cain (1853-1919)
Marie-Antoinette sortant de la Conciergerie, le 16 octobre 1793.
Huile sur toile - 1,76 x 2,12.
S. D. b. g. : « Georges Cain 1885 ».
Salon de 1885, n° 441.
Don de Mme Georges Cain, 1923.
Musée Carnavalet, P. 1414.

11 bis - Antoine-François Callet (1741-1825)
Louis XVI en 1786.
Huile sur toile - 0,915 x 0,73.
Achat 1981.
Exp. : Carnavalet, 1983 ; nouvelles acquisitions, n° 34.
Musée Carnavalet, P. 2174.

12 - Henri-Pierre Danloux (1753-1809)
Jean-Baptiste Canthaney, dit Cléry, valet de chambre de Louis XVI (1759-1809).
Huile sur toile - 0,65 x 0,54.
S. D. : « H. P. Danloux Fac Bat 1798 ».
Exp. : Carnavalet, 1931, n° 12 ; Versailles, 1955, n° 296.
Achat en vente publique (1963) ; coll. Besnier ; coll. Argence.
Château de Versailles, MV. 8212.

13 - Henri-Pierre Danloux (1753-1809)
Louis XVI écrivant son testament.
Huile sur toile - 1,55 x 1,19.
Don Villefranche, 1956.
Exp. : Versailles, 1955, n° 135.
Château de Versailles, MV. 8084.

14 - Paul Delaroche (1797-1856)
Marie-Antoinette après sa condamnation (1851).
Huile sur toile - 0,71 x 0,54.
Collection particulière.

15 - François Garneray (1755-1837)
(d'après)
Louis XVI au Temple.
Huile sur bois - 0,465 x 0,38.
A Monsieur Bernard Minoret.

16 - Jean-Jacques Hauer (1751-1829)
Les Adieux de Louis XVI à sa famille.
Huile sur toile - 0,53 x 0,46.
S. D. : « Hauer 1794 » ; inscription sur la cheminée, en
lettres d'or : « Adieux de Louis XVI à / sa famille dans
la Tour du / Temple, le 20 janvier 1793 / à Paris ».
Don de la baronne Elie de Rothschild, 1961.
Exp. : Tokyo, 1978, n° 171.
Musée Carnavalet, P. 1988.

17 - Jean-Jacques Hauer (1751-1829)
Les Adieux de Louis XVI à sa famille.
Huile sur toile - 0,54 x 0,42.
S. D. : « J. J. Hauer 1795 ».
Exp. : Louis XVII, Versailles, 1989.
Collection particulière.

18 - Jean-Jacques Hauer (1751-1829)
Les Adieux de Louis XVI à sa famille.
Huile sur bois. - 0,645 x 0,535.
Musée Lambinet, Versailles, inv. 759.

19 - Jean-Jacques Hauer (1751-1829)
La Dernière Confession de Louis XVI.
Huile sur toile - 0,55 x 0,42.
Collection particulière.

20 - Jean-Jacques Hauer (1751-1829)
La Dernière Confession de Louis XVI.
Huile sur toile - 0,325 x 0,245.
S. D. b. g. : « J. J. Hauer 1793 ».
Legs Ch. Vatel, 1883.
Exp. : Louis XVII, Versailles, 1989, n° 195.
Musée Lambinet, Versailles, inv. 1652.

21 - Jean-Jacques Hauer (1751-1829)
Exécution de Louis XVI.
Huile sur toile - 0,80 x 0,99.
S. D. : « J. J. Hauer 1795 ».
Exp. : Louis XVII, Versailles, 1989, n° 201.
Collection particulière.

22 - Jean-Jacques Hauer (1751-1829)
Louis XVII séparé de sa mère,
le 3 juillet 1793.
Huile sur toile - 0,53 x 0,46.
S. D. : « J. J. Hauer, 1795 ».
Don de la baronne Elie de Rothschild, 1961.
Exp. : Tokyo, 1978, n° 171 ; Louis XVII, Paris, 1989,
n° 272 bis.
Musée Carnavalet, P. 1989.

23 - Alexandre Kucharski (1741-1819)
Marie-Antoinette en 1791.
Huile sur toile - 0,22 x 0,168.
Inscription manuscrite au dos : « Marie-Antoinette. /
Donné par la Duchesse d'Angoulême / à Mme de
Béarn / la seule survivante / avec elle des prisonniers
du temple. / Un espace de *deux* ans sépare / la date
de ce portrait de celui fait au temple ».
Exp. : Versailles, 1927, n° 309 ; Carnavalet, 1931,
n° 54.

Au comte Jean de Béarn.
Pauline de Tourzel (1771-1839), enfermée
au Temple avec la famille royale et avec sa
mère, fut ensuite emprisonnée à l'Abbaye,
où elle échappa par extraordinaire aux
massacres de septembre 1792. Arrêtée à
nouveau, elle fut libérée le 9 thermidor.
Dame d'honneur de la duchesse
d'Angoulême, elle épousa en 1797 le
comte de Béarn. Ses *Souvenirs de
quarante ans* ont été publiés en 1861.

24 - Alexandre Kucharski (1741-1819)
Marie-Antoinette en veuve, au Temple.
Huile sur toile - 0,22 x 0,168.
Inscription manuscrite au dos : « Marie-Antoinette /
fait au Temple après la mort du Roi / donné à Mme
de Bearn sa / compagne de captivité au / Temple par
Me la Dauphine / Duchesse d'Angoulême ».
Exp. : Versailles, 1927, n° 313 ; Carnavalet, 1931,
n° 53.
Au comte Jean de Béarn.

25 - Alexandre Kucharski (1741-1819)
Marie-Antoinette en veuve, au Temple.
Huile sur toile - 0,215 x 0,16.
Don du baron Léonino, 1927.
Musée Carnavalet, P. 1457.

26 - Alexandre Kucharski (d'après)
Marie-Antoinette en veuve, au Temple.
Huile sur toile - 0,71 x 0,545.
Don de M. Faton, 1982.
Exp. : Tokyo, 1978, n° 188 ; Louis XVII, Paris,
n° 271 bis.
Musée Carnavalet, P. 2205.

**27 - Adélaïde Labille-Guiard (1749-
1803)**
Madame Elisabeth (1764-1794).
Huile sur toile - 0,81 x 0,635.
S. D. : « Labille Fme Guiard 1788 »
Collection Francheville ; legs Lente (au musée du
Louvre), 1947 ; dépôt du Louvre.
Château de Versailles, MV. 7332.

28 - Joseph Navlet (1821-1889),
attribué à
La famille royale conduite au Temple.
Huile sur toile - 0,245 x 0,355.
Collection particulière.

29 - Sophie Prieur (1770-1818),
attribué à, (d'après Kucharski)
Marie-Antoinette en veuve, au Temple.
Huile sur toile - 0,357 x 0,27.
S. b. d. : « Prieur ».
Collection Louis-Philippe ; M. Lobon ; achat 1884.
Exp. : Carnavalet, 1939, n° 412.
Musée Carnavalet, P. 265.

30 - Hubert Robert (1733-1808)
**La Messe de la famille royale au palais
des Tuileries, dans la galerie de Diane.**
Huile sur toile - 0,37 x 0,46.
Coll. de madame du Barry ; coll. H. Loyer.
Exp. : Carnavalet, 1931, n° 73 ; Hubert Robert, Paris,

1933, n° 157 ; Carnavalet, 1939, n° 235 ; Hubert
Robert-Louis Moreau, Paris, Cayeux, 1957, n° 157 ;
Hubert Robert et la Révolution, Valence, 1989, n° 4 ;
De Versailles à Paris, le destin des collections
royales, Paris, 1989, n° 27 ; Madame du Barry,
Marly-le-Roi, 1992, n° 79.
Collection particulière.
La messe évoquée est antérieure au
20 juin 1791, date à laquelle la galerie a
été condamnée. Les tapisseries sont celles
de l'« Histoire du roi » d'après Van der
Meulen.

31 - Charles Thévenin (1764-1838)
La Fête de la Fédération.
Huile sur toile - 1,27 x 1,83.
Achat 1988.
Musée Carnavalet, P. 2342.

**32 - Lancelot-Théodore Turpin de Crisse
(1782 1859)**
Cérémonie à la chapelle expiatoire.
Huile sur toile - 0,74 x 0,99.
S. D. d. : « T. T. » (surmonté d'une couronne) « 1835 ».
Achat 1938.
Musée Carnavalet, P. 1819.

**33 - Joseph-Marie Vien, le Jeune
(1762-1848)**
Louis XVII au Temple.
Huile sur toile - 0,60 x 0,485.
S. D. d. : « Vien fils 1793 ».
Achat 1922.
Exp. : Carnavalet, 1939, n° 419 ; Tokyo, 1978, n° 193 ;
Paris, 1980, n° 82 ; Louis XVII, Paris, 1989,
n° 274 bis.
Musée Carnavalet, P. 1403.

**33 bis - Adolf-Ulrik Wertmuller
(1751-1811)**
Marie-Antoinette.
Huile sur toile - 0,65 x 0,53.
Signé et daté : « A. Wertmuller S. a Paris 1788 ».
Coll. Besnier ; coll. Argence ; acquis en vente
publique, 1963.
Château de Versailles, MV 8211.

DESSINS
Classement alphabétique

34 - Anonyme XVIIIe s.
La Famille royale aux Tuileries.
Mine de plomb - 0,100 x 0,125.
Collection particulière.

35 - Anonyme XVIIIe s.
Plan du rez-de-chaussée du château des Tuileries en 1789.
Encre noire, lavis vert, jaune et rose - 1,880 x 0,371.
Les retombes ont disparu. Les lettres chiffrées correspondent aux différents logements.
Archives nationales, C.P. Va 59/15.

36 - Anonyme XVIIIe s.
Plan du premier étage du château des Tuileries en 1789.
Encre noire, lavis jaune, bleu, rose et vert - 1,820 x 0,360.
Les retombes ont disparu.
Archives nationales, C.P. Va 59/16.

37 - Anonyme XVIIIe s.
Plan général de la Conciergerie/Premier étage.
Encre et lavis.
Archives Nationales, F14 10253 Paris n° 13, pl. 2.
Ce plan et celui du rez-de-chaussée sont les seuls connus de la prison datant de la fin du XVIIIe siècle. On lit le nom de l'abbé Boistel, chanoine et receveur du collège de la Sainte-Chapelle (chapitre dissous à la fin du XVIIIe siècle) sur les locaux entourant la cour de la Chambre des comptes (cf. S. de Dainville-Barbiche, *Le Clergé paroissial de Paris de 1789 à janvier 1791. Répertoire biographique, Paris, 1992).*
La prétendue 2e cellule, installée semble-t-il dans la pharmacie du sieur Lacour était bien au 1er étage. Une des deux pharmacies de la prison, située dans le quartier des femmes, correspond à la description faite dans le procès-verbal des municipaux après la conjuration de l'Œillet. Ce plan, situe de plus la chambre du Conseil (qui aurait servi de cellule à Marie-Antoinette) au 1er étage, près de la cour des Aides.

38 - Anonyme XVIIIe s.
Portrait du dauphin au Temple.
Pierre-noire et sanguine avec rehauts de craie - 0,340 x 0,250.
Don de M. Regnault.
Exp. : Carnavalet, 1939, n° 420 ; Carnavalet, 1946, n° 109.
Musée Carnavalet, D. 7045.

39 - Anonyme XVIIIe s.
Portrait de Simon, concierge du Temple.
Sanguine - 0,167 x 0,134.
En b. d. : « Simon/Concierge du Temple ».
Musée Carnavalet, D. 9193.

40 - Anonyme XIXe s.
Projet de monument à Louis XVI.
Crayon, aquarelle - Diam. 0,15.
Inscriptions à la frise : « A Louis XVI A la Paix » et en b. : « Massif de la Culée du Pont de Louis XVI ».
Musée Carnavalet, D. 2978.

41 - Anonyme XIXe s.
Projet pour le tombeau de Louis XVI et de Marie-Antoinette.
Plume, encre de Chine, lavis de bistre avec rehauts de jaune figurant l'or - 0,137 x 0,175.
Musée Carnavalet, D. 6161.

42 - Anonyme XIXe s.
Projet pour le tombeau de Madame Elisabeth.
Plume, lavis de bistre avec rehauts de jaune figurant l'or - 0,132 x 0,177.
Sur le tombeau : « Me Elisabeth/fille/D. France ».
Musée Carnavalet, D. 6160.

43 - Pierre-Michel Alix (1762-1817)
L'Abbé Edgeworth.
Gouache - 0,262 x 0,170 (intérieur du cadre) ; 0,309 x 0,220 (extérieur du cadre).
« P. M. ALIX/1794 », au milieu à g. au pinceau.
Montage contemporain du dessin.
Musée Carnavalet, D. 9192.
Henri Essex Edgeworth de Firmont (1745-1807), fils d'un pasteur, devenu catholique, se réfugia en France et entra dans les ordres. Confesseur de Madame Elisabeth, il fut appelé expressément par Louis XVI pour l'assister dans ses derniers moments. Il parvint à s'enfuir en Angleterre auprès du comte d'Artois. Edgeworth plus tard bénit le mariage du duc d'Angoulême et, sur l'injonction de Louis XVIII, écrivit la relation de la mort de Louis XVI qui ne fut publiée qu'en 1815.

44 - J. D. Baudouin († en 1818)
L'Exécution de Louis XVI.
Dessin à la plume - 0,135 x 0,180.
A g. : « J. Baudouin Fit, 1794 ».
Exp. : Chateaubriand et la Révolution française, Chatenay-Malabry, 1989, n° 88.
Musée Carnavalet, D. 4485.
Il existe une gravure de cette scène : Cf. B.N.F.F. XVIIIe s., Duplessi-Bertaux, n° 358 « Supplice de Louis XVI, place de la Révolution, 21 janvier 1793 », n° 78 des Tableaux historiques de la Révolution Française.
Eau-forte pure par J. Duplessi-Bertaux (mort en 1818) et eau-forte par P. G. Berthault (1737-1831) d'après J. Swebach-Desfontaines (1769-1828).
cf. M.C., Topo. PC. 127C.

45 - Berger
Adieux de Marie-Antoinette.
Gouache sur velin - 0,265 x 0,195.
Signé en b. g. : « L. Berger 1797 ».
Collection particulière.

46 - Pierre Bouillon (1776-1831)
Dévouement de Madame Elisabeth. 20 juin 1792.
Pierre-noire - 0,400 x 0,542.
b. g. signé, daté : « B. (illisible) ».
En b. : « Les Révolutionnaires ayant envahi les Tuileries réclamant Marie-Antoinette, Mme Elisabeth pour sauver la Reine dit que c'est elle. Mais un chambellan voyant qu'ils vont s'en saisir fait reconnaître l'erreur ».
Au dos même inscription et : « dessin par Pierre Bouillon en 1791 ayant servi pour la gravure de Cazenave ».
Acquis de Feldmann (1932).
Exp. : Carnavalet, 1939, n° 223 ; Carnavalet, 1982, n° 13.
Musée Carnavalet, D. 5997.
A d. : Maillard conduit les Révolutionnaires.
Au centre : Mme Elisabeth protégée par son écuyer M. de Marcilly et M. d'Hermigny.
A g. : Louis XVI et le Mal de Mouchy sortent.
La gravure de ce même sujet est dans de Vinck n° 4865 et dans Hennin n° 11186 (datée de 1794).
Œuvre de J. B. Vérité, chez Vérité d'après Bouillon.

47 - Pierre Bouillon (1776-1831)
Jugement de Marie-Antoinette.
Pierre-noire et gouache blanche, lavis d'encre de chine - 0,397 x 0,533.
signée, datée, b. g. : « B. 1794 ».
Acquis de Feldmann (1932).
Exp. : Carnavalet, 1939, n° 307 ; Carnavalet, 1982, n° 14.
Musée Carnavalet, D. 5974.
La Reine est à droite, debout ; à gauche les accusateurs. Parmi eux, vers la droite, Chauveau-Lagarde avocat ; Foucaud a la tête dans la main ; N. J. Paris dit Fabricius, greffier, écrit. Le Président A. M. J. Herman lit debout sur l'estrade, à sa gauche Collier ; en contrebas l'accusateur public Fouquier-Tinville. Hébert dit le Père Duchêne est sur le devant.
La gravure au pointillé de ce même sujet est dans de Vinck n° 5455, Hennin n° 11622 (datée de 1794) et dans B.N.F.F. XVIIIe s., Cazenave n° 9 (J. F. Cazenave, né en 1770). Elle fut déposée le 19 prairial an IX (8 juin 1801), avec pour lettre : « Jugement de Marie-Antoinette d'Autriche ; / au Tribunal Révolutionnaire / au mois 8bre 1793 », « Casenave sculp. », « Bouillon del. 1794 », « Chez Vérité ». Cette gravure a un pendant : « Louis XVI avec son confesseur Edgeworth, un instant avant sa mort le 21 janvier 1793 ».

48 - Jean-Pierre Cortot (1787-1843)
Malesherbes présentant à Louis XVI l'arrêt de la Convention.
Crayon - 0,199 x 0,465.
Signé b. g. : « CORTOT f. /1826 ».
Exp. : Carnavalet, 1939, n° 1529.
Musée Carnavalet, D. 458.
Bas-relief pour un monument à la

mémoire de Lamoignon de Malesherbes, au palais de Justice, exécuté par Cortot en 1825.

49 - Robert Dighton (? 1752-1814)
Le Retour de Louis XVI à Paris, le 6 octobre 1789.
Crayon, plume, encre grise, aquarelle, craies de couleur, fusain - 0,673 x 0,935.
Don de Mme David-Weill (1990).
Musée Carnavalet, D. 14013.

50 - Joseph Ducreux (1735-1802)
Portrait de Louis XVI.
Fusain avec rehauts de craie, sur papier bleuté - 0,490 x 0,300.
Acquis de M. Sortais (1893).
Exp. : Carnavalet, 1939, n° 405 ; Carnavalet, 1946, n° 90 ; Tokyo, 1978, n° 170 ; Paris, 1980, n° 67.
Musée Carnavalet, D. 7108.

51 - Jean-Démosthène Dugourc (1749-1825)
Pompe funèbre de Louis XVI et Marie-Antoinette à Saint-Denis le 21 janvier 1815 (vue intérieure).
Plume relevé de bistre et d'encre de Chine - 0,450 x 0,320.
Château de Versailles, Inv. 286.

52 - Jean-Démosthène Dugourc (1749-1825)
Translation des restes de Louis XVI et de Marie-Antoinette à Saint-Denis le 21 janvier 1815.
Plume, lavis d'encre de Chine et d'aquarelle - 0,322 x 0,456.
Don de M. F. Dainville (1903).
Exp. : Châteaubriand, B.N., 1969, n° 309.
Musée Carnavalet, D. 7543.

53 - Jean Duplessi-Bertaux (1747-1813)
Marie-Antoinette.
Mine de plomb - 0,090 x 0,070.
En b. à l'encre : « Portrait de Marie-Antoinette, Reine de france dessiné aux tuileries par duplessi-bertaux ».
Collection particulière.

54 - Duvivier fils
La statue de Louis XVI par Cortot, projet pour la place de la Concorde.
Lavis de sépia - 0,440 x 0,338.
Au v° : « Dessin fait par M. Duvivier / d'après la statue, ou modèle de plâtre / fait par M. Cortot, Membre de l'Institut / dont les événements de 1830 ont empêché/la fonte. / Cette statue de Louis XVI devait être/placé au centre de la place de la Concorde. / Ce dessin vient du Cabinet de M. Quatremère de Quincy. »
Exp. : De la Place Louis XV à la place de la Concorde, M.C., 1982, n° 158.
Musée Carnavalet, D. 8915.
La statue ne fut jamais mise en place. Elle fut détruite dans l'atelier du fondeur Crozatier durant les journées de juillet.
Cf. gravure n° 130.

55 - Pierre-François-Léonard Fontaine (1762-1853)
Chapelle expiatoire rue d'Anjou ; coupe, plan, élévation.
Plume, encre noire, lavis rose - 0,464 x 0,866.
Signé, daté.
Inscription b. d. : « Dressé par nous Architecte du Roi dans la division / du Louvre et des Tuileries A Paris ce 12 Décembre 1815 / PFL Fontaine ».
Archives de la Direction du patrimoine, D. 16413.

56 - Pierre-François-Léonard Fontaine (1762-1853)
Plan des terrains à acquérir pour la construction de la chapelle expiatoire.
Plume, encres, lavis de couleurs - 0,480 x 0,305.
Signé, daté.
Inscription b. d. : « Dressé par nous Architectes de la division du Louvre et des Tuileries / A Paris le 8 Xbre 1815 / PFL. Fontaine » et à d. : « Estimation des terrains / et bâtiments pour l'exécution / du monument à élever sur / l'emplacement du Cimetière / de la Madeleine ».
Echelle en toises.
Archives de la Direction du patrimoine, même chemise que le dessin précédent.

57 - Alexandre-Juste Frary (1779-?)
Projet de monument sur la colline de Chaillot à la gloire des Bourbons.
Plume, aquarelle - 0,843 x 0,555.
Exp. : Chaillot, Passy, Auteuil, Promenade Historique dans le XVI° arrondissement, 1982, n° 63 (anonyme).
Musée Carnavalet, D. 8212.

58 - Alexandre Kucharski (1741-1819) (attribué à)
Marie-Antoinette.
Lavis rehaussé d'aquarelle - 0,820 x 0,640 (ovale)
Provient de madame de Tourzel.
Collection particulière.
Réplique du pastel de Versailles (MV. 8053), commencé en 1791, repris en 1792 et laissé inachevé le 10 août 1792.

59 - Achille Leclere (1785-1853)
Elévation principale et coupe sur la longueur de l'église de la Madeleine transformée en chapelle expiatoire.
Plume, encre noire, lavis rose - 0,417 x 0,610.
Signé, daté.
Inscriptions b. d. : « Juin 1814 mars 1816 - Leclere Rue Hauteville n° 2 » ; au centre en h. : « Elévation principale » ; au milieu : « Coupe sur la longueur », en b. : « Coupe sur la largeur ».
Musée Carnavalet, D. 9428.

60 - Achille Leclere (1785-1853)
Plan de la Madeleine, transformée en chapelle expiatoire et de ses environs.
Plume, aquarelle - 0,560 x 0,415.
Musée Carnavalet, D. 9420.

61 - Achille Leclere (1785-1853)
Vue perspective intérieure de l'église de la Madeleine transformée en chapelle expiatoire.
Crayon et lavis brun - 0,545 x 0,435.
Musée Carnavalet, D. 9426.

62 - Nicolas Lejeune (né vers 1750)
Louis XVI à l'Assemblée nationale le 4 février 1790.
Lavis d'encre de Chine avec rehauts de gouache blanche - 0,291 x 0,219.
En h. à d., sur un cartouche accolé à la balustrade, inscription au miroir : « Concorde, Amour / du Roi pour le peu [ple] / et du peuple pour le Roy ».
Coll. Léon Roux (vente du 20-22 avril 1903, n° 81).
Acquis de M. Fabius (1933).
Exp. : Carnavalet, 1946, n° 208 ; Carnavalet, 1982, n° 67.
Cf. de Vinck n° 4252 ; cf. B.N.F.F. XVIII° s., F. A. David, n° 41 à 43 et N. Lejeune, p. 35.
Musée Carnavalet, D. 8925.
Gravé par F. A. David (1741-1824) avec l'adresse : « A Paris, chez M. David, rue Pierre Sarazin n° 13 ». Annoncé au Journal de Paris le 29 septembre 1790. Le titre sur la marie-louise semble erroné : « Louis XVI à l'Assemblée Nationale - fait le serment de maintenir et de / défendre la Constitution - (14 septembre 1791) » ; suivant les gravures de David, le motif de Louis XVI recevant la couronne des mains de la France fait allusion à l'événement du 4 février 1790.

63 - Lequeu (attribué à)
« Garde montée au chateau du Temple : grosse Tour flanquée / de 4 tourelles. Le frère hubert, Trésorier des Templiers la bâtie / vers 1210. »
b. g. : « Je les ai vus La. L. Q. »
Crayon sur papier gris, angles coupés - 0,244 x 0,167.
Bibliothèque nationale, Qb1 (29 septembre 1792).

64 - Jean-Baptiste Cicéron Lesueur (1794-1883)
Projet pour la place Louis XVI, vue du pont Louis XVI.
Plume, aquarelle - 0,172 x 0,526.
Exp. : De la place Louis XVI à la place de la Concorde, M.C., 1982, n° 163.
Musée Carnavalet, D. 8718.

65 - Jean-Baptiste Cicéron Lesueur (1794-1883)
Projet pour la place Louis XVI, vue de la rue Royale.
Plume, encre noire, aquarelle - 0,335 x 0,364.
Exp. : De la place Louis XVI à la place de la Concorde, M.C., 1982, n° 164.
Musée Carnavalet, D. 8719.

66 - Jean-Louis Prieur (1759-1795)
La garde nationale désarmant les Chevaliers du poignard dans l'intérieur du château des Tuileries le 28 février 1791.
Mine de plomb, lavis gris, rehauts d'encre noire -

0,187 x 0,242.
Exp : Carnavalet, 1931, n° 251 ; Carnavalet, 1939, n° 187 ; Carnavalet, 1982, n° 125.
Cf. de Vinck n° 3873.
Musée Carnavalet, dépôt du musée du Louvre (1934) R. F.6213 [D. 7721].
Dessin gravé par Berthault, cf. B.N.F.F. XVIIIᵉ s. Berthault n° 249, n° 49 des Tableaux historiques de la Révolution française.

67 - Jean-Louis Prieur (1759-1795)
Le peuple entrant au château des Tuileries le 20 juin 1792.
Mine de plomb - 0,186 x 0,252.
Exp : Tokyo, 1978 n° 126.
Cf. de Vinck n° 4858.
Musée Carnavalet, dépôt du musée du Louvre (1934) R. F.6231 [D. 7723].
Dessin gravé par Berthault, cf. B.N.F.F. XVIIIᵉ s. Berthault n° 262, n° 62 des Tableaux historiques de la Révolution française.

68 - Jean-Louis Prieur (1759-1795)
Retour de Varennes.
Mine de plomb, rehauts d'encre noire - 0,221 x 0,292.
Exp. : Carnavalet, 1931, n° 254 ; Carnavalet, 1939, n° 204 ; Carnavalet, 1982, n° 128.
Cf. de Vinck n° 3974.
Musée Carnavalet, dépôt du musée du Louvre (1934) R. F.6218 [D. 7719].
Arrivée de Louis XVI à Paris, le 25 juin 1791, le cortège passe près de la barrière du Roule.
Dessin gravé par Berthault, cf. B.N.F.F. XVIIIᵉ s. Berthault n° 254, n° 54 des Tableaux historiques de la Révolution française.

69 - Jean-Louis Prieur (1759-1795)
Siège et prise du château des Tuileries, le 10 août 1792.
Mine de plomb, rehauts d'encre noire - 0,225 x 0,290.
Exp. : Carnavalet, 1931, n° 258 ; Carnavalet, 1939, n° 237 ; Carnavalet, 1946, n° 296 ; Carnavalet, 1982, n° 132.
Cf. de Vinck n° 4900.
Musée Carnavalet, dépôt du Musée du Louvre (1934) R. F.6228 [D. 7762].
Dessin gravé par Berthault, cf. B.N.F.F. XVIIIᵉ s. Berthault n° 267, n° 67 des Tableaux historiques de la Révolution française.

70 - Thierry
Projet de monument funéraire pour la famille royale.
En b. : « Aux Manes de - la Famille Royale / par Thierry » (inscription en doré).
Entré en 1900.
Lavis d'encres noire et brune - Diam.0,094.
Exp. : Carnavalet, 1939, n° 511.
Musée Carnavalet, D. 13366.

GRAVURES ET AFFICHES
Classement chronologique

71 - « The Kings Entry into Paris on the 6 of October 1789.
Entrée du Roi à Paris le 6 octobre 1789. / London Publish'd Nov.20, 1789, by B. Vander Gucht Lower Brook street & J. White Tavistock Street - London chez B. Vander Gucht et J. White ».
Sous le t. c. à g. : « Drawn on the Spot by an Eminent Artist » ; à d. : « Désigné sur le lieu par un Amateur distingué » ; au centre, à la pointe : « John Wells Aquatinta ».
Eau-forte et aquatinte en couleur par John Wells (1792-1809) - 0,248 x 0,575 (t. c.).
Cf. de Vinck n° 3001.
Musée Carnavalet, Hist. GC. V A.

72 - « Premier hommage des Habitans de Paris à la Famille Royale
/ le mercredi 7 octobre 1789 - lendemain de son heureuse arrivée dans cette ville ».
A la suite, quatrain : « Famille Auguste et tendre avec transport chérie… ».
Eau-forte en couleur, anonyme - 0,205 x 0,137 (pl.).
Coin inférieur droit : tampon encre violette illisible.
Musée Carnavalet, Hist. PC. 7C.
La Fayette pousse les femmes de la Halle à acclamer la famille royale aux Tuileries.

73 - « Anecdote arrivée à Louis XVI, quelques jours après sa résidence à Paris ».
Dans la marge inférieure : « Le Roi traversant la Place de Louis XV, un enfant qui balayoit le passage lui demanda quelque pièce / de monnoye, en l'appellant Mr le Chevalier. Le Roi lui donna 6s. Je n'ai pas de quoi vous rendre, dit l'enfant. / Un des personnages qui suivoient sa M. dit, gardes l'écu, ce Monsieur n'est pas Chevalier, il est l'aîné de la famille ».
En b. : « Au Bureau des Révolutions de Paris, rue Jacob, Fg St G. N° 28 ».
Eau-forte, anonyme - 0,087 x 0,139 (t. c.).
Exp. : De la Place Louis XV à la place de la Concorde, M.C., 1982, n° 113.
Cf. de Vinck n° 3013 (attribué à Prudhomme) ; Hennin n° 10479 (événement du 19 oct. 1789).
Musée Carnavalet, Topo. PC. 127C.

74 - « Le Jeune Patriote ».
Dans la marge inférieure : « Un enfant âgé de onze ans habillé en Uniforme National […]. Mgr le Dauphin se mettant / parmi les Spectateurs le petit Militaire lui présenta les Armes. Ah ma bonne s'écria Mgr le Dauphin voilà un / bien jeune patriote l'enfant répondit avec esprit : mon Prince nous le sommes tous en naissans ».
Eau-forte en couleur, anonyme - 0,267 x 0,197 (pl.)
Cf. de Vinck n° 5833 ; Hennin n° 10828
Musée Carnavalet, Hist. PC. 12B.
La scène se passe aux Tuileries.

75 - « Evénement du 10 février 1790 ».
Dans la marge inférieure : « Le Roi et la Reine visitant l'Hôpital des Enfans trouvés après avoir entendu la messe à N. D. accompagnés de Mgr le Dauphin. »
En b. : « Au Bureau des Révolutions de Paris, rue Jacob F. B. S. G. N° 28 et au mois de mars, rue des

Marais, même Quartier, N° 20 ».
En h. d. : « N° 31. Page 30 ».
Eau-forte, anonyme - 0,115 x 0,166 (pl.).
Coll. Liesville.
Exp. : Carnavalet, 1977, n° 139.
Cf. Hennin n° 10631.
Musée Carnavalet, Hist. PC. 11 A.

76 - « Marie-Antoinette d'Autriche ».
Sous le trait ovale à g. : « Dessiné par Césarine F. » ; à d. : « Gravé par Ruotte ».
Gravure au pointillé en couleur, par L. C. Ruotte (1754-1806), d'après Césarine Franck - 0,250 x 0,200 (pl.). Avant l'adresse.
Exp. : Carnavalet, 1977, n° 82.
Cf. de Vinck n° 412 avec l'adresse : « Se vend à Paris, chez Chaise, md d'Estampes, rue Neuve des Petits Champs, vis-à-vis le Ministre des Finances, n° 390 ».
Musée Carnavalet, G. 21808.
Pendant du n° 77.

77 - « Mar-Ther. Louise de Savoye Carignan
/ Princesse de Lamballe, / Née à Turin en 1749 et massacrée à Paris le 3 sepᵗᵉ 1792 ».
Sous le trait ovale à g. : « Dessinée par Danloux en 1791 » ; à d. : « et gravée par Ruotte ».
Gravure au pointillé par L. C. Ruotte (1754-1806), d'après H. P. Danloux (1745-1809) - 0,213 x 0,172 (épreuve rognée).
Exp. : Carnavalet, 1977, n° 83.
Cf. de Vinck n° 4977 ; Hennin n° 11260.
Musée Carnavalet, G. 18389.
Pendant du n° 76.

78 - « Vlugt van/Lodewijk de XVI. /En zijn Famiellie/in de/N : Vergadering ». [Fuite de Louis XVI et de sa famille dans l'Assemblée nationale, le 10 août 1792].
Eau-forte, anonyme - 0,086 x 0,098 (t. c.).
Musée Carnavalet, Hist. PC. 18B.

79 - « La Panthère Autrichienne
/ Voué au mépris et à l'exécration de la nation françaises dans sa postérité la plus reculée ».
Dans la marge inférieure : « Cette affreuse Messaline… »
En b. : « A Paris chez Villeneuve graveur, rue Zacharie St Séverin, Maison du Passage, n° 21 ».
Sur la bordure du médaillon : « Marie-Antoinette la Médicis du 18ème siècle ».
Aquatinte - 0,209 x 0,172 (t. c.).
Exp. : Carnavalet, 1977, n° 32.
cf. de Vinck n° 550 ; Hennin n° 11327.
Musée Carnavalet, Hist. PC. 19C
Le médaillon est exécuté d'après la miniature peinte par P. J. Sauvage (1744-1818),
Musée Condé, château de Chantilly n° 26.398. La gravure a été réalisée peu après le 10 août 1792.
Pendant du n° 80.

80 - « Le traitre Louis XVI
/ Voüe au mépris et à l'exécration de la
Nation Françaises dans sa postérité la plus
reculée ».
Dans la marge inférieure : « Le 10 Aoust 1792 était
encore plus affreux… »
En b. : « A Paris chez Villeneuve Graveur, rue
Zacharie St Séverin, Maison du Passage, N° 21 ».
Sur la bordure du médaillon : « Cette suspension vaut
bien la déchéance ».
Aquatinte - 0,209 x 0,172 (t. c.).
Cf. de Vinck n° 551.
Musée Carnavalet, Hist. PC. 19C.
Pendant du n° 79 ; proche du n° 211.

**81 - « Translation de Louis Seize et de
sa Famille au Temple/le 13 Aoust
1792 ».**
Sous le t. c. à g. : « Sweback Desfontaines inv.
et del. » ; à d. : « Berthault sculp. ».
Eau-forte par P. G. Berthault (1737-1831) d'après
J. Swebach Desfontaines (1769-1828) -
0,232 x 0,276 (pl.).
N° 69 des Tableaux historiques de la Révolution,
1797.
Coll. Liesville
Exp. : Carnavalet, 1977, n° 120 ; Tokyo, 1978, n° 140.
Cf. de Vinck n° 4928 ; B.N.F.F. XVIIIe 3., Berthault
n° 269.
Musée Carnavalet, Hist. PC. 18B.

82 - « Au Roi dépouillé ».
En b. : « LOUIS LE DERNIER ET SA FAMILLE /
CONDUITS AU TEMPLE / le 13 Aoust 1792 ».
Eau-forte et aquatinte en couleurs, anonyme -
0,244 x 0,344 (t. c.).
Coll. Latérade.
Bibliothèque nationale, Qb1 (13 août 1792).
On met à Louis XVI le bonnet des forçats
qui remplace le bonnet rouge mis le
20 juin 1792 aux Tuileries.

83 - « Les Animaux Rares.
/ Ou la translation de la Ménagerie Royale
au Temple, le 20 Aoust 1792.
4me de la liberté et 1er de l'égalité ».
Dans la marge inférieure : à g. : « 1° Le sans-
Culotte…, 2° Le Dindon… » ; à d. : « 3° La Louve…,
4° Les Louveteaux… ».
Sur l'image n° de renvoi à la légende, sur le Temple :
« Azile des/Bancroutiers ».
Eau-forte et aquatinte, anonyme - 0,176 x 0,237 (pl.).
Cf. de Vinck n° 4930 ; Hennin n° 11240.
Musée Carnavalet, Hist. PC. 22A.
La date du 20 août est erronée.

**84 - « La Famille Royale se promenant
dans le jardin / du Temple et Cléry y
jouant avec le Dauphin ».**
Eau-forte anonyme - 0,185 x 0,123 (pl.).
Coll. Liesville
Musée Carnavalet, Hist. PC.1 8B.

**85 - « Dîner de Louis Capet au
Temple ».**
Dans la marge inférieure : « Louis Capet, sa femme,
sa Sœur, son fils et sa Fille… »

Au-dessus de l'estampe, à g. : « Rev. de Paris » ;
à d. : « n° 171, P.165 ».
Eau-forte, anonyme - 0,091 x 0,147 (t. c.).
Exp. : Tokyo, 1978, n° 153.
cf. de Vinck n° 4954 ; Hennin n° 11294.
Musée Carnavalet, Topo. PC. 50D2
Planche extraite des Révolutions de Paris
de Prudhomme.
Datée du 13-20 octobre 1792.

86 - « C. F. Lamoignon Malesherbes ».
En b. d. : « L. A. Claessens sculp. ».
Eau-forte et pointillé par L. A. Claessens (1764-1834) -
0,141 x 0,086 (t. c.).
Cf. de Vinck n° 5088.
Musée Carnavalet, Portrait PC. 200.

**87 - « The Dauphin repulsed in his
attempt to escape / and Plead for his
Fathers Life. Jan.20.1793 ».**
A. g. : « Fashionable Head Dresses / for the year
1793. » ; en h. : « Engraved for the Ladys New Royal
Pocket Companion. Printed for B. Crosby, successor
to C. Stalker ».
Eau-forte - Feuillet d'un almanach ou d'une revue
anglaise - 0,220 x 0,118 (feuille).
Musée de la Préfecture de police.

**88 « Réception de Louis Capet aux
Enfers / par grand nombres de
brigands ci-devant couronnées ».**
Dans la marge inférieure : « Aux Républicains-
Français / Le parjure CAPET sa tête sous le bras sort
de la Barque à Caron… ». Sous le t. c. à g. :
« Composé et gravé » ; à d. : « Par Villeneuve ». Au
milieu du commentaire, médaillon : tête de Louis XVI
ensanglanté ; en h. : « 21 janvier 1793 » ; en b. : « Son
sang impur abreuva nos sillons ».
En b. au milieu : « A Paris chez Villeneuve Graveur rue
Zacharie St Séverin Maison du Passage, n° 72 ».
Aquatinte et médaillon au pointillé par Villeneuve -
0,340 x 0,405 (pl.).
Cf. de Vinck n° 5228 ; Hennin n° 11480.
Musée Carnavalet, Hist. GC. 8A.
Au fond Marie-Antoinette s'avance, venant
du Temple, la tête dans les mains.

**89 -« Le Dauphin enlevé à sa Mère - Il
Delfino rapito a sua Madre ».**
Sous le t. c. à g. : « Peint par Pellegrini » ; au centre :
« Frères Klauber à Augsbourg » ; à d. : « Gravé par
I. Neidel ». Dans la marge inférieure : lettre en italien
à d., en français à g. : « Le Comité de sureté publique
de la Convention Nationale ayant rendu le 1. juillet
1793, un décret qui ordonne que le Dauphin / sera
séparé de sa Mère… ».
Eau-forte et pointillé par I. Neidel (1776-1832)
d'après D. Pellegrini (1759-1840) - 0,400 x 0,487 (pl.).
Cf. de Vinck n° 5435 ; Hennin n° 11585.
Musée Carnavalet, Hist. GC. 8A.

**90 - « The Martyrdom of Marie-
Antoinette Queen of France Octer 16
1793 ».**
En h. : « London Pub. octer 28 1793 by FA fores n° 3
Piccadilly ».
Eau-forte par Georges Cruikshank (1792-1878) -

0,247 x 0,192 (pl.).
Collection particulière.

**91 - « Sucinte Relacion / de la Infeliz
suerte de estos monarcas / laque ha
originado el odio a todo el orbe /
contra todo la nacion francesa ».**
Eau-forte anonyme - 0,370 x 0,262 (feuille).
Collection particulière.

**92 - « The Princess Elizabeth taken
from the Conciergerie
La Princesse Elizabeth sortant de la
Conciergerie ».**
Sous le t. c. à g. : « Painted by D. Pellegrini » ;
à d. : « Engrav'd by N. Schiavonetti Jun. ».
En b. : « London Pubd March 20th 1796, by
M. J. Schiavonetti, n° 12 Michaels Place Brompton ».
Dans la marge inférieure : lettre en anglais à g.,
en français à d. : « Lorsque les Députés du tribunal
révolutionaire se rendirent près de Mad : Elizabeth… »
Eau-forte et pointillé, par N. Schiavonetti (1771-1813)
d'après D. Pellegrini (1759-1840) - 0,392 x 0,498 (pl.).
Coll. Liesville.
Exp. : Carnavalet, 1977, n° 292.
Cf. de Vinck n° 5826 ; Hennin n° 11884.
Musée Carnavalet, Hist. GC. VIII bis/A.
L'adresse semble grattée. La gravure de la
collection de Vinck porte l'adresse : « By
Colnaghi & C°, N° 132 Pall Mall ».

**93 - « Le Dernier Supplice de
Madame Anne Elisabeth sœur du
Roy Louis = XVI = / guillottinée le =
10 mai = 1794 = ».**
Sous le t. c., de g. à d. : « peint par D. Pellegrini -
Imprimé par Darbi - gravé par C. Silanio ».
En b. à d. : « 10 »
Eau-forte et pointillé par C. Silanio-Lasinio (1759-
1838) d'après D. Pellegrini (1759-1840)-
0,303 x 0,435 (t. c.).
Cf. de Vinck n° 5827.
Musée Carnavalet, Hist. GC. 8 bis/A.

**94 - « Marie-Thérèse Charlotte fille de
Louis XVI. / agée de 17 ans, dans la
Prison du Temple ».**
Sous l'ovale : « Dessiné au Telescope d'après Nature
En 8bre 1795 ». Dans la marge inférieure : « Marie-
Thérèse-Charlotte fille de Louis XVI- agée de 17 ans,
dans la Prison du Temple. / l'Artiste ayant voulu
rendre l'objet sans aucun déguisement / ne s'est
écarté en rien de la ressemblance et a imité avec
soin l'habil / lement simple et journalier de la jeune
Prisonnière, laquelle étant / accoutumée de prendre
l'air dans le Jardin qui entoure la Prison / et allant se
reposer fréquemment au pied d'un Arbre, l'on a saisi
ce / moment pour tracer son Portrait a l'aide d'un
Telescope placé dans la / Croisée d'une Maison qui
touche à l'enceinte du Temple ».
Gravure au pointillé, anonyme - 0,295 x 0,211 (pl.).
Coll. Liesville.
Cf. de Vinck n° 5883 ; Hennin n° 11764.
Musée Carnavalet, Portrait PC. 6.
Pendant d'un « Louis XVII ». Publié
vraisemblablement par le « Cen Macret,

rue Dauphine, N° 1744, à Paris », adresse indiquée sur le pendant.

95 - « Madame Royale. Duchesse d'Angoulême ».
Dans la marge inférieure : « Madame Royale - Duchesse d'Angoulême / Fille de - Louis XVI ».
Aquatinte, anonyme - 0,285 x 0,238 (pl.).
Coll. Liesville.
Musée Carnavalet, Portrait PC. 6.
A rapprocher d'une gravure à l'aquatinte par A. Sergent, d'après Chr. von Mechel, « Publié à l'occasion du passage de cette Princesse à Basle le 26 Décembre.1795 ». (B.N. Est. N2 Angoulême).

96 - « La Princesse Marie-Thérèse-Charlotte Fille du Roy Louis XVI. part de Paris
pour se rendre en Suisse / Accompagnée de Madame de Souci d'un Officier de Gendarmerie et autres Personnes / le 19 Xbre 1795... »
Sous le t. c. à g. : « p : par Antoine Deis » ;
à d. : « gravé par C. Silanio » ; au centre : « imp. par Darbi. ». En b. d. : « 7 ».
Eau-forte et pointillé, par C. Silanio-Lasinio (1759-1838) d'après A. Deis - 0,306 x 0,437 (t. c.).
Cf. de Vinck n° 6018.
Musée Carnavalet, Hist. GC. 9A.

97 - « Louis XVI ».
Dans la marge inférieure : « Louis XVI / Courbez-vous, c'est un Roi ; / Chantez c'est un martyr ».
Silhouette à l'épingle sur papier bleu, couleurs rehauts bleu-or, anonyme - 0,216 x 0,140 (feuille).
Musée Carnavalet, Portraits PC.1 90.
Il existe un « Louis XVIII » à l'épingle, cf. de Vinck n° 9866.

98 - « Louis Seize s'occupant de l'éducation de son fils / dans la tour du Temple ».
Eau-forte - 0,542 x 0,400 (pl.).
Cf. de Vinck 5914 ; B.N.F.F. après 1800, Colin p. 82.
Bibliothèque nationale, N3 Louis XVI (n° 203).
De Vinck signale un pendant : « Louis XVI lisant son testament à Mr de Lamoignon de Malesherbes... gravé par Colin d'après le marquis de Paroy, vers 1815 ». Cette estampe est avant la lettre indiquant les noms des artistes.
Il existe au musée Carnavalet une estampe semblable gravée par Morse d'après le même, tirée du Journal de Cléry sous le titre « La leçon de géographie ». (topo. PC.50D2).

99 - « Testament/de Louis XVI ».
En b. : « Dernières paroles de Louis XVI » « Déposé ».
Dans le cadre en b. à g. : « Fernique et Deblezer delt ; en b. à d. : « Lith. Fernique et Cie, R. de Clichy, 15 ».
Lithographie de et par C. Fernique (v. 1845-1897) et Deblezer - 0,491 x 0,323 (feuille).
Cf. de Vinck n° 5237.
Musée Carnavalet, Portraits PC. 190.

Les lignes du testament dessinent en silhouette la tête de Louis XVI, de profil à droite. De nombreuses contrefaçons existent jusqu'en 1846.

100 - « La France Transmet à l'Immortalité / le Testament de Louis XVI / Dédié au Roi/Par... Dubois ».
Sous le t. c. : « Composé, Dessiné par L. J. Dubois. Gravé par H. G. Chatillon. Le paysage par Bovinet ».
En b. : « A Paris chez Vilquin, md d'Estampes, Grande Cour du Palais-Royal N° 20 / Imprimé par Sampierdaréna père - Ecrit par Pre Picquet, Graveur du Roi - Déposé au Bureau des Estampes ». Sur le couvercle du tombeau : « Je pardonne à mes ennemis / je meurs innocent ». Sur l'affiche : « Au nom de la très Sainte Trinité, du Père, du Fils et du St Esprit... ».
Burin par H. G. Chatillon (1780-1856) et E. Bovinet (1767-1837), d'après L. J. Dubois (actif en 1767) - 0,655 x 0,506 (feuille).
Cf. de Vinck n° 5250 ; B.N.F.F. après 1800, Bovinet n° 51 (daté de 1816).
Musée Carnavalet, Hist. GC. 23.
Cette présentation est citée dans *Le Moniteur* du 21 janvier 1817.

101 - [Complainte sur Louis XVI].
Quatre vignettes rectangulaires : « Les Adieux de LOUIS XVI à sa Famille - Louis XVI allant au supplice / Les Adieux de la REINE à sa Famille - Le DAUPHIN et MADAME priant Dieu pour leurs Parens ».
Quatre vignettes ovales : à g. : HENRI IV dit le Grand / Monseigneur le Duc d'ANGOULEME ; à d. : Sa Majesté LOUIS XVIII. / MONSIEUR, Frère du Roi. ».
Au centre gravure à clairevoie : Saule-pleureur et urne funéraire avec silhouettes cachées ; à d. : « 1. Louis XVI, 2. la Reine, 3. Louis XVII, 4. Madame, 5. Madame Elisabeth ». En b. : « A Evreux chez ANCELLE fils ».
Xylographie, touches de couleurs jaune et rouge, anonyme - 0,535 x 0,435 (feuille) - vers 1815.
Musée Carnavalet, Hist. GC. 8B

102 - « Apothéose de Louis XVI ».
Sous le t. c. à g. : « Chasselat delt » ;
à d. : « Dulompré sculpt ». Dans la marge inférieure : « Ce vertueux monarque est reçu au séjour des Bienheureux, par St - Louis, Louis XII, Henri IV, Louis XIV et Louis XV, ses illustres ayeux.... A Paris, chez Dulompré et Pourvoyeur, Rue du Murier N° 2 - Déposé à la Direction ». Au centre : Ecusson aux armes royales ; dédicace à Monsieur, Comte d'Artois.
Gravure au pointillé, par G. Dulompré d'après C. Chasselat (1782-1843) - 0,313 x 0,365 (pl.).
Cf. de Vinck n° 5229 ; B.N.F.F. après 1800, Dulompré p. 163.
Musée Carnavalet, Hist. GC. VIII B.
Datée « 8bre 1815 » au crayon.

103 - « TESTAMENT / de Marie-Antoinette / Reine de France - et de Navarre / Morte le 16 - Octobre 1793 ».
« /Ce 16 octobre, à quatre heures et demie du matin/ - C'est à vous, ma sœur, que j'écris pour la dernière fois... »

En b. : « A Lille, chez Cailleaux-LeCoq, Imprimeur libraire, rue des Arts ». En b. à d. sur la vignette : « Duroüchall Sc ».
Xylographie par P. Duroüchail (V. 1817-1830) et typographie - 0,390 x 0,300 (feuille).
Cf. de Vinck n° 5519.
Musée Carnavalet, Hist. PC. 21 B.
Cette gravure reproduit la lettre écrite par Marie-Antoinette le matin de son exécution, cf. n°.156.

104 - « La communion - de la Reine.
/ à la Conciergerie/Dédiée et présentée à S. A. R. - Madame Duchesse d'Angoulême / par ses très humbles et très obéissans - serviteurs Bazin et Civeton ».
Au milieu de la lettre, armoiries de la duchesse d'Angoulême entre une branche de laurier et une palme entremêlée de lys.
Sous le t. c. à g. : « Litho. par Bazin et Civeton ; à d. : « Sur la composition de Menjaud ».
En b. d. : « A Paris chez Civeton Editeur Rue St Germain Lauxerrois n° 64 ».
Lithographie de A. Menjaud (1773-1832) par P. J. Bazin (1797-1868) et C. Civeton (1796-1831) - 0,390 x 0,488 (t. c.).
Cf. B.N.F.F. après 1800, Civeton n° 3 (chez Chailloux 1829) ; B.N.F.F. après 1800, Bazin n° 1.
Bibliothèque Nationale, Qb1 (16 octobre 1793).

105 - « Apothéose de Marie-Antoinette ».
Manière noire anonyme - 0,450 x 0,366 (t. c.).
Dépôt légal, 1836.
Bibliothèque nationale, Qb1 (16 octobre 1793).
L'exemplaire du musée des Arts décoratifs de Bordeaux (58-1-14384) porte l'inscription : « Publié par L'Echo de la Jeune France, Rue St Honoré, 345 ».

106 - Louis XVII / Né à Versailles, le 27 mars 1785.
Chez ROINÉ père et DUMOUTIER, Fabricant de cartes à jouer et de Dominoterie, pont d'Erdre, à Nantes.1817-1820 ».
Bois de fil colorié au pochoir - 0,290 x 0,240 (image).
Acquis en 1955.
cf. Nicole Garnier, L'Imagerie populaire française, I, Paris, 1990, n° 398.
Musée national des Arts et Traditions populaires, 55.40.2 C.

107 - « The Happy Reunion - L'Heureuse Réunion ».
Sous le t. c. à g. : « Painted by D. Pellegrini V. A. » ;
à d. : « Engraved by L. Schiavonetti V. A. ».
Sous le titre à g. : « London Published Janʸ 1 1800 by Messⁿ Schiavonetti n° 12 Michaels Place Brompton » ; à d. : « Publiée à Londres le 1ʳ Janvier 1800 pr Messⁿ Schiavonetti N° 12 Michaels Place Brompton ».
Eau-forte et pointillé, par L. Schiavonetti (1765-1810) d'après D. Pellegrini (1759-1840) - 0,757 x 0,557 (pl.).
Musée Carnavalet, Hist. TGC.
Louis XVII rejoint sa famille au Paradis.

108 - « Madame la Duchesse d'Angoulême, / Au Tombeau de ses Parents ».

Sous le t. c. de g. à d. : « Peint par Mallet - Dép. à la Don de l'imprimerie - Gravé par P. L. Debucourt ».
En b. : « A Paris chez Chles Bance, rue J. J. Rousseau, N° 10 ».
Dans la marge inférieure, quatre vers sur deux colonnes : « Mânes chers et sacrés ! c'est vous seuls que mon coeur / Entretient, en secret, de ses peines affreuses, / J'arrose vos tombeaux de mes larmes pieuses, / Et n'attends que la mort pour finir ma douleur ».
Aquatinte, par P. L. Debucourt (1755-1822) d'après J. B. Mallet (1759-1835) - 0,254 x 0,331 (pl.).
Coll. Liesville.
Cf. de Vinck n° 9996 ; Fenaille 332.
Musée Carnavalet, Portraits PC. 6. Déposée le 10 septembre 1814.

109 - [Madame Royale priant pour ses parents].

Dans la marge inférieure : « quoniam pater Meus et mAter mea mihi ablati / fuerunt Dominus Autem assuMpsit mE. / Psalm XXVI. v10 ». Au-dessous l'adresse : « Londini apud Colnaghi SocS N° 132. Pall Mall ». Sur l'urne funéraire on lit : « LOUIS XVI / Roi des Français / guill. le 21 Janv. /et la Reine / MARIE / ANTOINETTE / le 16 Octob /1793 »
Aquatinte, tirage bistre, Madame Royale gravée en pointillé, anonyme - 0,255 x 0,182 (pl.).
Coll. Liesville.
cf. de Vinck n° 5866.
Musée Carnavalet, Hist. PC. 27D.
Pendant d'un « Louis XVII priant pour sa famille ». Les majuscules de la légende réunies donnent « MADAME ».

110 - « Tombeau de Louis XVI Roi de France et de sa Famille »

Sous le t. c. à g. : « C. L. Desrais invt » ;
à d. : « Morinet sculpt ». Dans la marge inférieure : « 1. Louis XVI, 2. Marie-Antoinette, 3. Madme Elisabeth et 4. le Dauphin » ; b. g. : « A Paris chez Genty md d'Estampes Rue St Jacques, N° 14 » ;
à d. : « Déposé à la Direction Générale de l'Impie et de la Libie ».
Eau-forte par Morinet d'après C. L. Desrais (1746-1816) - 0,215 x 0,166 (t. c.).
Coll. Liesville.
cf. de Vinck n° 5931.
Musée Carnavalet, Hist. PC. 27 D.
A d. : Madame Royale agenouillée ;
à g. : le dauphin enlacé par une guirlande que tient la Mort.

111 - [Monument funéraire dans la cour du Temple et profils-silhouettes].

Sur une tablette fixée par deux rosaces, quatrain : « Loin de fuir, de passer, en ce Lugubre Azile… » Inscription gravée sur la face antérieure du monument : « 21 Janv. / et / 16 octobre / 1793 ».
Eau-forte, anonyme - 0,241 x 0,167 (pl.).
Coll. Liesville.
Cf. de Vinck n° 5514 ; Hennin 11654.

Musée Carnavalet, Hist. PC. 27 D.
Les profils-silhouettes de Louis XVI et Marie-Antoinette sont projetés sur la tour du Temple.

112 - [Estampe allégorique relative à la mise en liberté de Madame Royale].

Sur une tablette fixée par deux rosaces : « Seul rejeton d'un Roi qu'illustre encore sa Mort… »
Eau-forte, anonyme - 0,242 x 0,168 (pl.).
Coll. Liesville.
Cf. de Vinck n° 6017.
Musée Carnavalet, Hist. PC. 27 D.
Madame Royale part du Temple le 19 décembre 1795. La France implorante est entourée d'animaux féroces. A ses pieds Louis XVII est expirant (il est mort le 8 juin 1795).

113 - [Eventail aux monuments antiques].

Eau-forte, anonyme - 0,128 x 0,445 (largeur totale) (feuille).
Exp. : Les Eventails, M.C., 1973, n° 179.
Musée Carnavalet, Hist. PC. 27 D.
Au centre de chaque monument. un médaillon révèle par transparence les profils : de Louis XVI, Marie-Antoinette, Louis XVII dans le tombeau ; de Madame Elisabeth et Madame Royale dans l'obélisque et la pyramide flanquant ce tombeau.

114 - [Pièce commémorative].

« 21 janvier 1793 - Testament / de / Louis XVI ».
Eau-forte, anonyme - 0,230 x 0,151 (pl.).
Coll. Liesville.
Exp : Carnavalet, 1977, n° 293.
Cf. de Vinck n° 5222.
Musée Carnavalet, Hist. PC. 27 D.

115 - [Urnes et saules-pleureurs - profils silhouettes].

Quatre planches : eaux-fortes anonymes - 0,098 à 0,122 x 0,088 à 0,103 (pl.)
Coll. Liesville.
Cf. de Vinck, n° 5924 à 5926.
Musée Carnavalet, Hist. PC. 27 D.
Pièces rondes pour dessus de boîte.

116 - [Bouquet de roses].

Eau-forte imprimée en sanguine, anonyme - 0,138 x 0,167 (feuille).
Exp. : Carnavalet, 1931, n° 663.
Cf. de Vinck n° 5928.
Musée Carnavalet, Hist. PC. 18 bis D.
Profils de la famille royale dans le feuillage et au cœur des roses, cinq images du dauphin.

117 - « XVI égalle XII. plus IV ».

/ Preuve par l'addition / Louis XII… Ami du Peuple / Henry IV… Père de ses Sujets / Louis XVI… l'un et l'autre ».
En b. : « A Paris Chez Jean, Rue St Jean de

Beauvais, N° 10 ».
Eau-forte et pointillé, anonyme - 0,312 x 0,242 (pl.).
Coll. Liesville.
Cf. de Vinck n° 462, n° 9175 (Louis XVIII) ; B.N.F.F. après 1800, Jean n° 101 (V. 1814).
Musée Carnavalet, Portraits PC. 190.
Les additions de ce genre revinrent à la mode en 1814 pour faire l'éloge de Louis XVIII.
Datée « 8 bre 1814 » au crayon. Pour de Vinck, serait de l'année 1789. Deux médaillons supplémentaires montrent : Louis XVII et Louis XVIII.

118 - « Le Cœur des vrais Français ».

Eau-forte en couleur, anonyme - 0,220 x 0,155 (pl.).
Coll. Liesville.
Musée Carnavalet, Hist. PC. 36 B.
Datée au crayon : « Sept. 1815 ».

119 - « Je réunis le Passé le Présent et l'Avenir ».

En b. g. : « A Paris chez Basset Rue St Jacques N° 64 ». En b. d. : « Déposé au Bureau des Estampes ». Sur l'image nos de renvois et légendes inscrites de chaque côté du vase : à g. : « 1. / 1. Mme d'Angoulême. /2. Mgr d'Angoulême. /2. » ;
à d. : « 3. /3. Mme de Berrî. /4. Mgr de Berri. /4. ».
Eau-forte et roulette coloriées et gommées anonyme - 0,250 x 0,173 (pl.).
Musée Carnavalet, Hist. PC. 36 bis.

120 - « Louis XVI recevant le Duc d'Enghien - Au Séjour des Bienheureux. / Dédié à S. A. R. Monsieur - Frère du Roi ».

Sous le t. c. à g. : « Peint par Roehn » ; à d. : « Gravé par Jazet ». En b. : « A Paris, chez J. J. Blaise Libraire de S. A. S. Madame la Duchesse - Douairière d'Orléans, Quai des Augustins N° 61, à la Bible d'Or » En b. d. : « Déposé à la Don Gle de l'imp° ».
Aquatine gouachée par J. P. M. Jazet (1788-1871) d'après Roehn - 0,475 x 0,693 (t. c.) et eau-forte explicative par les mêmes artistes - 0,215 x 0,695 (encadrement intérieur).
Cf. B.N.F.F. après 1800, Jazet n° 35 (daté de 1816).
Musée Carnavalet, G. 22439 (1 et 2).

121 - « L'Apothéose de Louis XVIII ».

Sous l'image à g. : « Desenne et Rullman del. » ;
à d. : « Bosselman, sculp. » En b. : « A Paris chez Ostervald l'aîné Editeur, Rue Pavée St André des Arts, N°5 » ; à g. : « Déposé ».
Gravure au pointillé, eau-forte et roulette par Bosselman d'après Desenne et L. Rullman (1765-1822) - 0,194 x 0,214 (pl.).
Coll. Liesville.
Cf. B.N.F.F. après 1800, Bosselman n° 49 (daté de 1825).
Musée Carnavalet, Hist. PC. 40A.

122 - [Cimetière de la Madeleine].
Livret.

P. 1 : « Plan du Cimetière de la Madelaine ».
Sous le t. c. : « Dessiné et Gravé par Coqueret Bonvalet ». En b. : « Déposé a la Direction Gle de l'Imprimerie ».

P.2 (texte) : « *Explication / Des Numéros du Plan du Cimetière de la Madeleine, Rue d'Anjou / faubourg Saint-Honoré n° 48, dans lequel est le Tombeau de / saint-Louis second, Louis XVI, et de la Reine, son Epouse. / Erigé par le sieur DESCLOSEAUX et ses Filles* ».
P.3 (suite du texte) : En b. : « *De l'Imprimerie de Le Normant, rue de Seine, n° 8, F. S. G.* ».
P.4 : « *Tombeau de Louis XVI et de Marie-Antoinette / A la Piété Filiale / Déposé à la Direction Gle de l'Imprimerie* ».
Sous le t. c. : « Dessiné et Gravé par Coqueret Bonvalet ».
Eau-forte et aquatinte par P. C. Coqueret (1761-1832) et L. Bonvalet (ou Bonvallet) - 0,245 x 0,200 (feuille) in 4° - « vers 1815 ».
Cf. M. Tourneux, chap. 3, n° 12440, Bibliographie de l'Histoire de Paris pendant la Révolution française, Paris, 1890.
Musée Carnavalet, Topo. PC. 137C.

123 - « Translation des dépouilles mortelles du Roi Louis XVI / et de la Reine Marie-Antoinette, à Saint-Denis, le 21 janvier 1815 ».
En b. : « A CHARTRES, chez GARNIER-ALLABRE, Fabricant d'Images et Marchand de Papiers Peints, place des Halles, N° 389 (sic) ».
Bois de fil colorié au pochoir - 0,181 x 0,245 (image).
Collection Louis Ferrand, acquis en 1986.
Cf. Nicole Garnier, l'Imagerie populaire française, I, Paris, 1990, n° 273.
Musé national des Arts et Traditions populaires, 986.81.21 C.
Ce bois a également servi à imprimer la Translation des dépouilles mortelles de S. A. R. Mgr. le duc de Berry (1820). (Ibidem n° 51.72.11 C).

124 - « Suite du Monument expiatoire ».
En h. g. : « 3me Cah. » ; en h. d. : « 39 et 40 ». Sous le t. c. à g. : « Dessiné et gravé par Thiollet ». Sur l'image à g. : « n° 2 à 6 » ; à d. : « Fig.1 ».
Eau-forte par A. Thiollet (1824-1895) - 0,214 x 0,563 (pl.).
Musée Carnavalet, Topo. GC. 35G.

125 - « Vue du Monument Expiatoire de Louis XVI/rue d'Anjou St Honoré ».
En h. d. : « N° 15 ». Sous le t. c. : « Arnout del. ».
En b. g. : « A Paris, chez Veith et Hauser, Bould des Italiens, N° 11 ». En b. d. : « Lith. de Bénard et Frey ».
Lithographie sur Chine de Bénard et Frey d'après J. B. Arnout (né en 1788) - 0,310 x 0,368 (feuille de Chine). Rognée en b. (tampon sec coupé à moitié).
Legs A. Berger, 1881.
Cf. B.N.F.F. après 1800, Arnout, n° 15, p. 168, Grandes Vues de Paris (1835-1844).
Musée Carnavalet, Topo. PC. 137D.

126 - « Square Louis XVI ».
Sous le t. c. à d. : « H. Durau Sc. » En b. : « Echelle de 0,0015 pour 1m00 ».

Eau-forte par H. Durau (né en 1791) - 0,325 x 0,235 (pl.) (coupé à g.).
Musée Carnavalet, Topo. PC. 137D.

127 - [Groupe sculpté représentant Louis XVI et l'ange].
Sous le t. c. à g. : « Dessiné par Loyer d'après le groupe de Bosio » ; à d. : « Gravé par Sixdéniers ».
En b. : « Publié par l'Echo de la Jeune France, Paris, Rue feydeau 22 - Imp° par Chardon jeune ».
Manière noire par A. V. Sixdeniers (1795-1846) d'après S. A. Loyer (né en 1797) - 0,578 x 0,452 (pl.).
Musée Carnavalet, Hist. GC. 23.

128 - « Dernier séjour d'une illustre victime ».
Sous le t. c. à g. : « Cloquet del. » ; à d. : « Simonet fils sculp. »
Eau-forte aquarellée de Simonet fils d'après J. B. A. Cloquet (mort en 1828) - 0,118 x 0,185 (t. c.).
Cf. de Vinck 5452.
Bibliothèque nationale, Qb1 (14 oct. 1793).
Provient d'une brochure : « Supplément à la Notice historique sur le Testament de la Reine, suivi d'anecdotes inédites et d'un précis historique sur sa prison à la conciergerie, et sur la chapelle et le monument expiatoires qui y ont été élevés Paris, Audot, XXI Janv.1817, in 4°,23 p. »

129 - « Monument / Expiatoire érigé / en mémoire de Marie / Antoinette d'Autriche
/ Reine de France et de Nav° / à la conciergerie du / Palais de justice ».
En bas, trois médaillons : à g. : « Plan de la chambre de la Reine à la Conciergerie - An 1793 » ; au centre : / L'an XXI du règne de Louis XVIII le Désiré Roi de France et de Navarre » ; à d. : « Plan de la Restauration de la chambre et de l'autel expiatoire - An 1816 - ».
Sur l'image : « D. O. M. / Hoc in Loco... / Extrait de la Lettre de la Reine / à Madame Elisabeth... »
Sous le t. c. à g. : « Peyre neveu ch° de la L° d'hon° arch° du Palais de justice Const° et delin° » ; à d. : « Imp°° Lithographique de G. Engelmann rue Cassette N° 13 à Paris ».
Lithographie de Peyre par G. Engelmann (1788-1839) - 0,517 x 0,358 (t. c.).
Musée Carnavalet, Topo. GC. 6B.

130 - « Vingt-un Janvier / Vue du Monument projeté pour la Place Louis XV ».
En b. d. : « Lith. Piaget et Lailavoix Pass. des Panoramas ».
En h. : « Le Revenant. / (journal) ».
Lithographie par C. Piaget et Lailavoix - 0,146 x 0,187 (t. c.).
Exp. : De la place Louis XV à la place de la Concorde, M.C., 1982, n° 159.
Musée Carnavalet, Topo. PC. 127D.
Premier projet de Cortot : le roi tient la palme du martyre debout sur un socle flanqué aux quatre coins des quatre vertus royales. Cf. dessin n° 54.

131 - « Théâtre de l'Ambigu - Comique / Réouverture [...] / Louis XVI / et / Marie-Antoinette / Drame historique à spectacle en CINQ actes et NEUF tableaux / de Ferdinand Laloue et Fabrice Labrousse (...) ».
En b. : « Imprimerie Morris Père et Fils, Rue Amelot 64 ».
Typographie sur fond crème et jaune - 0,422 x 0,295 (feuille). Au milieu, tampon encre rouge : BVP ; en h. d., encre noire : « République Française Seine 5 cts ».
Musée Carnavalet, AFF. 802.

132 - « Prison de Louis XVI à la Tour du Temple / vue des Pelouses du Trocadéro ».
En h. g. : « 20 Janvier » ; à d. : « 1793 ». En b. : « Porte Delessert Entrée 1Fr. / les mercredis 2Fr. ».
Sous le t. c. à d. : « Impr. F. Hermet,70, Rue de Rennes, Paris ». En b. d. sur l'affiche, tampon : « Affichage National/Vve Crespin Aîné et G. Dufayel / à recouvrir le 31 Août 90 ». En h., tampon : « R. F. Seine 2.10 / En sus ».
Lithographie - 0,842 x 0,603 (feuille).
Musée Carnavalet, AFF. 377.

133 - « Marie-Antoinette ».
Affiche du film de W. S. Van Dyke de 1938 avec Norma Shearer pour la Metro Goldwyn Mayer.
Imprimé en couleur - 0,645 x 0,223 (feuille).
Collection particulière.

134 - « Marie-Antoinette / Reine de France ».
En h. : « Michèle Morgan, Richard Todd / dans un film de / Jean Delannoy » (1955).
Imprimé en couleur, dessin G. G. Motel.
Affiche.
Collection particulière.

135 - « L'Autrichienne ».
Affiche du film de P. Granier-Deferre de 1990 avec Ute Lemper.
Imprimé en couleur - 0,500 x 0,400 (encadré).
Collection particulière.

ARCHIVES, MANUSCRITS, DOCUMENTS

Classement chronologique

136 - Lettre de Marie-Antoinette à Mercy-Argentreau, 10 octobre 1789.
Un feuillet, plié, daté, non signé - 0,155 x 0,200.
Provient de la famille de Chavagnac ; vente Drouot, 12 juin 1989, n° 42.
Collection particulière.

137 - Journal de Louis XVI, janvier-mai 1790.
Un feuillet manuscrit recto-verso, plié en 2 - 0,180 x 0,22.
Archives nationales, AEI. 4.
Outre les promenades dans le jardin ou, à cheval, à Garches ou au bois de Boulogne, de nombreuses chasses aux environs de Paris, Louis XVI mentionne quelques événements de la vie quotidienne : « mes tantes venues dîner » (7 mai) ; « mes Pasques à 9h1/4 » (5 avril), « Conf (confession) de ma fille » (3 avril) puis « 1re com (première communion) de ma fille » (7 avril), « remise d'une médaille de la ville » (8 mai) …

138 - Cahier du dauphin (entre 1790 et 1792).
Cahier autographe signé, 10 feuillets de papier vergé (filigrane de J. Kool) réunis par un ruban de soie bleue - 0,238 x 0,186.
Acquis de Mme Chappe, arrière-petite-fille de M. de Salle, par la librairie Rieffel à Paris, en 1912 ; acquis par M. Rainaud en 1920 ; Don de M. Rainaud, 1923.
Exp. : Carnavalet, 1939, n° 467 ; Tokyo, 1978, n° 168. ; Paris, 1980, n° 116.
Musée Carnavalet, E. 11599.
Selon madame de Tourzel, le dauphin apprit à lire à l'automne 1789, à l'âge de quatre ans, pour offrir ce cadeau d'étrennes à sa mère : « Voila vos étrennes […], j'ai tenu ma promesse, je sais lire à présent »
Dessales (ou de Salle) donnait des leçons d'écriture quotidiennes au dauphin et à sa sœur, pour un traitement annuel de 2 000 livres (A. N.0¹ 3799, liasses 2 et 5) ; la première ligne et les annotations sont de sa main. Selon le journal Le Thermomètre du 7 mai 1792, il fut « expulsé des Tuileries ».

139 - Paroles du roi / à Madame, fille de leurs Majestés,
/ à l'occasion de la première communion / de cette Princesse.
Au dos de : « Lettre à M. xxxx, Député de la Sénéchaussée de xxxx à l'Assemblée Nationale / Paris le 18 avril 1790. »
Feuillet imprimé, plié en 2 - 0,194 x 0,246.
Bibliothèque historique de la Ville de Paris, 19741* (n° 24).
Mon enfant […] cette Religion sainte est la seule consolation qui nous soit donnée dans nos malheurs […]. Nos peines sont cruelles ; mais elles m'affligent moins que celles qui désolent le Royaume […].

140 - Itinéraire du voyage de Sa Majesté Louis XVI,
roi de France, lors de son départ de Paris pour Montmédi, et son arrestation à Varennes.
Carnet in 8° de 91 pages de papier bleuté, cartonné.
Vente Drouot, 4 décembre 1992, n° 220.
Archives départementales de la Meuse.
Rédigé sans doute entre mai 1794 et juin 1795 par le comte François-Melchior de Moustier (v. 1740-1828), qui accompagna la famille royale en juin 1791 et publia en 1815 une Relation du voyage de Sa Majesté Louis XVI…, Paris, Renaudière, 1815, texte différent de ce manuscrit.

141 - Gazette d'été par Madame Elisabeth, 1792.
Registre de carton vert marbré, dos de cuir vert, contenant 77 échantillons d'étoffe - 0,35 x 0,23.
Archives nationales, AEI. 6, n° 3.

142 - Lettre de Madame Elisabeth au comte d'Artois, 29 juillet [1792].
Un feuillet - 0,11 x 0,16, signé Elisabeth Marie.
Don Rainaud, 1923.
Musée Carnavalet, E. 11633.

143 - Dernier ordre de Louis XVI, donné au colonel de Dürler, 10 août 1792.
Un feuillet ; seule la signature est autographe - 0,116 x 0,180
Acquis en 1886 de M. Dagobert Schumacher de Lucerne, descendant du colonel de Dürler.
Exp. : Carnavalet, 1939, n° 241 ; Versailles, 1955, n° 920 ; Tokyo, 1978, n° 130 ; Paris, 1980, n° 209 ; L'Honneur de la nation suisse, Genève, 1992.
Musée Carnavalet, A. 143.

144 - Extrait / du procès-verbal / de l'Assemblée Nationale.
Du 10e aoust. 1792. / L'An quatrième de la liberté.
« Le roi est suspendu, il reste en / otage, l'assemblée nommera les / ministres. Lecointe Puyraveau. »
Bibliothèque de l'Assemblée nationale, Manuscrit 1519

145 - « Mémoire de dépenses faites par Cléry
pour le service du Roi, et d'après ses ordres, à la Tour du Temple, pendant le mois de septembre 1792 ».
Un feuillet manuscrit, papier bleu - 0,365 x 0,243.
Bibliothèque nationale, N.A.F. 22818, fol. 51.
Le 4, est payé le ruban tricolore que les municipaux placèrent à l'entrée du Temple pour empêcher le roi d'être massacré par les émeutiers.
Chaque semaine est noté : « la voiture pour porter le linge sale »… et « retourner chercher le blanc ».

Le 4, paiement à M. Breguet, horloger, pour une montre en or (pour la reine qui a perdu la sienne le 10 août).
Le 6, facture de jouets (cf. n° 146), 2 livres…

146 - Facture de jouets du 6 septembre 1792.
« N° 3 Fourni au Temple pour le service de la famille royale par Vaugeois Md au Singe Vert ».
Un feuillet manuscrit - 0,225 x 0,185.
Bibliothèque nationale, N.A.F. 22818, fol. 50.
Solitaire, bilboquet, jeu d'échec, damier, deux baguenodiers ainsi qu'un couteau de nacre.
Cf. mémoire de Cléry, n° 145.

147 - Carnet de blanchissage, 24 septembre-17 décembre 1792.
Carnet manuscrit de 32 pages - 0,245 x 0,095. (de la main de Cléry).
Coll. La Morinerie ; vente Lavedan, avril 1933.
Don des Amis de Carnavalet, 1933.
Exp. : Carnavalet, 1931, n° 373 et 1939, n° 492 ; Tokyo, 1978, n° 156 ; Paris, 1980, n° 112 ; Louis XVII, Paris, 1987, n° 253 ᵗᵉʳ.
Musée Carnavalet, E. 13/35.

148 - Lettre du comte Axel de Fersen à lady Elisabeth Foster 3 octobre (1792).
Un feuillet bordé de noir, plié, non signé - 0,185 x 0,23.
Vente Drouot, 17 mai 1990, n° 19.
Collection particulière.

149 - Bulletin de santé de Louis XVI, 19 novembre 1792.
Manuscrit de Lasnier, président de la Maison commune de garde au Temple, également signé par Simon et autres.
Un feuillet, à l'en-tête « Commune de Paris » - 0,315 x 0,188.
Vente Drouot, 2 avril 1993, n° 62.
Bibliothèque historique de la Ville de Paris.
« Louis a passé la nuit assez tranquillement, ayant moins toussé que la précédente ( ) »

150 - Testament de Louis XVI, 25 décembre 1792.
Un feuillet manuscrit, plié - 0,20 X 0,16.
S. D. : « Louis 25 décembre ».
Archives nationales, AEI. 7-8/1.

151 - Minute de la défense de Louis XVI,
prononcée par Raymond comte de Sèze, le 26 décembre 1792.
Cahier manuscrit, relié cuir - 0,27 x 0,21.
Exp. : Carnavalet, 1931, n° 400 et 1939, n° 263.
Au comte de Sèze.
De la main de Deunevers, secrétaire du comte de Sèze, notes marginales par de Sèze et ratures de la main de Louis XVI.

152 « Proclamation / du / Conseil Exécutif / Provisoire / Extraits des Registres du Conseil du 20 / janvier 1793, l'an second de la République ».
En b. : « A Paris de l'Imp⁹ Nationale Exécutive du Louvre - 1793 ».
Xylographie - 0,514 x 0,388 (feuille).
Musée Carnavalet, AFF. 2718.

153 - Testament de Louis Capet,
Dernier roi des Français / écrit par lui, lu dans la séance de la Commune, / le 21 janvier.
Feuillet imprimé, plié - 0,225 x 0,345.
En tête : « Vive la République, liberté, égalité », avec vignette ; cul de lampe. « De l'Imprimerie de Galliez, rue Saint-Lo », 1793.
Bibliothèque historique de la Ville de Paris, 931141.

154 - Lettre de Sanson au journal Le Thermomètre, sur l'exécution de Louis XVI.
Un feuillet manuscrit, papier bleu, plié - 0,20 x 0,158.
Contenu dans un portefeuille de maroquin rouge - 0,242 x 0,322.
portant l'inscription : « Lettres de S... / sur la Mort de Louis XVI ».
Exp. : Carnavalet, 1939, n° 272.
Bibliothèque nationale, Fr. 10268.
Le 13 février 1793 Le Thermomètre du jour publie une « anecdote très exacte sur l'exécution de Louis Capet » (n° 410, p.356). Sanson proteste ; il est invité à donner un récit exact, ce qu'il fait dans cette lettre, Insérée dans Le Thermomètre du 21 février 1793, où il souligne la « fermeté » du roi, « qui nous a tous étonnés ».

155 - Lettre de l'abbé Edgeworth de Firmont à la comtesse de Roure, du 3 mars 1792,
à propos de l'exécution de Louis XVI.
Un feuillet manuscrit, plié - 0,156 x 0,25.
S. D. : (illisible : 3 mars).
Don Rainaud, 1923.
Exp. : Carnavalet, 1939, n° 273.
Musée Carnavalet, E. 11635.

156 - Dernière lettre de Marie-Antoinette, dit « Testament de Marie-Antoinette »,
adressée à Madame Elisabeth, le 16 octobre 1793.
Un feuillet manuscrit, plié - 0,23 x 0,375.
Exp. : Versailles, 1955, n° 930.
Archives nationales, AEI. 7-8/3.
Donné à Louis XVIII par le Conventionnel Courtois (qui l'aurait soustraite, parmi les papiers de Robespierre).

157 - Lettre du comte Axel de Fersen à Lady Elizabeth Foster au sujet de la mort de la Reine.
Un feuillet manuscrit, plié pour former enveloppe - 0,225 x 0,370, non signé, D. « Bruxelles 22 octobre 1793 ».

Vente Drouot, 17 mai 1990, n° 20.
Collection particulière.
« La Reine de France, Le modèle des Reines et des femmes n'est plus. C'est le 16 à 11¹/² h du matin que ce crime a été consommé, il fait frémir la Nature et l'humanité… »

158 - Procès-verbal de l'inhumation de Louis XVII au cimetière Sainte-Marguerite.
Feuillet manuscrit double, papier teinté - 0,345 x 0,22.
S. D. : An III 22 prairial. « Lasne » et autres.
Exp. : Carnavalet, 1939, n° 358 ; Louis XVII, Paris, 1987, n° 353.
Musée de la Préfecture de police.
« […] Les citoyens Lasne et Germin, commissaires de garde au Temple […] nous ont représenté un cadavre de sexe masculin gissant sur un lit, lequel a été reconnu pour être celui de Louis Charles Capet […]. »

159 - Acte passé devant Mᵉˢ Damaison et Péan de St Gilles,
notaires royaux à Paris, contenant vente au roi Louis XVIII par M. Pierre Louis Olivier Descloseaux, chevalier de l'ordre du Roi, demeurant à Paris rue d'Anjou St Honoré, n° 48 d'un terrain entouré de murs, contenant huit cent seize mètres (deux cents sept toises) environ de superficie formant le ci-devant cimetière de la Madeleine, situé rue d'Anjou. Moyennant la somme de soixante mille francs. 11 janvier 1816.
Parchemin, six folios dont deux de couverture en papier.
Archives nationales, 03 925

160 - Loi relative au deuil général du 21 janvier.
Parchemin avec sceau.
S. D. : « Château des Tuileries, 19 janvier 1816 ».
Archives nationales A. Collection originale des lois, 19 janvier 1816.

161 - Lettre du marquis de Brézé à Monsieur d'André
au sujet de la translation des dépouilles mortelles de Louis XVI et de Marie-Antoinette.
Manuscrit - 0,317 x 0,203.
Datée janvier 1815.
Musée de la Préfecture de police.

162 - Lettre de l'abbé Magnin au vicomte Matthieu de Montmorency, 17 juin 1819.
Un feuillet manuscrit - 0,245 x 0,185.
S. D. : « Paris le 17 juin 1819 / Magnin curé de Sᵗ / Germain l'Auxerrois ».
Collection Villenave, vente Drouot, 2 avril 1993, n° 89.
Bibliothèque historique de la Ville de Paris.
L'abbé Magnin, qui aurait confessé et fait communier Marie-Antoinette dans son

cachot à la Conciergerie, sollicite la protection du vicomte de Montmorency en faveur du fils de la veuve Bault qui, avec son mari, gardien de la Conciergerie, « a adouci selon ses moyens la rigueur de sa triste situation et a procuré auprès de sa Majesté l'entrée de personnes charitables et zélées qui lui ont donné les secours les plus importans de la Religion […] ».

163 - Etat des choses à fournir
par les ordres de M. le premier Gentilhomme de la Chambre d'année pour le service anniversaire du feu Roi Louis XVI à Saint-Denis, le 21 janvier 1820.
Cahier de 4 pages - 0,358 x 0,240.
Archives nationales, 0³ 520.
Les Archives nationales conservent ces cahiers annuels de 1818 à 1825.

164 - Etat des constructions à faire et des choses à fournir
par l'Intendance du matériel des fêtes et cérémonies, d'après les ordres de M. le Ministre secrétaire d'Etat de la Maison du Roi à l'occasion du service anniversaire qui sera célébré le 16 octobre 1822, à Saint-Denis pour le repos de l'âme de la Reine Marie-Antoinette.
Cahier de 2 pages - 0,358 x 0,243.
Archives nationales, 0³ 520.

MAQUETTES ET SCULPTURES

165 - Maquette de l'enclos du Temple, vers 1783.
Bois, papier, étoffe, polychromés -
0,12 x 0,80 x 0,69.
Exp. : Expo. universelle de 1878, pavillon de la Ville de Paris ; Carnavalet, 1939, n° 470 ; Tokyo, 1978, n° 142.
Musée Carnavalet, PM. 2.

166 - Maquette de la tour du Temple, début XIXᵉ s.
Bois et carton - 0,64 x 0,26 x 0,22.
Exp. : Louis XVII, Paris, 1987, n° 192 ; Louis XVII, Versailles, 1989, n° 147.
Collection particulière.

167 - Louis-Pierre Deseine (1749-1822) Le Dauphin.
Marbre - 0,54 x 0,30.
S. D. coupe du bras g. : « Deseine / sculp. du roi / 1790 » ; au dos : « Ce buste horriblement mutilé par les vandales du 10 août a été trouvé et restauré par les soins de Jean Delaroy-Delorme de Niort (Deux-Sèvres) ».
Vendu par Delaroy-Duparc à Louis XVIII en 1817.
Exp. : Salon, 1791 ; Carnavalet, 1939, n° 418 ; La Révolution française et l'Europe, Paris, 1989, n° 565.
Château de Versailles, M. V. 6305.

168 - Louis-Pierre Deseine (1749-1822) Louis XVI.
Plâtre - 0,70 x 0,43.
S. D. sur le côté g. du socle : « Fait d'après Nature en 1790 par de Seine sculpt. du Roi ».
Coll. de la Briffe.
Acquis en 1978.
Musée Carnavalet, S. 3350.

MOBILIER
Classement alphabétique

169 - Bibliothèque provenant du Temple.
Merisier ciré, portes grillagées.
2,25 x 1,62 x 0,420.
Exp. : Carnavalet, 1939, n° 475 ; Tokyo, 1978, n° 151.
Don de Mme Blavot, veuve du petit-fils de Berthelemy.
Musée Carnavalet, Inv. MB. 220.
C'est l'un des meubles contenant les mille cinq cents volumes que comptait la bibliothèque de Berthelemy au Temple. Cette bibliothèque était située dans le cabinet du premier étage et dans la tourelle attenante de la petite tour du Temple. Louis XVI et Madame Elisabeth en retirèrent plusieurs ouvrages pour leur lecture.

170 - Meuble Vaudreuil.
Noyer sculpté et doré.
Mobilier national, GMT. 19954/1 et 19955/1.
Meuble exécuté pour le comte de Vaudreuil, grand fauconnier de France et familier de Marie-Antoinette, qui vendit une partie de ses collections en 1784. La Couronne racheta ce mobilier qui fut complété par deux canapés (un à Versailles), deux tabourets de pied et une chaise haute exécutés par Senê. Il fut placé dans le salon de compagnie de la reine aux Tuileries en 1791.

171 - Miroir.
Bois, cuivre, fixé sous verre et miroir.
0,480 x 0,400.
Don Adrien Clouet.
Musée Carnavalet, E. 11092.
Ce miroir aurait figuré au Temple.

172 - Mobilier provenant du Temple.
- Paire de chaises, dossier lyre.
Merisier et paille.
0,900 x 0,450 x 0,410.
- Table de toilette.
Merisier ciré.
0,720 x 0,760 x 0,460.
- Lit ayant servi à Madame Elisabeth.
Bois peint et fer.
1,25 x 1,83 x 1,13.
- Table de nuit.
Noyer ciré, marbre gris Sainte-Anne.
0,750 x 0,470 x 0,320.
Exp. : Carnavalet, 1939, nᵒˢ 476, 478, 479 ; Versailles, 1955, n° 747 ; Tokyo, 1978, nᵒˢ 146, 147, 149 et 150 ; Louis XVII, Paris, 1987, n° 215ᵇⁱˢ et n° 215ᵗᵉʳ.
Don de Mme Blavot, veuve du petit-fils de Berthelemy.
Musée Carnavalet, MB. 217-218, 219, 221 et 214.
Meubles provenant du mobilier de J. A. Berthelemy dans son logement de la petite tour du Temple où fut enfermée la famille royale pendant les premières semaines de sa captivité. A la fin de la Révolution, Berthelemy après plusieurs négociations retrouva ce mobilier, pieusement conservé par ses descendants.

172 bis - Table ronde.
Noyer.
D. 0710 x 0,980.
Don de Mme Montgon, fille de G. Lenôtre.
Musée Carnavalet, MB. 570.
Table provenant également du mobilier de Berthelemy. Donnée par Madame Blavot à l'historien G. Lenôtre.

173 - Table de nuit de Marie-Antoinette.
Estampillée Jean-Henri Riesener (1734-1806).
Satiné gris, amarante, sycomore, filets blanc, noir et bleu, bronzes ciselés et dorés, marbre blanc.
0,885 x 0,540 x 0,345.
Musée du Louvre, Inv. OA. 10307.
Livrée en 1784 pour la chambre à coucher de la reine dans son petit appatement de l'attique. Placée en 1789 dans les entresols.

174 - Table de tric-trac du dauphin.
Estampillée de Pascal Coigniard (1748-ép. 1791).
Acajou, cuivre, ébène et ivoire.
Le plateau amovible est recouvert de cuir d'un côté et de feutre de l'autre - 0,70 x 0,43 x 0,62.
Provient de madame de Tourzel.
Exp. : Versailles, 1927, n° 339 ; Versailles, 1955, n° 764.
Au comte Jean de Béarn.

175 - Tapis
Laine, au petit point - 4,250 x 3,290.
Château de Versailles, V. M. B ; 14530
Tapis entrepris par Marie-Antoinette et Madame Elisabeth aux Tuileries et continué au Temple. Il fut monté à la demande de la duchesse d'Angoulême sous la restauration.

176 - Tapisserie : « Jason engage sa foi ».
Pièce de la tenture de l'Histoire de Jason tissée aux Gobelins d'après les cartons de Jean-François De Troy (1679-1752).
Laine et soie, tissage en haute lisse.
4,15 x 3,95.
Mobilier national, GMTT. 196/1.
Cette pièce fait partie de la tenture livrée en 1758 pour le garde-meuble de la couronne et enregistrée sous le n° 244. Elle fut employée en 1770 pour la décoration du pavillon élevé à Strasbourg à l'occasion de l'arrivée de Marie-Antoinette en France. Rentrée au garde-meuble, elle fut ensuite installée dans le cabinet du Conseil aux Tuileries en 1789.

177 - Toilette de Marie-Antoinette.
Estampillée Jean-Henri Riesener (1734-1806).
Satiné gris, amarante, filets blanc, noir et bleu, bronzes ciselés et dorés.
Château de Versailles, Inv. T. 551C.
Livrée en 1784 avec un secrétaire à cylindre, une commode et une table de

nuit (conservés au Louvre) pour le petit appartement de la reine à l'attique aux Tuileries. Placée dans les entresols de Marie-Antoinette en 1789.

LIVRES
Classement alphabétique

178 - Pierre-Simon Ballanche :
Antigone, l'Homme sans nom.
Paris : H. L. Dellaye, 1841. In-12.
Bibliothèque nationale, Z 41 228.

179 - [Honoré de Balzac et L'Héritier de L'Ain] :
Mémoires pour servir à l'histoire de la Révolution française par Sanson exécuteur des arrêts criminels pendant la Révolution.
Paris, A la Librairie centrale, 1829, in 8°, tome I.
Exp. : Balzac et la Révolution française, Paris, 1988, n° 94.
Maison de Balzac, 8° F 1123 (1).

180 - Edme-Louis Barbier :
Notice sur l'exhumation de leurs majestés Louis XVI et Marie-Antoinette, archiduchesse d'Autriche, Paris, janvier 1815.
Bibliothèque historique de la Ville de Paris, 8457.

181 - Barthes de Marmorières :
La Mort de Louis XVI.
Paris : Chez les marchands de nouveautés, 1793. In. 8°.
Bibliothèque historique de la Ville de Paris, 942 304.

182 - Théodore Botrel :
Berceuse blanche.
Paris, G. Ondet, (1899).
Partition, un feuillet imprimé, plié - 0,35 x 0,54.
A Madame la comtesse de Martel.
Bibliothèque nationale, Vm7 113106.

183 - Bref de Paris pour l'année 1791.
Paris, chez la veuve Herissant, s. d., in 12°.
Frontispice orné d'une Vierge à l'Enfant.
Reliure en veau marbré, aux armes de Madame Elisabeth - 0,162 x 0,98.
Ex libris : « Bibliothèque / de Madame Elisabeth », à ses armes.
Bibliothèque de Madame Elisabeth aux Tuileries.
Bibliothèque nationale, Res. p. B. 17.
Madame Elisabeth fit transporter aux Tuileries un choix de livres de sa bibliothèque (cf. aussi le n°) : livres religieux, nombreux ouvrages de littérature française, anglaise et italienne, recueil de cartes, quelques livres d'histoire, quelques pièces de théâtre, les *Mémoires* de Saint-Simon...

184 - Carte générale de la France, divisée en ses 83 départements (carte de Cassini), Paris, Vignon, 1790.
Soixante étuis de maroquin rouge aux armes de Marie-Antoinette, chaque étui, en forme de livre, s'ouvrant à mi-hauteur - 0,215 x 0,150. Chaque carte en plusieurs gravures, collées sur une toile rose, avec étiquettes au dos (dimensions variables).
Bibliothèque de Marie-Antoinette aux Tuileries.
Exp. : Le Patrimoine libéré, Paris, 1989, n° 163.
Bibliothèque nationale, Res. L¹⁴ 11.
Marie-Antoinette fit transporter sa bibliothèque de Versailles aux Tuileries.

Le catalogue en a été fait à Versailles (manuscrit à la Bibliothèque nationale, Fr 1300 1, publié en 1894 par Quentin Bauchart, comme étant celui des Tuileries), puis aux Tuileries, en 1792 (manuscrit à la Bibliothèque nationale, N.A.F. 2512 et 2513, 2 volumes l'un par nom d'auteur, l'autre par titre, avec localisation des livres (grande salle avec table centrale pour atlas, armoires dans les passages ; les estampes étaient « au fond du corridor noir »). C'était une bibliothèque générale, comportant des ouvrages de religion, histoire, géographie, récits de voyages, ... ; les très nombreux romans, pièces de théâtre avec demi-reliures étaient dans un boudoir ; la musique était à part. Cette bibliothèque a été saisie en 1793 et transportée en entier à la Bibliothèque nationale (Archives nationales, T. 1077. A.) (cf. les nᵒˢ 185, 187, 191, 192, 196, 208).

185 - Miguel de Cervantes :
Les principales aventures de l'admirable Don Quichotte, représentées en figures par Coypel, Picart le Romain, et autres habiles maîtres...
A La Haie, chez Pierre de Hondt, 1746.
Reliure en maroquin rouge, aux armes de Marie-Antoinette - 0,368 x 0,270.
Bibliothèque de Marie-Antoinette aux Tuileries.
Exp. : Le Patrimoine libéré, Paris, 1989, n° 159.
Bibliothèque nationale, Rés. Y2 267
« Il y a chez Monsieur le Dauphin un Don Quichotte in folio avec des gravures, qui appartient à la Reine » (note manuscrite, fol. 24 de l'inventaire. Bibliothèque nationale, N.A.F. 2513, cf. n° 184).

186 - Jean-Baptiste Hanet-Cléry, dit Jean-Baptiste Cléry :
Journal de ce qui s'est passé à la Tour du Temple pendant la captivité de Louis XVI.
Londres : impr. de Baylis, 1798.
Reliure en veau marbré - 15 cm x 8 cm.
Musée Carnavalet, XII F 45.

187 - Collection complète des portraits de MM. les députés à l'Assemblée Nationale de 1789.
Paris, Dejabin (1790), in 4°, tome I.
Frontispice : allégorie « Ubi Sola regnat lex/Ibi vera felicitas », par Voyez d'après J. C. Malbeste ; en tête viennent les portraits de Louis XVI, Boilly et Lafayette.
Reliure de maroquin rouge aux armes de Marie-Antoinette - 0,28 x 0,21.
Bibliothèque de Marie-Antoinette aux Tuileries.
Bibliothèque nationale, Res. Le 252.

188 - Cora.
Opéra en quatre actes, représenté pour la première fois sur le théâtre de l'Académie royale de Musique, le Mardi 15 février 1791, paroles de M. xxxx, Musique de Mehul ; Paris, P. de Lormel, 1791 in 4°,

Reliure de maroquin bleu, dentelle à fleurs de lys et armoiries du dauphin - 0,24 x 0,185.
Bibliothèque du dauphin aux Tuileries.
Bibliothèque nationale, Res. Yf 1345.

189 - Alexandre Dumas :
Le chevalier de Maison-Rouge,
in Alexandre Dumas illustré, tome 4. Illustrations de Théophile-Alexandre Steinlen. — Paris : A. Levasseur, s. d. In- 4°
Bibliothèque historique de la Ville de Paris, 143 889, tome 4.

190 - Alexandre Dumas :
La Comtesse de Charny,
in Alexandre Dumas illustré, tome 6. illustrations. de Maurice Leloir.
— Paris : A. Le Vasseur, s. d. In- 4°
Bibliothèque historique de la Ville de Paris, 143 889, tome 6.

191 - Etat général des Postes de France pour l'année 1792.
Paris, Ph. D. Pierres, 1792, in 12°.
Une carte dépliante imprimée sur soie.
Reliure de maroquin rouge aux armes de Marie-Antoinette - 0,182 x 0,11.
Bibliothèque de Marie-Antoinette aux Tuileries.
Bibliothèque nationale, Res. 8° L²³ 2.

192 - [Charles Pierre Claret de Fleurieu] :
Découvertes des François en 1768 et 1769 dans le sud-est de la Nouvelle-Guinée par M. xxx capitaine de vaisseau.
Paris, Imprimerie Royale, 1790, in 4°.
Douze cartes dépliantes.
Reliure de maroquin rouge aux armes de Marie-Antoinette - 0,265 x 0,21.
Bibliothèque de Marie-Antoinette aux Tuileries.
Bibliothèque nationale, Res. Pb⁷.

193 - Edmond et Jules de Goncourt :
Histoire de Marie-Antoinette.
Paris : E. Fasquelle, s. d. In- 8°.
Musée Carnavalet, 944-666 GON.

194 - Hoffmann :
Nephté,
« tragédie en trois actes, représentée pour la première fois par l'Académie royale de musique le mardi 15 décembre 1789 [...] », musique de M. Lemoine, Paris, Prault, 1790, in 4°.
Reliure de maroquin olive bleuté, dentelle à fleurs de lys et armoiries du dauphin - 0,24 x 0,18.
Bibliothèque du dauphin aux Tuileries.
Bibliothèque nationale, Res. Yf 1458.

195 - La France en deuil,
ou le vingt-un janvier.
« Collection contenant les pièces officielles relatives à la translation des victimes royales ; le détail des honneurs funèbres qui leur ont été rendus, soit en France, soit en pays étranger ; et les écrits ou discours les plus frappans, publiés ou prononcés sur cette mémorable journée, par MM. le comte de Lally-Tolendal, le vicomte de Château-Briand, Villemain,

Mgr de Boulogne évêque de Troyes, etc … », Paris, 1815.
0,215 x 0,135.
Bibliothèque historique de la Ville de Paris, 8021.

196 - Jean-François Marmontel :
Antigone,
opéra lyrique en trois actes, représenté pour la première fois sur le théâtre de l'Académie royale le vendredi 30 avril 1790…, musique de M. Zingarelli, Paris, Imprimerie de P. de Lormel, 1790, in 4°.
Reliure de maroquin rouge, dentelle à fleurs de lys et armoiries de Marie-Antoinette - 0,24 x 0,18.
Bibliothèque de Marie-Antoinette aux Tuileries.
Bibliothèque nationale, Res. Yf 1289.

197 - Elisabeth Guénard Brossin de Méré :
Irma ou Les Malheurs d'une jeune orpheline.
Delhy, Paris : l'Auteur, an VIII (1800). In-12, tome 1.
Bibliothèque nationale, Y2 40 499.

198 - Félix Louis Christophe Montjoie, dit Galard de Montjoie :
Histoire de Marie-Antoinette Josèphe Jeanne de Lorraine, archiduchesse d'Autriche, reine de France.
Paris : impr. H. L. Perronneau, 1797. In- 8°.
Musée Carnavalet, XII F 24.

199 - Jacques Necker :
Réflexions presentées à la nation française sur le procès intenté à Louis XVI.
Paris, Volland, 1792. In- 8°.
Bibliothèque historique de la Ville de Paris, 950 083.

200 - Nouveau théâtre anglais.
Paris, Humblot, 1769, in 12° ; tome I.
Reliure en veau marbré, aux armes de Madame Elisabeth, avec inscription : « Montreuil ». - 0,172 x 0,104.
Ex libris. Bibliothèque /de Madame Elisabeth, à ses armes.
Bibliothèque nationale, Res. Yk 232.
Bibliothèque de Madame Elisabeth aux Tuileries (bien que relié pour celle de son château de Montreuil).

201 - Office / de la / Divine Providence / à l'usage de la maison royale / de S. Louis à s. Cyr / et de tous les fidèles.
A Paris, chez Prault père, MDCC LVII.
Reliure de maroquin olive, décor à la dentelle ; croix et fleurs de lys grattées - 0,136 x 0,090.
A la page 219 v°, dans le sens de la hauteur, inscription manuscrite : « Ce 16 8ᵉ à 1h1/2 du matin/mon dieu ! ayez pitié de moi ! mes yeux n'ont plus de larmes/pour pleurer pour vous mes pauvres/enfants ; adieu, adieu ! /Marie-Antoinette ».
Acquis par Jules Garinet en 1882 à la vente après décès du docteur Dorin en 1882 ; et légué par lui à la Bibliothèque municipale de Châlons-sur-Marne en 1885.
Bibliothèque municipale de Châlons-sur-Marne, R. G. 62.

Chez le Docteur Dorin vécut Charmette Courtois (1794-1867), fille du conventionnel Courtois, qui, chargé de l'examen des papiers de Robespierre, s'en appropria un certain nombre. Cf. n° 156.

202 - Baronne Emmuska Orczy :
Nouveaux Exploits du Mouron Rouge.
Paris : Nelson, 1931. In- 8°.
Collection particulière.

203 - Jean-Baptiste Regnault-Warin, dit Julius-Junius :
Le Cimetière de la Madeleine.
Paris : Lepetit, an IX (1801). In-24, tome 1.
Bibliothèque historique de la Ville de Paris, 11 154.

204 - Victorien Sardou :
Théâtre complet. Tome 7 : Paméla, marchande de frivolités.
Paris : A. Michel, s. d. In- 16.
Bibliothèque historique de la Ville de Paris, 700 174, tome 7.

205 - Germaine Necker, baronne de Staël-Holstein, dite madame de Staël :
Reflexions sur le procès de la reine par une femme.
Londres : I. Spilsbury, 1793. In- 8°.
Bibliothèque historique de la Ville de Paris, 964 021.

206 - Stephenmer :
Louis XVII.
Paris, E. Gérard, 1869.
Partition, 2 feuilles imprimées, pliées - 0,345 x 0,54.
« A Monsieur Berryer. / Louis XVII / Melodie / Poésie de / Victor Hugo / Musique de / Stephenmer. »
Bibliothèque nationale, Vm7 103083.

207 - Testament de Louis XVI.
Edition de 1817, gravée par Pierre Picquet.
Reliure en maroquin bleu, dentelle avec fleurs de lys ; au centre médaillon ovale contenant un fragment de velours brun rosé, et un papier portant l'inscription manuscrite : « Echantillon de l'habit de/Louis Seize, le jour qu'il a/été sacrifié/21 janvier 1793 » ; au-dessous : motif avec couronne comtale et devise NIL NISI DEO ; 0,275 x 0,22.
Bibliothèque historique de la Ville de Paris, Res. 136 211bis.

208 - Théocrite :
Idylles et autres poésies.
A Paris, de l'imprimerie de Didot l'Aîné, 1792, in 8°.
Reliure de maroquin rouge, bordure néoclassique, aux armes mosaïquées de Marie-Antoinette - 0,23 x 0,15.
Bibliothèque de Marie-Antoinette aux Tuileries.
Exp. : Le Patrimoine libéré, Paris, 1989, n° 162.
Bibliothèque nationale, Res. Yb 847.
Cette édition comporte le texte grec, une traduction en latin et en français. Cet ouvrage est le dernier entré dans la Bibliothèque de la reine aux Tuileries en 1792.

MEDAILLES

Les descriptions et transcriptions des légendes ont été volontairement abrégées.

209 - Anonyme XVIIIᵉ s.
Droit : Louis XVI portant le cordon du Saint Esprit et de la Toison d'or.
R. : Soldat armé à l'antique frappant de sa lance une chimère (« gallia ») qui tient la tête de Louis XVI ; « Vindicta nefandi criminis » ; exergue : «Denatus 21 jan/1793.»
Cuivre - D. : 0,047.
Cf. Hennin Num. n° 468.
Musée Carnavalet, N. D. 728.
Médaille frappée à Dresde.

210 - Anonyme XVIIIᵉ s.
Droit : Louis XVI « Der Dood von Ludwig XVI König von Frankreich ».
R. : Devant la guillotine soldat montrant la tête de Louis XVI. Exergue : « 1793. »
Plomb - D. : 0,045.
Cf. Hennin Num. n° 468.
Collection Fabre de Larche ; don 1899.
Musée Carnavalet, F. L. I. 625.
Médaille populaire allemande.

211 - Anonyme XVIIIᵉ s.
Quatre médailles commémoratives de la mort de Louis XVI,
présentant des variantes de type et de légendes.
1) « L'Infortuné Louis XVI » ; au bas : « Je meurs innocent / je vous pardonne. » -
R. : « Digne fils / De St Louis/Monte au ciel. »
2) Mêmes légendes, placées différemment. Buste de Louis XVI sur piédouche.
3) « L'Infortuné Louis XVI mort le 21 Janvier 1793 » - R. : « Je meurs /Innocens / Je vous / Pardonne. » De forme ovale.
4) « Louis XVI. Je meurs innocent. Je vous pardonne » - R. : « Digne fils / de St Louis / Monte au / Ciel. »
1-3 : argent et cuivre cerclés de cuivre ; 4 : cuivre - D. : 0,042.
Musée Carnavalet, N. D. 737 à 740.

212 - Anonyme XVIIIᵉ s.
« Adieu Capet ».
Cuivre - D. : 0,0385.
Musée Carnavalet, N. D. 713.
Monnaie de 12 deniers de 1792, dont le droit a été poli et marqué au poinçon.

213 - Anonyme XVIIIᵉ s. et Augustin Dupré (1748-1833)
Droit : Louis XVI, écu de 6 livres de 1793 :
R. : « Né / A Versailles / le 23 août 1754. / Marie le 16 mai 1770. / ROI / le 10 mai 1774. / Martyrisé / le 21 janvier / 1793. »
Argent - D. : 0,039.
Musée Carnavalet, N. D. 767.
Sur un écu de 6 livres dont le revers a été poli a été gravée une inscription commémorative de Louis XVI.

214 - Anonyme XVIIIᵉ s
« Seule consolation/d'Irma ».
Jeune fille couronnant une urne (*CENDR / DE MES / PAREN*), sous un saule pleureur ; au fond la tour du Temple.

Etain, sans revers - D. : 0,061
Musée Carnavalet, N. D. 714.
Cette médaille allusive à Madame Royale est à mettre en relation avec le roman de madame de Meré, *Irma ou Les Malheurs d'une pauvre orpheline*, cf. n° 197.

215 - Bertrand Andrieu (1761-1822)
Arrivée du roi à Paris le 6 octobre 1789.
S. D. : «ANDRIEU F. / LE 6 OCTOBRE / 1789. »
Etain, sans revers - D. : 0,080.
Cf. Hennin Num. n° 62.
Collection Fabre de Larche ; don 1899.
Musée Carnavalet, F. L. I.63,2.
Cette médaille a été éditée ensuite avec la légende : « La Nation a conquis son Roi », et, à l'exergue : «Arrivée du Roi à Paris / le 6 octobre / 1789 ».

216 - Bertrand Andrieu (1761-1822)
Droit : Louis XVIII ;
S. : « ANDRIEU. »
R. : Inscription commémorative de l'exhumation et de la translation des cendres de Louis XVI et Marie-Antoinette (18-21 janvier 1815).
Cuivre - D. : 0,041.
Musée Carnavalet, N. D. 719.

217 - Bertrand Andrieu (1761-1822) et André Galle (1761-1844)
Droit : Louis XVIII ;
S. : « ANDRIEU F. ; DE PUYMAURIN DI. »
R. : La France couronne l'urne que tient la Piété « Regalibus. cineribus. honores. instaurati » ; exergue : « Ludovici. XVIII. pietate / XXI jan. MDCCCXVII » ;
S. : « GALLE F. »
Cuivre - D. : 0,051
Musée Carnavalet, N. D. 720.
Médaille frappée à l'occasion du rétablissement des sépultures royales à Saint-Denis, 21 janvier 1817.

218 - Armand-Auguste Caqué (1793-1881)
Droit : Portraits de la Famille royale autour de celui d'Henri IV.
R. : La France offrant un sacrifice.
S. : « CAQUÉ F. »
Vermeil - D. : 0,059.
Provient de M. Prosper Faugère ; don de M. Georges le Chatelier, 1934.
Musée Carnavalet, N. D. 716.
Caqué, médailliste de la duchesse d'Angoulême, exécuta une « Galerie numismatique » des Rois de France, 74 pièces, exposées au Salon de 1836 à 1839.

219 - Alexis Depaulis (1790-1867) et Romain Jeufroy (1749-1826)
Droit : Louis XVII.
S. : « DEPAULIS F. »
R. : L'âme de Louis XVII s'envolant d'une

tombe dans la cour du Temple. ; « Quam. reddat. haeredi » ; exergue : «Ludovicus XVII in vinculis. occumbit / VIII. IVN. MDCCLXXXXV / » ; S. : « JEUFROY F. »
Cuivre - D. : 0,050.
Musée Carnavalet, N. D. 718.
Pièce commémorative frappée en 1816.

220 - Augustin Dupré (1748-1833)
Droit : « JE JURE D'ETRE FIDELE A LA NATION ET A LA LOI. »
Louis XVI prêtant serment sur la constitution, devant Minerve et la Liberté.
Exergue : « 14 SEPTEMBRE / 1791. »
s. : « Dupré f. »
R. : « LE VŒU / DU PEUPLE N'EST / PLUS DOUTEUX / POUR MOI : / J'ACCEPTE LA / CONSTITUTION. / 13 SEPTEMBRE / L'AN III DE LA / LIBERTE. »
Argent - D. : 0,035.
Cf. Hennin Num. n° 217.
Collection Fabre de Larche ; don 1899.
Musée Carnavalet, F. L. I. 337.

221 - Benjamin Duvivier (1730-1819)
Droit : Louis XVI, buste à d. ;
exergue : « Ville de Paris » ;
s. : « B. DUVIVIER F. »
R. : « J'y ferai désormais ma demeure habituelle. » Le Roi conduit par la Ville de Paris, s'avance vers les Tuileries, suivi par la Reine et le Dauphin. Exergue : « Arrivée du Roi à Paris le 6 oct.1789 » ; S. : «DUVIV. »
Argent - D. : 0,053.
Cf. Hennin Num. n° 63.
Musée Carnavalet, N. D. 724.
Un exemplaire en or fut remis au roi le 8 mai 1790 (cf. n° 137).

222 - Ensemble de 15 médailles relatives à Marie-Antoinette,
de son mariage à sa mort et à son apothéose, avec un jeton de la Maison de la reine - 1770-1794.
Argent, cuivre et argent doré, sur fond de velours violet dans un cadre en argent.
Collection Pierpont Morgan ; don 1914.
Musée Carnavalet, E. 8171 et N. D. 8172 ; N. D. 683 à 697 ; N. J. 1776.
Médailles relatives à l'exécution de la Reine par C. H. Küchler, frappée à Soho (Angleterre), par P. Baldenbach, à Vienne, par D. et F. Loos, à Berlin.

223 - Raymond Gayrard (1777-1858) et Jean-Pierre-Casimir, baron de Puymaurin (1757-1841)
Droit : La France éplorée au tombeau des Bourbons ;
« Je pleure le passé, j'espère en l'avenir » ; exergue : « A la mémoire des Bourbons / qui ont péri sous le fer / des assassins » ;
s. : « Gayrard f. »
R. : La Piété et Saint-Michel, sous le triangle lumineux de la Religion ; exergue : « Nous jurons de mourir / pour nos princes /

légitimes » ; s. : « De Puymaurin d. /
Gayrard f.»
Cuivre - D. : 0,051.
Musée Carnavalet, N. D. 721.

224 - Friedrich-Heinrich Krüger (1749-1805 ?)
Droit : bustes superposés de Louis XVI, du
Dauphin et de Marie-Antoinette, lys et
sceptre brisés.
R. : Victoire soutenant trois étoiles, assise
sur un tombeau. « Clarior Superne » ;
s. exergue : « F. KRÜGER SENIOR/FEC. »
Argent - D. : 0,047.
Cf. Hennin Num. n° 687.
Musée Carnavalet, N. D. 729.
Médaille frappée à Dresde.

225 - Conrad Heinrich Küchler (actif 1763-1821)
Droit : bustes de Louis XVI et Marie-
Antoinette ; « FATI INIQUI » ; s. : « C. H. K. »
R. : Adieux du Roi. « AN EST DOLOR PAR
DOLORI NOSTRO » ; s. : « C. H. KÜCHLER
FECIT. »
Cuivre - D. : 0,048.
Cf. Hennin Num. n° 463.
Collection Fabre de Larche ; Don 1899.
Musée Carnavalet, F. L. I. 621.
Médaille frappée chez Bolton à Soho
(Angleterre) en 1793-1794, ainsi qu'une
relative à l'exécution du roi et une à
l'exécution de la reine.

226 - Pierre-François Palloy (1755-1835), attribué à
Louis XVI dern' roi d'un peuple libre
décapité le 21 janvier 1793 ; an II de la
Rép / Franc.
Fer, sans revers - D. : 0,047.
Musée Carnavalet, N. D. 654.

227 - Louis Michel Petit (1791-1844) et Ursin Vatinelle (1798 - après 1831)
Droit : La France tend à la Piété le modèle
de la chapelle expiatoire ; s. : « VATINELLE,
DE PUYMAURIN D. »
R. : vue cavalière de la chapelle expiatoire ;
exergue : « Delubrum. expiatorium /
Ludovicus. XVIII. et. Carolus, X / Anno.
MDCCC. XXVI. » ; s. : « PETIT F. »
Cuivre - D. : 0,051 ;
Musée Carnavalet, N. D. 68.

228 - Jean-Pierre Casimir, baron de Puymaurin (1757-1841)
Droit : Tombeau de Louis XVI et de Marie-
Antoinette ; exergue : « Pietas fraterna /
1815 » ; s. : « DE PUYMAURIN D. »
R. Inscription commémorative.
Cuivre - D. : 0,051.
Musée Carnavalet, N. D. 715.
Médaille frappée à l'occasion de la
translation des cendres de Louis XVI
et Marie-Antoinette à Saint-Denis,
le 21 janvier 1815.

229 - Johann-Jacob Stierlé (1764-1806)
Droit : Louis XVI
« Ludovicus XVI Galliae Rex securi civium
percussus » ; s. : « STIERLE. »
R. : La Ville de Paris en pleurs ; « Heu nimis
sero manent » ; exergue : D. « XXI. JAN. /
MDCCXCIII. »
Argent - D. : 0,035.
Cf. Hennin Num. n° 473.
Achat, 1988.
Musée Carnavalet, N. D. 552.
Médaille frappée à Berlin en 1794.

230 - Johann-Jacob Stierlé (1764-1806)
Droit : Marie-Antoinette ; « Maria Antonia
Frankreichs unglücklichste Kœninginn » ;
s. : « STIERLE. »
R. : La France en pleurs, son écu brisé ;
« Weh ! Jede Thraene wird ein Flüch den
Enkeln ! » ; exergue : « Der Volkswuth /
Geopfert » D. « 16 oct. /1793. »
Argent - D. : 0,035
Cf. Hennin Num. n° 535.
Achat, 1988.
Musée Carnavalet, N. D. 553.
Médaille frappée à Berlin en 1794,
pendant du numéro précédent.

231 - Nicolas Tiolier (1784-1856)
Droit : Louis XVII ;
s. : « N. TIOLIER F. »
R. : Lys brisé ; « Cecidit ut flos » ;
exergue : « VIII. JUNII / MDCCXCV. »
Cuivre - D. : 0,041.
Musée Carnavalet, N. D. 717.
Du même, médaille de Louis XVII portant
la date du 21 janvier 1793.

OBJETS
Classement alphabétique

232 - Bague avec cheveux de Louis XVI.
Cheveux inclus dans un cristal, monture en cuivre
portant l'inscription : « Cheveux de Louis XVI ».
Musée Carnavalet.

233 - Bague avec cheveux de Louis XVI.
Le chaton en forme de cercueil orné de larmes,
s'ouvre et contient quelques cheveux de Louis XVI
avec cette mention gravée : « Cheveux de l'infortuné
et vertueux Louis XVI »
Or et émail, étui en galuchat.
Don Raynaud, 1922.
Exp. : Carnavalet, 1939, n° 443.
Musée Carnavalet, E. 11597.

234 - Bas de Louis XVI au Temple.
Tricot de soie blanc, baguette brodée - H. : 0,70.
Don de Mmes Soehnée, Martin, Lasne, 1911.
Exp. : Carnavalet, 1939, n° 496.
Musée Carnavalet, E. 7665[15].

235 - Boîte.
Boîte ronde dont le couvercle renferme une scène
découpée en carton peint figurant l'arrivée de la
famille royale le 6 octobre 1789 à Paris.
Carton bleu, écaille, incrustation de cuivre, verre et
monture en cuivre.
D. : 0,050.
Don Maze, 1889.
Musée Carnavalet, OM. 884.

236 - Boîte.
Boîte ronde dont le couvercle est incrusté d'une
gravure représentant les adieux de Louis XVI à sa
famille le 20 janvier 1793.
Ecaille peinte, verre, monture en or ciselé.
D. : 0,082.
Don Maze, 1889.
Musée Carnavalet, OM. 892.

237 - Boîte.
Boîte ronde dont le couvercle est incrusté d'une
miniature par Kucharsky représentant Marie-
Antoinette en deuil.
Signé en bas à gauche : « Ky 1793 ».
Papier maché et laqué, écaille, verre et monture
argentée.
D. : 0,076.
Collection Bargas.
Musée Carnavalet, OM. 3110.

238 - Boîte.
Boîte ronde dont le couvercle est incrusté d'une
miniature représentant Louis XVI, Marie-Antoinette et
le dauphin en buste et de profil droit.
Ecaille, gouache sur ivoire sous verre, monture d'or
ciselé et de cuivre.
D. : 0,079.
Legs Fabre de Larche, 1899.
Musée Carnavalet, FL II 470.

239 - Boîte.
Boîte ronde dont le couvercle est incrusté d'une
gravure colorée représentant la famille royale en
buste, vue de profil droit.
Loupe d'orme, écaille, verre et monture en cuivre.
D. : 0,069.

Legs Fabre de Larche, 1899.
Musée Carnavalet, FL. II 475.

240 - Boîte.
Boîte ronde dont le couvercle figure Louis XVI
donnant une leçon de géographie au dauphin dans
la prison du Temple.
Gravure imprimée sur nacre, écaille peinte, monture
en cuivre.
D. : 0,078.
Don Maze, 1889.
Musée Carnavalet, OM. 895.

241 - Boîte.
Boîte ronde dont le couvercle et le dessous sont
incrustés de gravures représentant d'une part
les profils en buste de Louis XVI, Marie-Antoinette
et le dauphin, et d'autre part, Madame Royale.
Ecaille, gravures sous verre, monture de cuivre.
D. : 0,079.
Provient de la collection Moreau.
Musée Carnavalet, E. 10480.

242 - Boîte.
Boîte ronde décorée sur le couvercle de sept
gravures évoquant la vie de Louis XVI et des siens
lors de leur captivité au Temple.
Dessous : la prison du Temple ; à l'intérieur du
couvercle : profils de Louis XVI, Marie-Antoinette et
du dauphin.
Papier maché et laqué avec impressions noires sur
fond jaune.
D. : 0,070.
Legs du marquis de Thuisy, 1913.
Musée Carnavalet, OM. 1629.

243 - Boîte.
Boîte ronde dont le couvercle contient un médaillon
en bois sculpté figurant une urne funéraire portant
l'inscription : « Louis XVI », reposant sur un socle noir
offrant le profil gauche du roi, le tout sous un saule
pleureur - à droite, figure de la Foi.
Ecaille, écaille teintée verte, incrustations de cuivre et
buis sculpté, verre.
D. : 0,076.
Don Maze, 1889.
Musée Carnavalet.

244 - Boîte.
Boîte ronde dont le couvercle est incrusté d'une
gravure représentant une urne sous un saule pleureur
avec cinq portraits cachés.
Ecaille et laque, verre, monture en cuivre.
D. : 0,084.
Don Maze, 1889.
Musée Carnavalet, OM. 831.

245 - Boîte.
Boîte ronde dont le couvercle est incrusté d'une
gravure coloriée figurant les profils de Louis XII, Henri IV
et Louis XVI avec légende circulaire : Louis XII, ami du
peuple - Henri IV, père de ses sujets - Louis XVI, l'un et
l'autre - XVI égale XII plus IV, preuve par l'addition.
Racine de buis, écaille, verre, monture en or ciselé.
D. : 0,083.
Don Maze, 1889.
Musée Carnavalet, OM. 880.

246 - Boîte.
Boîte ronde dont le couvercle contient une allégorie
sculptée représentant un cénotaphe avec les profils
de Louis XVI et de Marie-Antoinette en médaillon,
encadré par les figures de la Religion et de la France.
Au bas une inscription : « PROH DOLOR ! ILLIS NON
TUMULUS ALTER ».
Loupe d'orme, écaille, divers bois, verre.
D. : 0,087.
Musée Carnavalet, OM. 1329.

247 - Boîte à l'effigie de Marie-Antoinette.
Sur le couvercle, profil de Marie-Antoinette en
biscuit, sous un verre bombé serti de trente-deux
perles.
Le fond se dévisse ; sous le double fond : profil de
Louis XVI, de Marie-Antoinette et du dauphin peint
par Sauvage.
La boîte contient une plaquette d'ivoire octogonale
portant trois mèches de cheveux, probablement du
roi, de la reine et du dauphin. Elle renferme en outre
habituellement une lettre du comte de Provence, futur
Louis XVIII, datée de Vérone, 5 août 1795, remerciant
Guillaumot des services rendus à Louis XVI.
Ecaille de tortue - D. : 0,087.
Collection particulière.

248 - Boîte à hosties.
Cuir - 0,075 ; D. : 0,13.
Provient de Cléry ; Mme Giovanelli son arrière-petite
fille ; le duc de la Salle de Rochemaure ; Mme
Forceville.
Don, 1930.
Exp. : Tokyo, 1978, n° 173 ; Paris, 1980, n° 114.
Musée Carnavalet, E. 12484.

249 - Bonnet de Louis XVI.
Jersey de coton.
Provient de Cléry ; Mme de Giovanelli son arrière-
petite-fille ; duc de la Salle de Rochemaure ; Mme de
Forceville.
Don 1930.
Exp. : Carnavalet, 1933, n° 486.
Musée Carnavalet, E. 12465.
Porté par le roi la nuit du 20 au 21 janvier
1793.

250 - Brosse utilisée par la famille royale au Temple.
Bois recouvert de cuir brun, soies - D. : 0, 12.
Exp. : Louis XVII, Paris, 1987, n° 230 ; Louis XVII,
Versailles, 1989, n° 160.
Collection particulière.

251 - Cachet de la section des Enfants Rouges.
Le manche représente l'exécution de Louis XVI.
Don Fabre de Larche, 1899.
Musée Carnavalet.

252 - Cadre contenant des cheveux de la famille royale et une lettre de Marie-Antoinette adressée au chevalier de Jarjayes.
Les cheveux du roi et de la reine sont tressés, ceux
de Madame Elisabeth et de Madame Royale en

boucles. Ils sont présentés sur des médaillons de
nacre encadrant la lettre placée au centre du cadre.
Montures en bronze ciselé et doré, trois fleurs de lys
et couronne royale. Le tout appliqué sur fond de
velours brun, cadre en bois doré.
0,380 x 0,297.
Exp. : Versailles, 1927, n° 315.
Don de S. A. I. et R. l'archiduchesse Margherita de
Habsbourg Lorraine, 1985.
Musée Carnavalet, E. 21572.

253 - Calice utilisé par l'abbé Edgeworth de Firmont le 21 janvier 1793.
Pied portant une Vierge à l'enfant, un
Christ sortant du tombeau et saint Bond,
entre des angelots.
Poinçon sur la coupe, accidenté ; minerve et losange
- « H a Cte » sous le pied.
Inscription sous le pied : « Calice ayant servi à Mre
Edgeworth de Firmont le 21 janvier 1793 à la messe
qu'il célébra au Temple devant S. M. T. C. le Roi
Louis XVI/S. E. M le Cardinal de Latil archevêque de
Reims en fit don à S. M. T. C. le Roi Charles X ».
Vermeil et laiton doré.
Provient de Saint-Jean - Saint-François.
Notre-Dame-des-Victoires.

254 - Ceinture de Marie-Antoinette à la Conciergerie (fragment).
Soie crème avec motifs de soie brochée, crème et
rose.
Donné par l'abbé Magnin au Dr Claude Roulliet en
1793.
Don de M. Rouillet, 1899.
Musée Carnavalet.

255 - Chasuble utilisée par l'abbé Edgeworth de Firmont le 21 janvier 1793.
Moire dorée à fils d'argent, fleurs brodées
multicolores. Vers 1730-1740.
Provient de Saint-Jean - Saint-François.
Notre-Dame-de-Bonne-Nouvelle.

256 - Chemise de batiste portée par Marie-Antoinette.
Donnée après décembre 1795 à Etienne Lasne,
commissaire au Temple.
Don de Mmes Soehnée, Martin, Lasne, 1911.
Musée Carnavalet, E. 7556[12].

257 - Chemise et caleçon portés par Louis XVI.
Proviennent de Cléry ; Mme Giovanelli son arrière-
petite-fille ; le duc de la Salle de Rochemaure ; Mme
de Forceville.
Don, 1930.
Musée Carnavalet, E. 12468[1 et 2].

258 - Cheveux de la famille royale et de madame de Lamballe.
Proviennent de Cléry ; Mme Giovanelli son arrière-
petite-fille ; duc de la Salle de Rochemaure ; Mme de
Forceville.
Don, 1930.
Musée Carnavalet, E. 12461 (1 à 7).

259 - Coffret en forme de sarcophage.
Le sarcophage contient des souvenirs de la famille royale :
1) Médaillon : Madame Royale, par Desfossés (que Louis XVI portait au cou).
2) Médaillon : Dauphin, par Kucharski.
3) Tabatière d'écaille, avec un portrait de Louis XVII à la mine de plomb.
4) Médaillon contenant des cheveux de Louis XVI.
5) Jeu de quilles du dauphin, dans une boîte en forme de tambour.
6) Cheveux de Louis XVI.
7) Cheveux de Louis XVII et de Madame Royale.
8) Fragment d'un bas de filoselle noire trouvé dans le cercueil de Marie-Antoinette le 18 janvier 1815.
9) Tresse tissée par Marie-Antoinette à la Conciergerie.
10) Amulette de plomb.
11) Couteau utilisé au Temple.
12) Médaillon en biscuit de Sèvres représentant Louis XVII.
Ebène. - Provient de madame de Tourzel, ancêtre du propriétaire actuel.
Exp. : Versailles, 1927, n° 296 ; Carnavalet, 1931, n° 727 ; Versailles, 1955, n° 151.
Collection particulière.

260 - Coffret en forme de sarcophage.
Inscription gravée sur une plaque d'argent : « dépouilles sacrées ».
Placage de satiné et palissandre.
Provient de Cléry ; Mme Giovanelli son arrière-petite-fille ; duc de la Salle de Rochemaure ; Mme de Forceville.
Don, 1930.
Exp. : Carnavalet, 1931, n° 344.
Musée Carnavalet, E. 12478.
Ce coffret contenait des pièces de lingerie ayant appartenu à la famille royale (cf. n°s 249, 257, 258, 270, 271, 276, 304).

261 - Corbeille de Rosalie Lamorlière.
Osier tressé - 0,185 x 0,075 x 0,04.
Collection particulière.
Rosalie Lamorlière, servante des gardiens de la Conciergerie, chercha à adoucir autant que possible les conditions de détention de la reine.

262 - Cordon et Plaque du Saint-Esprit.
Cordon bleu (L. : 0,900) et canetille d'argent brodée (D. : 0,071).
Proviennent de Cléry.
Musée de la Légion d'Honneur, Inv. 07853.
Cordon et plaque portés par le dauphin au Temple et qui lui furent retirés dès les premiers jours. La plaque porte au revers une inscription manuscrite postérieure : « dernier du nom 1791 ».

263 - Cordon du Saint-Esprit de Louis XVI.
Cordon bleu (L. : 1,35).
Provient de Cléry.
Musée de la Légion d'Honneur, Inv. 07851.
Retiré au roi dans la prison du Temple.

264 - Corsages de Madame Royale.
L'un en soie beige, l'autre en soie noire.
Donnés après décembre 1795 à Etienne Lasne, commissaire au Temple.
Don de Mmes Soehnée, Martin, Lasne, 1911.
Musée Carnavalet, E. 7665[7 et 8].

265 - Couvert de Louis XVI.
Don Arachequesne, 1930.
Musée Carnavalet, E. 12343.

266 - Couvre-lit de la reine au Temple.
Satin vert et blanc - 1,455 x 0,865.
Provient de l'ameublement de Bertholomy dans la petite tour.
Don Mme Blavot, 1907.
Exp. : Carnavalet, 1939, n° 480.
Musée Carnavalet, E. 7139.

267 - Cravate de Louis XVI.
Soie blanche - 0,70 x 0,58.
Au comte de Sèze.
Le roi portait cette cravate au cours de son procès et la donna à son courageux défenseur R. de Sèze, pour qu'il pût s'éponger le front.

268 - Crucifix de Marie-Antoinette à la Conciergerie.
Bois et ivoire
Don de Louis XVIII
Conciergerie
Proviendrait de la cellule de la Reine.
Figure sur le tableau de Drolling : La dernière communion de la Reine (1817) ; placé ensuite sur l'autel de la Chapelle expiatoire aménagée dans la cellule sous la Restauration.

269 - Cuiller.
Utilisée par le dauphin au Temple
Cuivre argenté à décor gravé ; écrin de maroquin rouge aux armes royales.
Provient de Cléry ; Mme Giovanelli son arrière-petite fille ; duc de la Salle de Rochemaure ; Mme de Forceville.
Don, 1930.
Exp. : Carnavalet, 1939, n° 491 ; Tokyo, 1978, n° 155 ; Paris, 1980, n° 115 ; Louis XVII, Paris, 1987, n° 226bis.
Musée Carnavalet, E. 12470.

270 - Culotte portée par le dauphin au Temple.
Drap moutarde.
Provient de Cléry ; Mme Giovanelli son arrière-petite-fille ; duc de la Salle de Rochemaure ; Mme de Forceville.
Don, 1930.
Musée Carnavalet, E. 12471.

271 - Drap de Louis XVI au Temple.
3,640 x 2,680.
Provient de Cléry ; Mme Giovanelli son arrière-petite-fille ; duc de la Salle de Rochemaure ; Mme de Forceville.
Don, 1930.
Musée Carnavalet, E. 12467.

272 - Drap de Marie-Antoinette à la Conciergerie (fragment).
Toile - 0,05 x 0,03 env.
Aurait été donné à M. de Salis, officier, à Saint-Denis, par Don Poirier.
Exp. : Versailles, 1927, n° 324.
Au baron de Schonen.
Un papier manuscrit accompagne la relique : « morceau des draps / dans lesquels on a fait coucher la Reine de / France pendant tout le / temps qu'elle a été à / la conciergerye avant d'être conduite à l'éc / hafaut ou elle fut déca / pitée le (...) octobre m / il sept cent quatre vingt / treize ».

273 - Émigrette du dauphin.
Citronnier recouvert d'or rouge, orné de rosaces ciselées en or jaune, écrin en maroquin rouge, décor à la dentelle et dauphin couronné - D. : 0,067 ; ép. : 0,008 - (coffret : D. : 0,088, ép. : 0,02).
Donnée par Cléry au comte de Noinville ; collection de la comtesse Niel ; vente Orsay 23 juin 1978 n° 63.
Collection particulière.
L'émigrette n'est pas celle qui figure sur la peinture attribuée à madame Vigée-Lebrun du musée d'Auxerre.

274 - Etoffes provenant du Temple (fragments).
Coton imprimé.
Provient de Berthelemy.
Don de Mme Blavot, 1907.
Musée Carnavalet, E. 21451-3.

275 - Flacons de la Conciergerie (paire).
Cristal avec bouchon d'argent - D. : 0,065 ; H. : 0,10.
Collection particulière.

276 - Gilet du dauphin.
Provient de Cléry ; Mme Giovanelli son arrière-petite-fille ; le duc de la Salle de Rochemaure ; Mme de Forceville.
Don, 1930.
Musée Carnavalet, E. 12469.

277 - Gilet de Louis XVI.
fragment contenu dans un portefeuille.
Faille blanche, fleurs brodées polychromes.
Portefeuille de maroquin rouge.
Don Lefèvre, 1939.
Musée Carnavalet.

278 - Habit du dauphin.
Soie rayée vert et violet.
Don de madame Ethis de Comy et de la baronne de Frédy, 1908.

279 - Jeu d'échecs.
Buis
Provient de Lasne, commissaire au Temple.
Don de Mmes Soehnée, Martin et Lasne, 1911.
Exp. : Carnavalet, 1939, n° 503 ; Paris, 1980, n° 113 ;
Louis XVII, Paris, 1987, n° 241bis.
Musée Carnavalet, E. 7665/2.

Exp. : Carnavalet, 1939, n° 465.
Musée Carnavalet, E. 7265.

280 - Jeu de loto du dauphin.
Carton, bois, os, plomb.
Exp. : Carnavalet, 1939, n° 482 ; Paris, 1980, n° 117.
Don de Mme Blavot, 1907.
Musée Carnavalet, E. 7139/7.

281 - Malle.
Bois et cuir, ferrures et poignées en cuivre doré
0,380 x 0,650 x 0,410.
Exp. : Versailles, 1927, n° 290 ; Carnavalet, 1931,
n° 464 ; Louis XVII, Versailles, 1989, n° 177.
Versailles, musée Lambinet, Inv. 781.
Malle qui servit à madame Despagne
blanchisseuse, pour le transport du linge
de Louis XVI au Temple.
Donnée par son petit-fils, M. Despagne.

**282 - Médaillon : Louis XVI et
Malesherbes au Temple.**
Eau-forte, sous-verre rouge, monture en cuivre,
plaque d'étain au revers - D. : 0,084.
Legs Fabre de Larche, 1899.
Musée Carnavalet, FL. II 482.

283 - Médaillon : Louis XVII.
Email.
D. : 0,037.
Legs Fabre de Larche, 1899.
Musée Carnavalet, FL. II 603.

284 - Médaillon : Louis XVII.
Miniature sur ivoire signée de Castrique, 1793.
Monture en bronze ciselé et doré.
D. : 0,073.
Musée Carnavalet, OM. 2943.

**285 - Médaillon : Louis XVII assis, de
trois quarts à gauche, lisant un livre.**
Gouache sur papier, contrecollé sur carton -
D. : 0,048.
Dans un boîtier d'argent - D. : 0,050 ; inscription
gravée sur une feuille d'argent, fixée à l'intérieur :
« Cher pour son objet / Cher par celui qui le traça / Il
est pour moi un gage / De souvenir et de tendresse /
24 décembre 1794 ».
Provient de la Duchesse d'Angoulême.
Exp. : Versailles, 1955, n° 491.
A S.A.R. le comte de Paris.

286 - Médaillon : Madame Royale.
Miniature sur ivoire, monture en bronze doré et
ciselé.
D. : 0,066.
Musée Carnavalet, OM.746.

**287 - Médaillon : Madame Royale et le
dauphin.**
Estampe montée sur nacre, verre, monture en cuivre

doré dans cadre en bois noirci.
D. 0,070 ; L. : 0, 113 x 0,116.
Legs Fabre de Larche, 1899.
Musée Carnavalet, FL. II 512.

288 - Médaillon : Marie-Antoinette.
La reine est vue de profil en buste dans un médaillon
cantonné de quatre fleurs de lys.
Ivoire sculpté monté sur fond de velours brun dans
un cadre de bois doré d'époque Restauration.
0,235 x 0,210.
Don Pierpont-Morgan, 1914.
Musée Carnavalet, OM. 1678.

289 - Mouchoir de Louis XVI.
Coton - 0,82 x 0,79.
Marques : « 1766 » (à l'encre), « HI » (brodé).
Provient de Cléry ; Mme Giovanelli son arrière-petite
fille ; duc de la Salle de Rochemaure ; Mme
Forceville.
Don, 1930.
Musée Carnavalet ; E. 12464.
Utilisé par le roi le matin du 21 janvier
1793.

290 - Mouchoir de Madame Elisabeth.
Batiste, bord de dentelle de fil - 1, 01 x 0,98.
Provient de Cléry ; Mme Giovanelli son arrière-petite
fille ; duc de la Salle de Rochemaure ; Mme
Forceville.
Don, 1930.
Musée Carnavalet, E. 12472.
Donné par Madame Elisabeth à Cléry.

**291 - Mouchoir de toilette de
Marie-Antoinette.**
Coton - 0,382 x 0,255.
Don de la comtesse d'Arjuzon.
Musée Carnavalet, E. 7433.

**292 - Nappe de communion de
Louis XVI.**
Coton - 1, 05 x 0,83.
Provient de Cléry ; Collection Reiset.
Don Rainaud, 1922.
Exp. : Carnavalet, 1939, n° 493.
Musée Carnavalet, E. 11623.

**293 - Papiers peints provenant du
Temple (fragments).**
0,135 x 0,105.
Donnés par G. Knuttel, directeur du musée municipal
de La Haye en 1938.
Musée Carnavalet, E. 15808.
Le papier jaune est celui de la chambre du
roi dans la grande tour, le vert est
vraisemblablement celui de la chambre de
la reine dans la grande tour.

294 - Pelote à épingles.
Faite d'un morceau de la robe que portait
Marie-Antoinette quand elle fut arrêtée à
Varennes (?).
Musée Carnavalet.

**295 - Pichet ayant servi à la famille
royale au Temple.**
Grès - 0,20 x 0,13.

Exp. : Louis XVII, Paris, 1987, n° 242 ; Louis XVII,
Versailles, 1989, n° 170.
Collection particulière.

296 - Pion de jeu.
Tourné pour former le profil de Louis XVI.
Ivoire.
Don Forceville, 1930.
Musée Carnavalet, E. 12486.

297 - Plat à barbe.
Utilisé par Louis XVI au Temple.
Porcelaine blanche.
Provient de Lasne, commissaire au Temple.
Don de Mmes Soehnée, Martin et Lasne, 1911.
Exp. : Carnavalet, 1939, n° 498 ; Tokyo, 1978, n° 157.
Musée Carnavalet, E. 7665.

**298 - Pochette brodée par
Marie-Antoinette au Temple.**
Motif de fleurs autour d'une harpe, couronnes de
feuillage.
Faille blanche, fils de soie de différentes couleurs -
0,165 x 0,09 x 0,012 (repliée).
A S. A. R. le comte de Paris.

299 - Porte-épingles.
0,135 x 0,120.
Don Raynaud, 1922.
Exp. : Carnavalet, 1939, n° 495.
Musée Carnavalet, E. 11600 et 11601.
Confectionnés avec des morceaux de gilet
de Louis XVI par les religieuses des Filles
de la Charité de Neuilly, morceaux donnés
par le fils de Cléry à la supérieure de cette
maison, Augustine Gosselet.

**300 - Pot à lait (?) de Marie-Antoinette
à la Conciergerie.**
Porcelaine blanche à décor de fleurs polychromes et
filets d'or. Paris, manufacture de Locré, fin XVIIIe siècle
- H. 0,14.
(marque au-dessous, cf. R. de Plinval de Guillebon
« Porcelaine de Paris 1770-1850 », 1972, n° 143).
Don de la Comtesse d'Arjuzon.
Conciergerie.
C'est dans ce broc qu'une prisonnière,
Mme Caron, aurait donné à boire à Marie-
Antoinette au moment où elle partait pour
l'échafaud.

301 - Pot à lait.
Faïence blanche - D. : 0,060.
Don Quesnay, 1918.
Exp. : Carnavalet, 1939, n° 440.
Musée Carnavalet.
Trouvé le 10 août au château des
Tuileries.

**302 - Rasoir utilisé par Louis XVI au
Temple.**
Bois noir et acier - L. : 0,16.
Dans une boîte en carton noir.
Sur le manche, inscription : « M. CLERY », grattée ;
sur la lame, marque : « (.) Anglaise. C / (.)
VERSAILLES et fer de lance » (?).
A S.A.R. le comte de Paris.

303 - Reliquaire de la Vraie Croix.
Argent repoussé - 0,156 x 0,13.
Ecrin en veau brun - 0,187 x 0,152.
Aurait appartenu à la famille royale au Temple ;
donné par Cléry à Cornette de Saint Cyr ; collection
de Bonneval.
Collection particulière.
Le ruban aurait été ajouté par Marie-
Antoinette le 21 janvier 1793.

304 - Sang de Louis XVI.
Fragment de tissu taché du sang du roi.
Donné à Cléry par la marquise de Chastellux ; Mme
Giovanelli son arrière-petite-fille ; duc de la Salle de
Rochemaure ; Mme de Forceville.
Don, 1930.
Musée Carnavalet, E. 12462.

305 - Serre-tête de Madame Elisabeth.
Coton.
Marque I/16 (brodée).
Avec son épingle.
Musée Carnavalet.

306 - Serre-tête de Marie-Antoinette.
Coton.
Marque : HC (brodée).
Exp. : Carnavalet, 1939, n° 490.
Provient de Cléry ; Mme Giovanelli son arrière-petite
fille ; duc de la Salle de Rochemaure ; Mme Forceville.
Don, 1930.
Musée Carnavalet, E. 12466².

307 - Soldats de plomb du dauphin.
Plomb peint - 0,025 env.
Exp. : Carnavalet, 1939, n° 506 ; Paris, 1980, n° 118.
Don de M. de Loewenhaupt, 1913.
Musée Carnavalet.

308 - Soulier de Louis XVI (fragment).
Don anonyme, 1903.
Musée Carnavalet, E. 6309.

**309 - Soulier de Madame Royale au
Temple.**
Cuir et satin - D : 0,210.
Exp. : Versailles, 1927, n° 502.
Musée Carnavalet.

310 - Soulier de Marie-Antoinette.
Cuir et satin - D : 0,210.
Don de Henry C. Moreau, arrière-petit-neveu de
M. d'Ennecey de Champuis.
Exp. : Carnavalet, 1939, n° 447.
Musée Carnavalet.
Arraché le 10 août 1792 des mains d'un
des envahisseurs par M. d'Ennecey de
Champuis, qui défendait les Tuileries.

**311 - Soulier de Marie-Antoinette, dit
« à la Saint-Huberty ».**
Cuir rehaussé de soie.
Provient du comte de Guernon-Ranville.
Exp. : Le Soulier de Marie-Antoinette, Caen, 1989.
Musée des Beaux-Arts de Caen, n° 1136.
Recueilli lors de l'exécution de la Reine ou
de son inhumation.

312 - Tapis
Laine - 1,30 x 0,90.
Conciergerie.
Proviendrait de la cellule de la reine.
Correspond, à quelques nuances de
coloris près, à celui qui a été utilisé par le
peintre Gervais Simon pour son tableau
La Reine dans sa prison (1817).

**313 - Tapisserie exécutée par
Marie-Antoinette au Temple.**
Laine, broderie au point de croix - 0,75 x 1,73.
Collection particulière.

**314 - Tenture du lit de Louis XVI au
Temple (fragment).**
Toile rayée rouge et jaune.
Provient de Berthelemy.
Don Blavot, 1907.
Musée Carnavalet, E. 7139.

315 - Toton.
Buis - 0,007 env.
Provient de Pauline de Tourzel.
Exp. : Versailles, 1927, n° 299 ; Versailles, 1955,
n° 695.
Au comte Jean de Béarn.
Jouet rapporté de Spa par la princesse de
Lamballe en juin 1792 et donné par elle à
Pauline de Tourzel, qui l'emporta au
Temple. Il servit de jeu au dauphin.
Redonné par Madame Royale au Temple
en mars 1795 à Pauline de Tourzel, depuis
comtesse de Béarn.

316 - Verre.
Utilisé par Louis XVI au Temple.
Cristal taillé, restes de dorure - 0,11 ; D. : 0,065 à
0,085.
Pris par Rocelin de Gibelin au Temple ; donné au
Dr Allan, chirurgien de Louis XVI ; son arrière-petite-
fille Alice Sauer ; vendu à M. Rainaud en 1911.
Don Rainaud, 1922.
Exp. : Exposition historique de la Révolution
française, Paris 1889, n° 579 ; Marie-Antoinette et
son temps, Paris, 1894, n° 90 ; Carnavalet, 1939,
n° 439 ; Tokyo, 1978, n° 154 ; Paris, 1980, n° 110.
Musée Carnavalet, E. 11598.

177

Apothéose de Louis XVI.

Musée Carnavalet.
(Non exposé.)

178

Apothéose de Marie-Antoinette.
Bibliothèque nationale.
cat. 105

Bibliographie

Alcanter de Brahm, *Curiosités de Carnavalet,* Paris, 1920, p. 68-106.

Angoulême (Marie-Thérèse de France, dite Madame Royale, duchesse d'), *Journal de la duchesse d'Angoulême, corrigé et annoté par Louis XVIII,* Paris, rééd. 1987.

Babeau (Albert), « Le jardin des Tuileries aux XVIIᵉ et XVIIIᵉ siècles in *B. S. H. P.* , 1904, p. 55-70.

Babeau (Albert), « Les habitants des Tuileries au XVIIIᵉ siècle », in *B. S. H. P.* , 1904, p. 55-70.

Beaucourt (marquis de), *Captivité et derniers moments de Louis XVI, récits originaux et documents,* Paris, 1892.

Boulant (Antoine), *Les Tuileries, palais de la Révolution, 1789-1799,* Paris, 1989.

Boyer (Ferdinand), « Les Tuileries sous la Convention et le Directoire », in *B. S. H. A. F.* , 1947.

Boyer (Ferdinand), « Deux documents sur les Tuileries : l'état des appartements en septembre 1792 et l'inventaire des peintures en décembre 1793 », in *B. S. H. A. F.* , 1964, p. 193-199.

Campan (Jeanne-Louise-Henriette), *Mémoires de Madame Campan, première femme de chambre de Marie-Antoinette,* rééd. Paris, 1988.

Chandine-Davranches (L.), *La petite tour du Temple,* Rouen, 1904.

Cléry (Jean-Baptiste), *Journal de ce qui s'est passé à la tour du Temple pendant la captivité du roi Louis XVI roi de France,* Londres, 1798 ; rééd. 1987.

Chateaubriand (François René de), *Mémoires d'outre-tombe,* Paris, éd. Flammarion, 1964.

Cosneau (Claude), *Mathurin Crucy 1749-1826, architecte nantais néo-classique,* Nantes, musée Dobrée, 15 mai-17 août 1986.

Curzon (Henri de), *La maison du Temple à Paris,* Paris, 1888.

Darnis (Jean-Marie), *Les Monuments expiatoires du supplice de Louis XVI et de Marie-Antoinette sous l'Empire et la Restauration, 1812-1830,* Paris, 1981.

De Bertier de Sauvigny (Guillaume), « L'historiographie de la Révolution française de 1814 à 1830 », in *Revue de la Société d'histoire de la Restauration et de la Monarchie constitutionnelle,* 1990, n° 4.

Deming (Marck K.), « Louis XVI en l'île. Contribution à l'étude des places royales parisiennes à la fin de l'Ancien Régime », in *Revue de l'art,* 1989, n° 83, p. 86-92.

Edgeworth de Firmont (abbé), *Dernières Heures de Louis XVI roi de France,* Paris, 1815.

Feuillet de Conches (F.), *Louis XVI, Marie-Antoinette et Madame Elisabeth : lettres et documents inédits...*, Paris, 1864, 6 vol.

Goret (Charles), *Mon témoignage sur la détention de Louis XVI et de sa famille dans la tour du Temple*, Paris, 1825.

Gruel (Léon), « Histoire de l'église de la Madeleine », in *Bulletin de la Société historique et archéologique des VIIIe et XVIIe arrondissements de Paris*, 1908, p. 97-119.

Gruel (Léon), *La Madeleine depuis son établissement à la Ville l'Evêque*, Paris, 1910.

Hautecœur (Louis), *Les grands palais de France, le Louvre et les Tuileries*, Paris, 1924.

Hautecœur (Louis), *Histoire des châteaux du Louvre et des Tuileries*, Paris, 1927.

Hezecques (Félix, comte de France d'), *Souvenirs d'un page à la Cour de Louis XVI*, Brionne, reprint 1983.

Hue (François, baron), *Dernières Années du règne et de la vie de Louis XVI*, Paris, 1860.

Jallut (Marguerite), *Marie-Antoinette et ses peintres*, Paris, s. d.

Jouin (Henri), « L'église de la Madeleine en 1816 », in *N. A. A. F.*, 1887, p. 250-275.

Lami (Stanislas), *Dictionnaire des sculpteurs de l'école française au XIXe siècle*, Paris, 1919.

Lenôtre (G.), *Le roi Louis XVII ou l'Enigme du Temple*, Paris, 1925.

Lenôtre (G.), *Les Tuileries*, Paris, 1933.

Lever (Evelyne), *Louis XVIII*, Paris, 1988.

Moelle (Claude-Antoine), *Six journées passées au Temple et autres détails sur la famille royale qui a été détenue*, Paris, 1820.

Normand (Fils), *La Chapelle expiatoire élevée à Louis XVI et Marie-Antoinette, à Paris, rue d'Anjou, sur les dessins et sous la direction de M. Fontaine, architecte du roi*, Paris, 1832.

Pincemaille (Christophe), « Louis XVII : une affaire politique », in *L'Histoire*, n° 122, mai 1989.

Pupil (François), *Le Style troubadour*, Nancy, 1985.

Pupil (François), « La vogue des célébrités sculptées dans le contexte historiographique et littéraire », in *Le Progrès des arts réunis, 1763-1815, mythe culturel, des origines de la Révolution à la fin de l'Empire ?*, Bordeaux, Toulouse, 1992, p. 317-327.

Roussel d'Epinal (Pierre Joseph Alexis), *Le château des Tuileries ou Récit de ce qui s'est passé dans l'intérieur de ce Palais depuis sa construction jusqu'au 18 brumaire de l'an VIII. Avec des particularités que le Lord Bedford y a fait après le 10 août 1792*, Paris, 1802.

Sainte-Fare-Garnot (Nicolas), *Le Décor des Tuileries sous le règne de Louis XIV*, Paris, 1988.

Sorel (Philippe), « Le monument funéraire de Dumont d'Urville, 1790-1842 », in *Les Appels d'Orphée*, n°3, p. 14-18.

Sorg (Roger), « Le véritable testament de Marie-Antoinette », in *Historia*, 1955, n°105, p. 159-167 et n° 106, p. 317-324.

Thierry (Luc-Vincent), *Guide des amateurs et des étrangers voyageurs à Paris*, Paris, 1787, 2 vol.

Tourneux (Maurice), *Bibliographie de l'histoire de Paris pendant la Révolution française*, Paris, 1890-1913.

Tourzel (Pauline de, comtesse de Galard de Béarn), *Souvenirs de quarante ans. 1789-1830*, Paris, 1868.

Tourzel (Louis Elisabeth Joséphine de Croÿ d'Havré), *Mémoires de Madame la duchesse de Tourzel, gouvernante des enfants de France, pendant les années 1789 à 1795*, Paris, éd. 1969.

Trapp (Eugen), « Dominik Mahlknecht (1793-1876). Ein Grödner als französicher Staatskünstler, Monographie und Katalog der Wecke », *San Martin de Tor*, 1991.

Verlet (Pierre), *Le Mobilier royal français*, Paris, tome 1, 1945 ; tome 2, 1955 ; tome 3 : *French Royal Furniture*, Londres, 1963 ; tome 4, Paris, 1990.

Waquet (Françoise), *Les Fêtes royales sous la Restauration ou l'Ancien Régime retrouvé*, Paris, 1981.

Les Tuileries au XVIIIe siècle, Paris, Délégation à l'action artistique de la Ville de Paris, 1990.

Index

179
Bouquet de roses.
Musée Carnavalet.
cat. 116

Commissariat :

Rosine Trogan
conservateur en chef au musée Carnavalet,

Anne Forray-Carlier
conservateur au musée Carnavalet,

assistées de **Charlotte Lacour**
attachée à la conservation

Cette exposition a été organisée par la Direction des Affaires culturelles de la Ville de Paris à l'initiative du musée Carnavalet et produite par Paris-Musées :

Jean-Jacques Aillagon,
Directeur des Affaires culturelles de la Ville de Paris

Bernard Schotter
Sous-directeur du Patrimoine culturel de la Ville de Paris

Sophie Durrleman
Chef du Bureau des musées de la Ville de Paris

Sophie Aurand
Directeur de Paris-Musées

Francis Pilon
Secrétaire général adjoint de Paris-Musées

Arnauld Pontier
Responsable des Editions Paris-Musées

Remerciements

Que tous les responsables de collections qui, par leur généreux concours, ont permis la réalisation de cette exposition trouvent ici l'expression de notre gratitude :
Abbaye Saint-Louis-du-Temple à Vauhallan
Archives nationales
Archives départementales de la Meuse
Archives des Monuments historiques
Bibliothèque de l'Assemblée nationale
Bibliothèque historique de la Ville de Paris
Bibliothèque municipale de Châlons-sur-Marne
Bibliothèque nationale
Château de Versailles
Direction du patrimoine
Maison de Balzac
Mobilier national
Musée de la Légion d'honneur
Musée de la Préfecture de police
Musée des Arts et Traditions populaires
Musée des Beaux-Arts de Caen
Musée des Beaux-Arts de Quimper
Musée du Louvre
Musée Lambinet à Versailles
Service des objets d'art des églises de la Ville de Paris

Nous remercions les collectionneurs privés qui ont bien voulu nous accorder leur confiance :
S.A.R. le comte de Paris et madame la comtesse de Paris
Comte Jean de Béarn
Mme Michèle Lorin
M. Bernard Minoret
Baronne Elie de Rothschild
Baron de Schonen
Comte de Sèze
et tous ceux qui ont préféré garder l'anonymat.

Nous remercions également les personnes qui nous ont personnellement aidés :

Daniel Alcouffe
Sophie Barthélemy
Guillaume de Bertier de Sauvigny
Claude Billaud
Anne-Françoise Bonnardel
Florence Callu
Anne de Chefdebien
Isabelle du Pasquier
Jacqueline du Pasquier
Micheline Durand
Alfred Fierro
François Fossier
Yves Gagneux
Jean-Jacques Gautier
Sœur Marie-Christine Gillier
Maryse Goldenberg
Marie-Christine Grasse
Geneviève Guilleminot
Barthélémy Jobert
Anne Marie Joly
Marie-Christine de la Barthe
Frédéric Lions
Eric Le Roy
Michèle Lorin
R. P. Joseph Mérel
Jacques Maurier
Brigitte Milonas
R. P. Antoine de Monicault
Andrée Pouderoux
André Richard
Nicolas Sainte-Fare-Garnot
Catherine Salviat
Isabelle Sauvé-Astruc
Isabelle Vetois

ainsi que Jacques Garcia, décorateur, Michel Gratio et l'équipe des Ateliers d'Ivry, Béatrice Liebard et l'atelier de Restauration des dessins et estampes, le secrétariat et l'ensemble du personnel du musée Carnavalet, qui ont assuré la réalisation de l'exposition.

Table des matières

conception graphique :
Gilles Huot pour
Scarabée, Paris

secrétariat de rédaction :
Marianne Ganeau

fabrication :
Florence Jakubowicz

crédits photographiques :

Photothèque des musées de la Ville de Paris
by SPADEM 1993

Service photographique de la Réunion des
musées nationaux

Service photographique des Archives nationales

Service photographique de la Bibliothèque
nationale

Collection du Mobilier national

Musée des Beaux-Arts de Quimper

Bibliothèque municipale de Châlons-sur-
Marne © Hervé Maillot

Cliché musée des Beaux-Arts de Caen
© Martine Seyve

B. Acloque © C.N.M.H.S.

© Roger Turqueti

Musée de Senlis © Bernard Mandin

Musée Lambinet, Versailles

© D.A.C.-D.A.P. Christophe Walter

ISBN 2-87900-135-8
© Paris-Musées, 1993
Editions des musées de la Ville de Paris

Diffusion Paris-Musées
31, rue des Francs-Bourgeois
75004 Paris
Dépôt légal : octobre 1993

Photogravure couleur :
Daïchi Process, Singapour
Photogravure noir et blanc, flashage, impression :
Snœck Ducaju & Zoon, Belgique
Papier :
Multi art silk 150 g
Achevé d'imprimer sur les presses de l'imprimerie
Snœck Ducaju & Zoon en Belgique, en octobre 1993